臺灣歷史與文化 研究輯刊

十七編

第 6 冊

退輔會榮民安置與梨山地區的農業發展
（1956～1987）

黃柏松 著

花木蘭文化事業有限公司

國家圖書館出版品預行編目資料

退輔會榮民安置與梨山地區的農業發展（1956～1987）／黃柏松 著 — 初版 — 新北市：花木蘭文化事業有限公司，2020〔民109〕

目 4+224 面；19×26 公分

（臺灣歷史與文化研究輯刊十七編：第 6 冊）

ISBN 978-986-518-070-6（精裝）

1. 行政院國軍退除役官兵輔導委員會　2. 農業史　3. 臺灣

733.08　　　　　　　　　　　　　　　　　　109000550

臺灣歷史與文化研究輯刊

十七編　第 六 冊　　　　　　　ISBN：978-986-518-070-6

退輔會榮民安置與梨山地區的農業發展
（1956～1987）

作　　者	黃柏松
總 編 輯	杜潔祥
副總編輯	楊嘉樂
編　　輯	許郁翎、張雅淋　美術編輯　陳逸婷
出　　版	花木蘭文化事業有限公司
發 行 人	高小娟
聯絡地址	235 新北市中和區中安街七二號十三樓
	電話：02-2923-1455／傳真：02-2923-1452
網　　址	http://www.huamulan.tw 信箱 hml810518@gmail.com
印　　刷	普羅文化出版廣告事業
初　　版	2020 年 3 月
全書字數	186050 字
定　　價	十七編 11 冊（精裝）台幣 22,000 元

退輔會榮民安置與梨山地區的農業發展
（1956～1987）

黃柏松　著

作者簡介

黃柏松，一九五八年生於台南市，為榮民子弟，先後就學於陸軍軍官學校正期班 70 年班、國防大學陸軍指揮參謀學院 85 年班、戰術研究班 86 年班、國立中央大學歷史研究所 93 級，曾任職排、連、營長、師砲兵副指揮官、陸軍總司令部參謀、大學軍訓教官等職，現從事藏傳佛教學習。

提　　要

　　本文研究主題，以戰後我國成立退輔會安置榮民就業為主軸。然退輔會安置榮民就業範圍廣泛，故本文探討範圍就地區言以梨山地區為限。梨山其地理位置正位於臺中、宜蘭、南投三縣之間，海拔高達 1,500 公尺以上，氣候介於溫、寒帶之間，自古以來即為泰雅族沙拉茅群的活動區。日治時期日人曾於此試植落葉果樹，為全臺最早種植蘋果、水梨、水蜜桃的地區。戰後政府以國防需要、均衡臺灣東西部經濟發展，以及改善山地原住民生活為由，闢築中橫公路。並結合榮民安置，以美援為資金，榮民為人力，做到「化兵為工」，轉消費為生產的目標，於民國四十五年七月七日動工興築中橫公路。次年又以生產新鮮蔬菜提供築路工人之需要，於梨山設置「梨山榮民農場」，展開退輔會於梨山安置榮民從事農業之緣起，與梨山農業發展的歷程。然在農業展上，因榮民都從軍中轉業而來別無長技，更不解農事。故榮民在其農業發展目標的選擇一秉軍中習性，依命令指示做事，在蔣經國指示發展對國家外滙有益的農作及平地無法生產的作物下，選擇發展溫帶落葉果樹。而此選擇也正符合民國四十四年臺中省立學農業學院園藝系，在臺中山地園藝資源調查後之建議，在農復會提供經費與技術支援下。從溫帶果樹試植開始，並配合農復會夏季蔬菜採種試驗，從事蔬菜種植，奠定日後農業發展基礎。落葉果樹種植成功後，福壽山農場在蔣中正總統指示下，將技術移轉給梨山原住民，並提供果苗給原住民種植以改善原住民之生活。因而將落葉果的種植擴及梨山地區各原住民部落，造就出全臺最為富裕的原住民部落。

　　本研究之對象主要為榮民，而榮民皆為軍人出身，而早期之軍人就個性言長久以來生活於軍中，馳騁於戰場之上，對於命令的貫徹度極高，然民國四十年代退除役接受安置之榮民多為士官兵，故在工作交付後皆視為命令執行，在決策上均甚少提出主張，與一般農經發展呈現由下而上之現象不同，但這也是中部橫貫公路及梨山農業得以順利闢築與發展的原因。

目
次

表目錄

圖目錄

緒　論

一、研究動機與目的

　　民國九十一年起每年六月，桃園縣政府均會辦理拉拉山「水蜜桃節」，為桃園縣復興鄉泰雅族原住民促銷水蜜桃，此一活動或許會讓許多人誤以為臺灣水蜜桃的主要產地就是在桃園縣復興鄉。對於曾在梨山生活過的筆者言，有著莫名的感慨。水蜜桃在臺灣真正開始種植的地方，實際上是在梨山，且在日治時期就有種植的紀錄，水梨、蘋果亦然，時至今日，全臺尚能生產品質較佳的蘋果與水梨者，仍是梨山地區。由於民國八十八年「九二一」大地震後，中橫公路梨山通往東勢路段崩塌，交通受阻，水果運送下山成本提高，因而失去競爭力。加上近年來梨山高冷蔬菜品質優良，成蔬菜市場的寵兒，梨山高麗菜反而取代了梨山原本聞名的蘋果、水梨、水蜜桃等溫帶水果。因而使筆者有探討梨山地區農業發展的念頭。

　　自知人事以來，即因先父工作關係全家經常在臺灣各地遷徙，而父親服務的單位為行政院國軍退除役官兵輔導委員會（以下簡稱退輔會），故長久以來對退輔會的成立背景，與組織特性就充滿了好奇。尤其是民國九十三年榮民節時，陳水扁總統對「榮民」〔註1〕承諾，要將退輔會提昇為「退伍軍人部」落實對退伍軍人的照護，但行政院長張俊雄在宣佈政府改造方案時，卻將退輔會併入國

〔註 1〕「榮民」一詞依據行政院國軍退除役官兵輔導委員會 68 年 6 月 14 日（68）輔壹字第 07223 號函報內政部每年十月三十一日訂為榮民節原始文件所載。蔣經國定義為：「所謂『榮民』，就是因為過去為國家流血流汗，作戰所得來的光榮，今天他們退伍了就變成榮民」。引自王執平等編，《從專員到總統》（臺北：遠澄出版社，民國 69 年），頁 179。

防部，讓榮民一度嘩然。也讓筆者對退輔會成立沿革更添研究興趣。尤其是在民國五十七年至六十一年間曾在梨山武陵農場跟著那些榮民在農莊、鹿苑、香菇寮、菜園、果園中相處的經驗，讓筆者對此地有著割捨不掉的感情。另在「九二一」大地震後中部山區除交通中斷外，多次豪大雨造成大甲溪下游災害頻傳也讓環保人士與政府對發展了五十年的梨山農業興起廢耕之議。更加讓筆者決心，以退輔會安置榮民與梨山地區高山農業發展爲題來研究此地區農業發展。

民國九十四年二月十七日行政院通過「國土復育條例草案」〔註2〕，規定1,500 公尺以上高海拔山區，除了原住民部落及自給農業，生態旅遊產業及主管機關許可外，一律禁止農耕、採伐、開發造成現有高山農業及不符生態規範的既有建物設施都將限期廢耕、拆除。而梨山就海拔言已然超過 1,500 公尺，待法案立法通過，梨山農業必將步入歷史，而本研究則可爲梨山農業發展歷程做爲見證。

臺灣地理位置處於亞熱帶，四面環海，中央多山，山地面積佔全臺三分之二，中部地區（花蓮、南投）一帶海拔高度在 3,000 公尺以上者達 62 座。〔註3〕雖然考古學者發現在荷治以前就有原住民墾殖的遺跡，但臺灣多數仍爲荒煙蔓草之地，沿海雖有來自中國大陸之漁民，但均限於沿海地帶爲漁撈臨時休憩之地。迨至荷蘭及鄭氏時期，方開始在臺灣展開開發的行動，開發範圍亦侷限於中、南部沿海一帶。清代漢人雖大舉入墾臺灣，然高山地區多爲山地原住民活動區域，平地漢人鮮有人能進入這些原住民區域。故在山區原住民生活型態可謂全然在隔絕的狀態中，而梨山位於大甲溪上游，爲泰雅族中沙拉茅群的生活區域，爲臺灣海拔最高的族群之一。且沙拉茅群的原住民於日治時期又有「猛惡的沙拉茅蕃」之稱，〔註4〕直至昭和二年（1927）十二月二十四日才參加「歸順儀式」。〔註5〕在此之前不論是漢人或日人均難深入此地區。故梨山地區原住民，除漁獵生活外，其傳統農業活動方式與農業發展狀況爲何？臺灣總督府統治勢力進入梨山後，又如何在這等高海拔地區推動

〔註2〕行政院經濟建設委員會資訊網，〈國土復育條例〉（草案）網址：http://www.cepd.gov.tw。

〔註3〕胡美璜，《中部橫貫公路定線研究與勘查雜感》，（台北：作者自印，民國 49 年 1 月），頁 1。

〔註4〕移川子之藏、馬淵東一、鹿野忠雄、國分之一等原著，楊南郡譯著，《台灣百年曙光》（臺北：南天書局，2005 年），頁 207。

〔註5〕移川子之藏、馬淵東一、鹿野忠雄、國分之一等原著，楊南郡譯著，《台灣百年曙光》，頁 207。

山地農業？此皆筆者所欲探討的課題。

　　其次，民國三十八年政府來臺，以臺灣爲反攻大陸的復興基地。然國軍部隊中成員有許多老弱傷殘人員，基於實際需求下，國軍部隊勢必要進行整軍建軍，汰除軍中老弱不適任軍人。當時國軍多爲來自中國大陸，這些汰除人員並非僅憑疏退就可了事，故爲順利疏退大批軍士官兵，實施退輔工作，政府成立退輔會，來推動軍隊退輔工作，該單位成立之歷史背景除如前述是筆者深感興趣的地方外。民國三十八年至四十三年退輔會成立前，這五年期間難道政府就無進行任何措施嗎？另退輔會成立後在安置輔導榮民就業的推動上，現今爲一般大眾所知悉者，就是榮家的「就養」輔導或榮民工程處工程「就業」輔導。然近年來深受國人矚目喜好的梨山福壽山農場、武陵農場、嘉義農場、清境農場等休閒旅遊勝地，都是退輔會以農墾作爲輔導安置退伍軍人與「義民」〔註6〕就業的地方。其中尤以福壽山農場最爲特殊，該場的所設立地點，就海拔言爲全臺最高的農場，而其成立目的乃因中部東西橫貫公路（以下簡稱中橫公路）而設。但成立後其農業發展走向卻異於他處，其所種植之農作皆是平地無法生長之物種，如蘋果、水梨、水蜜桃等溫帶落葉果樹。〔註7〕其發展歷程爲何？在安置榮民農墾時選擇落葉果樹與高冷蔬菜爲農業發展項目的決策過程爲何？因爲此發展方向影響所及，也關乎日後梨山此一地區的整體發展。此外退輔會設置農場與安置榮民的地點除地理位置適合外，有無其他考量？政府安置榮民在此除以輔導就業安置榮民外有無其他目的？此皆是筆者所欲探討的課題。就研究目的言，筆者意圖透過本研究建構出退輔會成立後，以工程爲安置榮民主要方向，且以興築中橫公路工程來安置榮民的基調，爲何演變成在梨山地區安置榮民農墾？而一秉以往軍人特質誓死達成任務的榮民在梨山這麼一個異鄉，又如何在梨山創造出落葉果樹與高冷蔬菜的新天地，展現出榮民爲臺灣農業發展歷程所貢獻的心力。

二、研究回顧

　　關於退輔會與榮民安置的研究，目前研究成果多以政治制度，和公共行

〔註6〕此處所指「義民」爲退輔會安置於清境農場的人員，這些人都爲原在泰緬邊區打游擊的游擊部隊，其中有許多爲雲南擺夷族，退輔會四處提供。

〔註7〕溫帶落葉果樹，是因爲這些溫帶果樹每年結果採收後在，氣候進入秋冬季時，果樹會進入休眠，期此時果樹樹葉全數掉落故又被稱爲落葉果樹，如蘋果、梨、桃、李、梅、柿、葡萄、栗、杏等皆是。

政兩方面加以探討，如在民國六十二年先有王振和〈我國退除役官兵輔制度之研究〉、〔註8〕段體貴〈行政院國軍退除役官兵輔導委員會在社會安全體系中扮演角色之研究〉、〔註9〕蔡英良〈行政院國軍退除役官兵輔導委員會組織再造之研究〉，〔註10〕均以退輔會為題進行研究，然皆以公共行政角度討論探討。民國六十九年，吳守成曾以《國軍退除役官兵輔導制度史》為題著書，論述我國國軍退除役官兵輔導制度，然其主要論述仍以制度面為重點。〔註11〕民國七十三年後也陸續有以退輔會為研究之素材，如余政雄〈榮民就業輔導之研究〉、〔註12〕黃國衛〈國軍退除役官兵輔導委員會組功能之研究〉、〔註13〕周唯中〈我國退除役官兵就業輔導政策之研究〉、〔註14〕洪龍華〈我國退輔制度社會功能探討〉等，〔註15〕亦均從政治學或行政組織的角度來探討退輔會組織功能。從史學角度切入者，僅見於民國八十六年國立師範大學歷史研究所曾祥麟之〈我國退除役官兵輔導就業制度史之研究——以榮民工程事業管理處為例（1956～1997年）〉一文。〔註16〕其他退輔會單位則尚未見有人投入研究，而退輔會龐大之組織體系，所轄之事業單位含括了農、林、漁、牧、工礦、飲料、化工、紡織、交通、醫療、文化事業、就業、就學、安養等等單位，故不難想像，曾氏之研究雖是以榮民工程處此一大事業單位為題，然亦僅為退輔會所有事業單位中一部而已。且其研究內容，在榮民安置議題上

〔註8〕 王振和，〈我國退除役官兵輔制度之研究〉，臺北：政治大學公共行政研究所碩士論文，民國62年。

〔註9〕 段體貴〈行政院國軍退除役官兵輔導委員會在社會安全體系中扮演角色之研究〉，臺北：政治大學公共行政研究所碩士論文，民國62年。

〔註10〕 蔡英良，〈行政院國軍退除役官兵輔導委員會組織再造之研究〉，臺北：臺北大學公共行政暨政策學系研究所碩士論文，民國90。

〔註11〕 吳守成，《國軍退除役官兵輔導制度史》（臺北：黎明文化事業公司，民國68年）。

〔註12〕 余政雄，〈榮民就業輔導之研究〉，臺北：政治作戰學校政治研究所碩士論文，民國71年。

〔註13〕 黃國衛，〈國軍退除役官兵輔導委員會組功能之研究〉，臺北：政治作戰學校政治研究所碩士論文，民國76年。

〔註14〕 周唯中，〈我國退除役官兵就業輔導政策之研究〉，臺北：政治大學公共行政研究所碩士論文，民國73年。

〔註15〕 洪龍華，〈我國退輔制度社會功能探討〉，臺北：國防管理學院國防科學研究所碩士論文，民國93年。

〔註16〕 曾祥麟，〈我國退除役官兵輔導就業制度史之研究——以榮民工程事業管理處為例（1956～1997年）〉，臺北：師範大學歷史研究所碩士論文，民國86年。

亦侷限在工程一部，其中對嚴孝章個人介紹著墨甚多，所運用資料多爲退輔會內部刊物及前人研究成果，故較傾向制度層面上的探討。但其中在美援運用的論述上頗爲詳實，具參考價值。其次文中認爲退輔會對榮民的安置是具有建立後備兵力意義的觀點上，筆者亦深以爲然，惜在文中並未見其提出具體佐證。此外曾氏對退輔的成立歷程及背景上著力不多，且在退輔會成立背景的論述上多同一般人所述，我國係因建軍整軍需求而實施退輔制度，對社會安定功能上論述未能完整描述。究其原因除退輔會單位組織龐大外，應是受限於文史檔案等資料之取得不易所致。

其次在臺灣高山地區農業研究上，雖言高山地區農業亦屬臺灣農業發展之一部，然長久以來，對臺灣農業發展史的研究焦點，一般均聚焦於平地米、糖、茶三大作物及樟腦的發展上。對高山地區農業，則無具體的探討、論述。有者，亦僅見日治時期岩城龜彥所著之《臺灣の蕃地開發と蕃人》一書，及奧田彧對原住民山地火墾研究，和臺灣總督府所編《理蕃の友》、《理蕃誌稿》等日治時期山區原住民農業的研究。戰後對於臺灣高山地區原住民的農業活動，以及溫帶落葉果樹高冷蔬菜在臺發展歷程，從歷史的角度研究者則向未見之，尤其以梨山地區農業發展史爲題研究者更微。戰後在山地原住民農業研究上，除洪敏麟的〈賽德克人傳統的山坡火田經營〉曾對南投縣仁愛鄉的原住民之傳統火耕進行研究外，[註17] 餘如韓西庵〈臺灣山地人民之經濟生活〉，[註18] 郭寶章〈臺灣之山地農業〉，[註19] 張憲秋〈臺灣山地之農業〉，[註20] 林英彥〈臺灣先住民之農業經營〉等，[註21] 對臺灣山地農業進行過研究，然均屬於泛論式探討，且論述範圍含括了臺灣各山地原住民族群。

戰後臺灣高山地區農業發展，肇始於中橫公路興築與梨山地區榮民安置，故多數人，多習慣性把此兩者結合爲一，認爲是在中橫通車後政府把參

〔註17〕 洪敏麟，〈賽德克人傳統的山坡火田經營〉，《臺灣文獻》，卷 24 期 1（南投：臺灣文獻委員會，民國 62 年 3 月），頁 1～31。

〔註18〕 韓西庵，〈臺灣山地人民之經濟生活〉，《臺灣銀行季刊》，卷 4 期 2（臺北：臺灣銀行經濟研究室，民國 40 年 6 月），頁 116～151。

〔註19〕 郭寶章，〈臺灣之山地農業〉，《臺灣銀行季刊》，卷 7 期 4（臺北：臺灣銀行經濟研究室，民國 45 年 12 月），頁 148～149。

〔註20〕 張憲秋，〈臺灣山地之農業〉，《臺灣銀行季刊》，卷 12 期 4（臺北：臺灣銀行經濟研究室，民國 50 年 12 月），頁 171～184。

〔註21〕 林英彥，〈臺灣先住民之農業經營〉，《臺灣銀行季刊》，卷 20 期 4（臺北：臺灣銀行經濟研究室，民國 58 年 12 月），頁 221～265。

與開路的榮民安置在梨山農墾的結果。尤其是許多人，把福壽山農場與武陵農場的榮民，都被視為是參與開路的榮民，然經實際上訪查則可發現不盡然，尤其是武陵農場成立於民國五十二年，此時中橫公路已通車三年，福壽山農場榮民亦是有進有出並非全然於設場時之場員。但在此方面則未見有人針對此點提出說明。但在梨山農業發展的研究上，則以民國七十三年陳憲明《梨山霧社地區落葉果樹與高冷地蔬菜栽培的發展》的研究較為詳實，陳氏的研究範圍亦較廣泛，涵蓋了宜蘭縣大同鄉南山村、武陵農場、福壽山農場及南投縣霧社地區的落葉果樹及高冷蔬菜。而其研究目的以地理學的角度來探討榮民農場、山地保留地、國有林濫墾地之農業發展過程；及上述三種類型之農業土地利用結構，與海拔高度、氣候、坡度等地理因素之關係。故在研究上，對梨山農業歷史背景述敘較簡略，但運用相當豐富的田調資料。〔註 22〕實際上，臺灣高山地區農業一直在原住民各部落中維持不綴。迨至日治時期，方因臺灣總督府勢力介入山區，高山地區原住民農業活動遂因政策推動開始有了變化。戰後政府接收臺灣後，因感平地農地之容積率日增，而農業用地不足而有上山下海之議，同時民國四十三年起退輔制度正式實施，基於安置榮民之需，與改善高山原住民生活之目標，而於山地部落推動山地農業，因之開發山地農業政策遂起，也真正在臺灣掀起高山地區農業的熱潮。

　　此外，中橫公路的闢築，實關係到本文所研究之梨山地區的整體發展，然一般人在看此一公路時，僅習以是民國四十五年，由政府動員榮民施工，所築的一條橫貫臺灣東西部公路工程觀點上。因此在論述中橫公路時，主要在公路的查勘、測量與興築目的，或通車後對臺灣在經濟上的助益做敘述。對梨山地區人文變化或對梨山發展山地農業有何影響，則未見有學者作探討。如錢益〈臺灣之公路建設〉、〔註 23〕張奮前〈臺灣之交通〉、〔註 24〕亦或是胡美璜、楊廷英、石中光等編著的《中華公路史》則均是對臺灣交通建設探泛論性的討論，在中橫公路部份僅簡略的介紹，並未能做詳細的探討。而交通部運輸研究所出刊，由陳俊編著的《臺灣道路發展史》在中橫公路的論

〔註 22〕 陳憲明，《梨山霧社地區落葉果樹與高冷地蔬菜栽培的發展》（臺北：國立師範大學地理學系，民國 72 年）。

〔註 23〕 錢益，〈臺灣之公路建設〉，《臺灣銀行季刊》，卷 9 期 3（臺北：臺灣銀行經濟研究室，民國 46 年 9 月）。

〔註 24〕 張奮前，〈臺灣之交通〉，《臺灣文獻》，卷 17 期 3（南投：臺灣文獻會，民國 55 年 9 月）。

述上則較詳實，然在論述上採編年方式述敍，而分散了中橫公路研究之完整性。臺灣省公路總局所編之《東西橫貫公路工程專輯》因該單位爲工程施工執行單位，故就內容言則在對施工過程做一完整紀錄。也較著重於公路工程記述，對於同屬工程一部梨山設農場部份則未予以探討。

　　另外，中橫公路自民國四十九年五月九日通車後，關於梨山各項發展的記述，幾乎呈現空白，直至民國六十四年，方出現臺灣大學考古人類學研究所的余光弘以〈環山泰雅人的社會文化變遷與青少年調適〉爲題來進行研究，但卻侷限在人類學的層次，且探討範圍也以環山部落的泰雅族人爲限。對梨山、松茂、佳陽等地則未予研究，但其研究中也驗證出落葉果的種植，改變了環山地區的原住民傳統生活，影響了原住民的價值觀是頗具參考價值的研究成果。〔註25〕

　　在梨山地區泰雅族的研究上，劉益昌的研究〈大甲溪上游史前遺址及早期原住民活動調查〉，〔註26〕或余光弘所編之《泰雅族史》，則均跳脫不出廖守臣之研究範籌，而臺中縣政府所編之《臺中縣和平鄉泰雅族專輯》則收錄廖守臣、張致遠與詹秀美等報導文體的文章，提供大家一窺梨山發展過程的一點認知。洪敏麟的〈賽德克人傳統的山坡火田經營〉論文，係以南投仁愛鄉火田經營爲重點，詳述原住民的傳統農業模式，其中在水土保持方式，時至今日仍可見於環山部落原住民的果園中，但對梨山地區之農業並未詳述。〔註27〕張憲秋撰文指出福壽山農場設場初期的過份宣傳狀況。〔註28〕在產銷方面，廖士毅曾於民國六十三年針對梨山青果產銷做過研究，指出當時青果產銷主以包青方式爲主。〔註29〕但在蔬菜方面則乏人研究，其主因應是民國六十八年以前梨山蔬菜種植，主要是退輔會所屬二個農場，因此在產銷上較爲單純，故未進行研究。

　　在觀光的議題上則有陳溪園〈梨山風景區原住民對觀光衝擊及發展策略認知之研究〉，其論文內容主以評述他人研究成果爲主，雖也引用問卷調查資

〔註25〕余光弘，〈環山泰雅人的社會文化變遷與青少年調適〉臺北：國立臺灣大學考古人類學研究所碩士論文。

〔註26〕劉益昌，〈大甲溪上游史前遺址及早期原住民調查〉（臺北：內政部營建署雪霸國家管理處）。

〔註27〕洪敏麟，〈賽德克人傳統的山坡火田經營〉，《臺灣文獻》，卷24期1。

〔註28〕張憲秋，〈臺灣山地之農業〉，《臺灣銀行季刊》，卷12期4，頁182。

〔註29〕廖士毅，〈高冷地區青果產銷之經濟研究〉，《臺灣銀行季刊》，卷25期2（臺北：臺灣銀行經濟研究室，民國63年3月），頁233～258。

料，然全文對梨山觀光發展上並未提出具體研究成果。〔註30〕縱觀對梨山地區的研究，不論是日治時期臺灣總督府在梨山推動農業，種植落葉果樹或種植蔬菜，與戰後退輔會興築中橫公路並在梨山安置榮民，亦或高山地區農業發展的研究，尚未見有學者從史學角度來研究探討。

三、研究區域與時間斷限

本文研究主要區域爲臺中縣和平鄉平等村及梨山村，另含南投縣仁愛鄉（華崗）、宜蘭縣大同鄉（思源）一部。和平鄉日治時期爲臺中州東勢郡所轄，政府來臺後設立山地鄉改爲臺中縣和平鄉，梨山地區則設平等村，分爲 15 個鄰，民國五十八年三月將平等村一分爲二，增設梨山村下轄 10 鄰，範圍包括梨山、福壽山、松茂、佳陽、德基等地區，平等村則轄 5 鄰，範圍包括環山、苗圃、志良、武陵、勝光等地。時至今日，兩村除因人口異動，鄰數有所變更外，餘無變動。本文中稱梨山地區除含括二村外亦包括思源、華崗二地。

本文研究時間斷限以民國四十五年至七十六年爲主要研究階段。選擇以民國四十五年爲研究起點，乃因戰後梨山農業發展，起因於民國四十五年退輔會先以興築中橫公路作爲安置榮民就業措施，後因要提供開路工人新鮮蔬菜，於民國四十六年在梨山設立農場，開啓梨山農業的歷史新頁。以民國七十六年爲下限，主要原因有二，一是梨山農業整體發展由民國六十八年政府開放蘋果進口致使梨山果農及青果商橫遭打擊，梨山農業由盛轉衰梨山人口銳減後，民國七十六起又因改變農作生產由衰復起，人口回流的關鍵年代。其次是本研究主題爲榮民安置，而民國七十七年起退輔會停止安置榮民，榮民安置於梨山正式步入歷史，故以民國七十六年爲研究之斷限。然歷史之研究很難有明確斷限，有時在論述時不免敍及以後溯及以往。故本文雖以研究戰後退輔會在梨山的農業推動，然爲求研究之周延性，在論述上則不得不由鄭氏、清治與日治時期探討起。

四、章節架構

本研究探討戰後退輔會安置榮民與高山農業發展的關係，在章節的架構分配上，本論文除緒論及結論外，共分爲四章，第一章以日治時期梨山地區

〔註30〕陳溪圍，〈梨山風景區原住民對觀光衝擊及發展策略認知之研究〉，臺北：世新大學觀光研究所碩士論文。

農業發展爲探討重點，首先於第一節介紹梨山地區農業環境，與當地原住民族群，及其各聚落分佈狀況，第二節論梨山地區原住民之傳統農業經營模式，尤其是泰雅族人的農耕方式第三節則以研究日治時期臺灣總督府統治勢力進入梨山後，在梨山推動農業的情形，首論臺灣總督府的山地農業政策，次論農業發展，其中並包含對原住的教育，新物種的引入等，最後再談對原住民在技術及觀念上的影響。

　　第二章以退輔會安置榮民爲題，第一節先從退輔會成立背景爲研究起始點，說明退輔會成立之必要性，再論退輔會的成立及組織到執行退輔工作。第二節主在論述中橫公路闢築，而爲求論述之完整性，故從清代與日治時期論起，到戰後的興築。第三節以梨山安置榮民與農業拓墾爲題，延續第二節中橫公路興築時與通車後榮民安置，及榮民初期在梨山開墾的過程。

　　第三章則以梨山地區戰後農業發展爲主題，首先於第一節回溯在中橫公路興築前，政府所實施的中橫公路路線查勘，如經濟部和農復會委請省立臺中農學院從事山地園藝資源調查，調查結果，對中橫公路的興築及梨山地區農業發展所產生的影響。第二節則以梨山農業發展時，農業技術引進方式及管道爲主。第三節探討梨山地區農業發展時作物型態，及各類作物發展歷程，農民種植作物的選項動機等時。第四節則以落葉果、高冷蔬菜產銷方式，爲主要內容。

　　第四章以山地農業與梨山社會變遷爲題，探討這一位處於中央山脈間的原住民部落，在發展農業後，給梨山地區原住民社會變遷帶來何種影響。第一節爲土地經營與糾紛，內容包括榮民拓墾，土地分配與經營，與泰雅族人山地保留地開發，到平地人上山爭取經營權。第二節論梨山觀光發展與高山農業的發展之關係。第三節人口變遷，則研析高山農業發展後，梨山人口變遷狀況及人口結構。第四節醫療與教育，從梨山的醫療資源環境到梨山居民子女教育問題爲探討重點。第五節宗教以戰後在梨山發展的狀況及對梨山地區社會產生何種影響。由此來觀察退輔會安置榮民於梨山地區從事農業發展爲梨山社會帶來何種影響。

五、資料運用

　　本文研究之主題，爲退輔會在梨山地區安置榮民後的高山農業發展，資料運用上概可分爲檔案、政府出版刊物與期刊、論文等四部份，其次則運用

田野調查。在檔案運用上，以中央研究院近史檔案館所藏之〈經濟安定委員會檔案〉、〈經濟部國營事業檔案〉等爲主，次以臺省政府經建組所藏之〈梨山建設管理局梨山開發計劃檔案〉，臺灣文獻館所藏《臺灣總督府公文類纂》、〈臺灣省行政長官公署公文檔〉、交通部觀光局所存〈福壽山農場開發案〉與退輔會所存歷年大事紀要原始檔，再加上退輔會第四處歷年對所屬農場所做〈農、漁、林業督考案卷〉，統計處對農場場員所進行之調查報告，〔註31〕及退輔會在民國四十五年創刊用於政令宣導的《成功之路》雙月刊和〈福壽山農場簡報〉資料、〈武陵農場墾誌〉等，爲本研究中對退輔會及榮民主要研究參考資料。在梨山地區人口變化研究上所運用資料，則以臺中縣和平鄉戶政事務所所提供之人口調查資料爲依據。此外，亦運用大量之《農復會專刊》與《工作輯要》等資料，與省立臺中農學院園藝系山地園藝資源調查報告，作爲研究梨山溫帶落葉果樹發展主要參考資料。

　　梨山地區泰雅族人雖於大正二年（1913 年）在佐久間左馬太任臺灣總督時以武力征伐，但一直叛服無常，直到昭和二年（1927）才參加歸順儀式，但仍不時發生襲擊駐在所事件，因此梨山地區受嚴密管制，連日本學者亦不易至梨山。〔註32〕直到昭和十年（1935）後梨山蕃情才較穩定。〔註33〕故梨山地區日治時期調查資料甚難見到，故在日治時期梨山農業發展狀況研究主以臺灣總督府所編《理蕃の友》、《理蕃誌稿》、岩城龜彥著之《臺灣の蕃地開發と蕃人》及臺北帝國大學理農學部園藝學教室田中長三郎之論文爲主要依據。整體言，本文研究在資料的運用上，因受限文史資料及檔案之貧乏。除廣引上述檔案資料外，其次佐以專書、期刊、論文，來輔助檔案史料。在人口的議題上，因爲從溫帶落葉果樹試植成功後，讓當地經濟利基大增，梨山地區人口也產生急遽變化，尤其是新移民的增加，移動性觀光人口陡增，讓梨山社會產生根本上的變化，然筆者在從事研究時雖至和平鄉戶政事務所查看檔案資料，但因戶政主管單位迭經變更且未妥善保管移交及整理，故不少

〔註31〕行政院國軍退除役官兵輔導委員會統計處編印，《農場場員調查報告》（臺北：行政院國軍退除役官兵輔導委員會，民國77年）。

〔註32〕大島正滿於大正 8 年（1919）想至梨山調查櫻花鉤吻鮭，但因「沙拉茅蕃」蕃情不穩，不能進入山區。引自，移川子之藏、馬淵東一、鹿野忠雄、國分之一等原著，楊南郡譯著，《台灣百年曙光》，頁 207。

〔註33〕梨山的沙拉茅群泰雅族人，在昭和二年未歸順前，被稱爲「泰雅族最後未歸順蕃」。引自，移川子之藏、馬淵東一、鹿野忠雄、國分之一等原著，楊南郡譯著，《台灣百年曙光》，頁 231。

資料都已散佚，形成研究上限制。

　　其次以田野調查與口述歷史來彌補文字資料不足處，訪談對象則以受退輔會安置於梨山地區的榮民為主，由於這些榮民中又區分有個別農墾，就地安置人員，還有農場墾員，而這些榮民多數為年齡多高達 80 歲以上的垂暮老人，且都散居在臺中縣市。因先父生前曾任職於武陵農場，故筆者前往拜訪時，方獲得這些長者傾心告知。但唯一遺憾者，今日唯一在世在四十六年時參與福壽山開墾的人員，曾任十五年福壽山農場場長的宋慶雲先生退休後常駐泰國清邁，在今年（民國九十六年）五月一日在福壽山農場田調時經福壽農場蘭組長告知，宋前場長返國本欲前往請教時，惜宋場長在參加過福壽山農場五十週年慶後，不久即趕赴泰國因而無緣得見，痛失訪問的機會實為一憾事。此外，在田調與口述訪談的過程中雖獲許多熱心人士協助提供資料，然在記錄時，一些受訪者因年齡與身體健康因素，所提供之資料多為片斷記憶，不足以採用。其次因受限於受訪者個人意願，故本文附錄僅列嚴慶雲，黃志學二位老先生之訪談記錄。

第一章　日治時期梨山地區農業發展

　　日治之前已有原住民於此進行燒耕移墾的農業方式，然較現代化的農業真正進入梨山地區則始於日治時期。當時臺灣總督府，在高山地區除了大肆砍伐林木攫取山林資源外，也開始有計畫的將農業向高山地區移入，尤其在霧社事件後，臺灣總督府爲改變泰雅族人因狩獵生活所培養的強悍民族性，曾於昭和十二年（1937）在中央山脈山區南投仁愛鄉（現「清境農場」上方的梅峰地區）設置霧社山地農場。﹝註1﹞其目的雖具有政治上的意圖，然與推動高山地區農業不無關係。﹝註2﹞不久因太平洋戰爭爆發而停頓。但臺灣總督府在大正二年（1913）以武力攻伐梨山後，將其勢力伸入梨山，並於此推動農業，梨山因而成爲臺灣發展現代農業最高海拔地區。本章以日治時期臺灣總督府在梨山推動之農業活動爲探討主題。第一節，簡述梨山地區農業環境。第二節介紹梨山泰雅族傳統農業。第三節，探討日治時期臺灣總督府山地農業政策，與在梨山推廣農業對原住民之影響。

﹝註1﹞爲總督府在在霧社事件後，於高山地所設之農場，產權隸屬臺北帝國大學即今臺灣大學，並由日籍學者奧田或主其事，現由臺灣大學森林系所列管。引自張育森、許亞儒、張祖亮、林楨祐，〈臺灣高山農業之永續經營與生態旅——以臺大山地實驗農場梅峰本場爲例〉，頁1～10。

﹝註2﹞明道學院園藝系主任陳中教授，談起梅峰農場的起源「臺大於1931年建校，同年發生霧社事件，日本人被造反嚇到了1937年成立山地農場，原意爲教導原住民現代化農耕，日本人戰敗離開臺灣，山地農場的計畫就此停擺，直到康有德老師來了才又重啓山地農場之門。」，引自黃亮白、謝秀娟，〈上梨山訪高山農業現況〉，《農業世界雜誌》（臺中：農業世界雜社，2004年9月），頁10～31。

第一節　梨山地區的農業環境

　　梨山位於中橫公路與橫貫公路宜蘭支線交接點，為中橫公路之中點站（如圖 1-1）標高 1,500 公尺以上，亦是中橫公路全線最繁榮的地區，素有「臺灣瑞士」之譽。

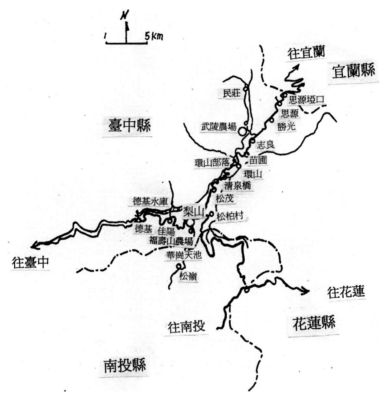

圖 1-1　梨山交通路線圖

資料來源：依據蕭瑤友主編，《汽車旅遊熱點完全導遊》（臺北：那路灣股份有限公司，1999 年），頁 41 繪製。

行政區域日治時期隸屬臺中州東勢郡，光復後成立山地鄉改隸臺中縣和平鄉，昔泰雅族人稱其名為「斯拉茅」或「沙拉茅」（Salamao 本文統稱為沙泣茅），因當地有桃樹，故又有「桃源」之稱。〔註3〕日治時期，臺灣總督府於松嶺（今福壽山農場華崗）設駐在所監控泰雅族人，故泰雅族人又稱梨山為

〔註3〕程兆熊，《臺灣山地紀行》（臺北：中華文化出版事業委員會，民國 45 年），頁 42。

「拉嘎」（Raka）意爲制高點，〔註4〕活動於梨山、佳陽一帶之泰雅族屬賽考列克族群中之沙拉茅群。民國四十四年，台中農學院對中部山區實施園藝資源調查曾發現當地有二十世紀梨、長十郎、冬梨、西洋梨等四種梨的品種存在，所以又被稱爲「梨山」。〔註5〕而梨山位在大甲溪上游一帶山區，地形多爲高山陡坡，較平緩之地僅有卡瑤（佳陽）、平岩山（環山部落）、福壽山農場、苗圃、武陵農場、有勝（勝光）、思源等地。其村界範圍，西起德基（達見），東止松茂（大保久），南、北皆爲崇山峻嶺，人跡罕至，僅溪岸緩坡處地較肥沃可供安居，圖1-2爲日治時期沙拉茅泰雅族部落。

圖1-2　日治時期之梨山沙拉茅部落

資料來源：下載自國家圖書館，〈日治時期臺灣圖像寫眞〉，《臺灣記憶》
　　　　　網址：http://memory.ncl.edu.tw/tm_cgi，民國93年11月6日取得。

一、自然環境

　　梨山的地形呈東北－西南向，地質構造幾乎全爲粘板岩所構成。爲含泥質的粘板岩岩質，鬆軟，較易風化，受雨滴打擊易生破碎，經水流之侵潤很快崩解而滑落。粘板岩風化之土壤呈黃、棕、灰棕、暗褐等色。〔註6〕土性爲

〔註4〕民國93年1月3日梨山國家風景區管理處提供。
〔註5〕程兆熊、黃彌臣、朱長志合編，《臺灣中部山地園藝調查告書》（臺北：中國農村復興委員會，民國44年），頁10。
〔註6〕陳憲明，《梨山霧社地區落果樹與高冷蔬菜栽培的發展》（臺北：國立師範大師地理學系，民國73年），頁10。

酸性至強酸性，土質地力並不肥沃，必須以施肥來改善。且該地區都屬山坡地形，較平坦之地其坡度亦達 10 度以上，如思源、勝光、環山，福壽山農場、日新崗、武陵農場等地區其土壤性質如表 1-1。

表 1-1　梨山地區之地形與土壤之組成及地理學性質之調查表

地區	海拔高度（公尺）	地形	土壤組成	土色	土性	土地利用等級
思源	1,800～2,000	山谷地坡度 20～30%	粘板岩風化而成	紅黃	酸性	5.6.7 級
勝光	1,800～2,000	山麓沖積地坡度 10～50%	黑色粘板岩風化而成	暗褐色	酸性	4.5.6.7 級
環山	1,700～2,100	高山緩傾斜地坡度 10～25%	粘板岩風化而成	棕色	酸性	5.6.7 級
福壽山	2,000～2,230	崗陵山坡地坡度 10～45%	粘板岩風化而成	灰棕色	強酸性	6.7 級
日新崗	2,600～2,700	山腰坡地坡度 40～60%	粘板岩風化而成	黃棕色	強酸性	6.7 級

1. 資料來源：農業試驗所，〈土地可利用限度調查報告〉，見李伯年，〈臺灣山地之蔬菜〉，《臺灣銀行季刊》，卷 12 期 4（臺北：臺灣銀行經濟研究室，民國 50 年 12 月），頁 246～247。

2. 土地利用等級說明：
　（1）可耕土地利用共分為 8 級，1.2.3.4 級屬中上土地，適於集約經營，生產力高，土地為害因子較少。
　（2）5 級土地為頗優林地，適於果樹栽培與牧草栽植，不適於正常作物耕種，但在人口經濟壓迫等特殊原因下，勉力耕種作物，須在集約管理之水土保持措施下進行。
　（3）6 級土地為尚好林地，在適當處理與管理下可栽培果樹，亦宜放牧或種牧草。
　（4）7 級土地為不良林地，土地或土壤之特性對植物生長及其利用受有限制。
　（5）8 級土地僅宜野生植物棲息；或集水區保護處理之地，或防風定砂等利用。

由表 1-1 中可看出除勝光土質具有 4 級的土質較適集約經營，生產力較高可作為農耕土地外。其他地區都是 5 級以上的土質，並不適於正常作物耕種。但也多具有 6 級的土質，可在適當處理與管理下栽培果樹，這也是梨山可發展落葉果樹的原因。

　　水利方面，當地雖依傍溪流，但因高山峻嶺，不利於水利建設。故戰前

梨山地區原住民農作均為旱作，如粟米、陸稻、甘藷等作物。但播種時仍需要水分滋養種子，因此當地泰雅族人播種時機，都選擇於大雨過後實施。直至日治時，臺灣總督府力量強力介入，方見新農作的出現。本地區之氣候，端視山地高度而異，而山脈走向、斜面之方位亦具有影響作用。而梨山地區標高達 1,500 公尺以上，就山地高度言梨山氣候介於溫、寒帶。〔註7〕然臺灣為一海島，是以山地氣候之變化不規律，當地之年平均溫度及降雨量如表 1-2。

表 1-2　梨山地區之氣溫降雨量及地況調查表

地名	標高（公尺）	年平均溫度（°C）	年降雨總量（mm）	地況概述
佳陽	1,540	16.5	2,908.9	自佳陽至勝光 1,500 公尺以上一帶山勢開展，可用之地肥沃山腹山麓地，地勢較平、面積較多，氣候與平地迥異，冬季嚴寒可見霜雪，秋冬乾燥，夏季多雨，土壤大部為礫質，排水易而灌溉則較難。
梨山	1,697	16.2	4,277.5	
環山	1,750	16.5	3,090.1	
勝光	1,850	14.8	2,614.0	

資料來源：李伯年，〈臺灣山地之蔬菜〉，《臺灣銀行季刊》，卷 12 期 4，頁 246～247。

而雨量之多寡，除與灌溉有關外，對農作病蟲害也影響甚鉅。由表 1-2 中可知梨山地區年降雨總量以勝光較少僅 2,614 公厘而梨山較多達 4,277.5 公厘，而這種降雨量就造成病蟲害易於滋生，且農藥施打不易，故對梨山地區在整體農業發展產生重大影響。

二、梨山地區泰雅族分佈

　　泰雅族主要分部於南投、花蓮、臺中、苗栗、新竹、宜蘭、臺北等縣的山林地區。而臺中縣的泰雅族主要分布在和平鄉內，鄉境內的泰雅族，習慣上區分為二個族群；一為南勢群，居於大甲溪中游，今谷關一帶山區；一為沙拉茅群，位於大甲溪上游，在今梨山與達見（今德基）之間山區。另有一族群為司家耶武（Siqayao）群分布於大甲溪上游合歡溪及合丸溪流域，大致在今環山附近山區的泰雅族，則被視為由沙拉茅群分出的司家耶武群。〔註8〕

〔註7〕高山之氣候，視山地之高度而異：海拔 500～1,000 公尺屬暖帶，海拔 1,000～2,000 公尺屬溫帶，海拔 2,000 公尺以上屬寒帶。引自李伯年，〈臺灣山地之蔬菜〉，《臺灣銀行季刊》，卷 12 期 4，頁 247。

〔註8〕廖守臣，《泰雅族的文化──部落遷徙與拓展》（臺北：世界新聞專科學校觀光宣傳科，民國 73 年），頁 167。

這兩個族群他們皆認為祖先是從發祥地旁斯博干（Pinsepukan）遷來，〔註9〕
故大甲溪上游泰雅族群體基本上是泰雅族北遷過程中的產物。在劉益昌大甲
溪上游的調查報告中說，梨山這一區域是中、北部泰雅族外移群體和南投泰
雅族祖居地之間的重要孔道，因此本區域內的沙拉茅群、司家耶武群群體也
就和宜蘭、苗栗、花蓮、南投的各泰雅族部落有密切互動關係。〔註10〕同樣
在廖守臣的研究中，也認為泰雅族的分類又可區分為賽考列克族群與澤敖列
族群，本文中所探討之泰雅族，則屬賽考列克族群中馬立巴系統的沙拉茅群、
司家耶武群兩群體。〔註11〕

　　和平鄉位於臺中縣東北方，居大甲溪與大安溪流域，西接東勢鎮，南毗
南投縣，東鄰宜蘭、花蓮兩縣，北界新竹、苗栗兩縣。地形東西寬廣，南北
狹窄，面積 10,378.19 平方公里，全境 2,000 公尺以上高山十八座，雪山為其
主峰，有中央山脈脊樑之稱。〔註12〕鄉內叢山峻嶺，有大甲溪縱貫其間，溪
畔若干臺地、緩坡，土質肥沃，適於山田墾殖，為原住民居住區，境內原住
民均為泰雅族族群。〔註13〕

　　日治時期，日人將之區分為埋伏坪（今自由村雙崎）、久良栖（今博愛村
松鶴）、佳陽三個外理區。〔註14〕埋伏坪位於大安溪中游，居和平鄉西北隅，
為北勢群一部，有埋伏坪、魯旺克、雪山坑三社。久良栖在大甲溪中游兩岸，
西起南勢，東止谷關，屬南勢群域，有南勢、裏冷、久良栖、烏來四社。佳
陽在大甲溪上游，西起達見，東迄中央山脈，為沙拉茂群的領域，有卡瑤、
沙拉茅、司家耶武三社。〔註15〕上述三區，日治時期，日人稱之為「蕃界」，
由東勢郡兼治，戰後國民政府來臺，廢蕃界，正式納入普通行政區，設置和
平鄉。全鄉現轄有十村，其中屬泰雅族的村落有達觀、自由、南勢、博愛、
梨山與平等六村。本文所要探討者為梨山、平等兩村（如圖 1-3）。

〔註9〕　廖守臣研究認為 340 年前自南投縣境發祥村附近遷來，引自，廖守臣，〈和平
　　　　鄉泰雅族的分布現況〉，《臺中縣和平鄉泰雅族專輯》（臺中縣立文化中心，民
　　　　國 76 年），頁 25。
〔註10〕劉益昌，〈大甲溪上游史前遺址及早期原住民活動調查〉（臺北：內政部營建
　　　　署雪霸國家公園管理處，民國 86 年 8 月），頁 7。
〔註11〕廖守臣，《泰雅族的文化——部落遷徙與拓展》，頁 340。劉益昌，〈大甲溪上
　　　　游史前遺址及早期原住民活動調查〉，頁 6。
〔註12〕廖守臣，《泰雅族的文化——部落遷徙與拓展》，頁 343。
〔註13〕廖守臣，《泰雅族的文化——部落遷徙與拓展》，頁 343。
〔註14〕廖守臣，《泰雅族的文化——部落遷徙與拓展》，頁 343。
〔註15〕廖守臣，〈和平鄉泰雅族的分布現況〉，《臺中縣和平鄉泰雅族專輯》，頁 22。

圖 1-3　臺中縣和平鄉泰雅族分佈圖

資料來源：廖守臣，《泰雅族的文化——部落遷徙與拓展》，頁 345。

（一）梨山村

　　清治時期泰雅族曾於此建有奇雅伊（Kiyae）、玻里莫灣（Pelimoan）、卡瑤（Kayo）、玻諾亞干（Panayangan）四社：奇雅伊，結社於大甲溪上游今梨山中油加油站稍西下方的臨溪臺地，面積約五甲故被稱為五甲地，後來有一部族人遷居至卡瑤（今稱「佳陽」）。一稱玻里莫灣，結社於卡瑤對岸的臺地上，此兩社併稱沙拉茅群，屬白狗系統，於二百年前，自南投縣發祥村附近遷來。後因耕地關係，玻里莫灣社一部另擇德基水壩稍北達磐地方，闢田墾殖，但因與北勢群發生獵場糾紛，乃退至原址西方對岸之臺地，另建一社，名玻諾亞干因而梨山村至清末時衍為卡瑤、玻里莫灣、奇雅奇與玻諾亞干四社。〔註16〕

　　日治時期，日人因理蕃政策，建「警備道」，西起南投，經梨山，越埤亞南（今南山），通達宜蘭。在警備道建立後，為便於控制原住民於沙拉茅設二個警察駐在所；一在卡瑤稍西的臺地，稱佳陽；一在卡瑤上方，稱沙拉茅。但因玻

〔註16〕廖守臣，《泰雅的文化——部落遷徙與拓展》，頁 350。

里莫灣未設駐在所，日警覺得管理困難，乃將該社遷往卡瑤、奇雅伊，玻莫里灣社遂廢。而玻諾亞干亦遷於卡瑤，在此同時亦有從平等村境內的大保久社（今松茂）遷入本區，故日治時期梨山村境內有卡瑤、奇雅伊與大保久三社。〔註17〕

　　戰後，該區的泰雅族族群聚落，隨著政府的建設及天然災害，亦有部份更動，如卡瑤社在民國五十二年葛羅莉颱風重創苗栗縣之梅園、圓頓等泰雅族諸社後，佳陽頭目吳東漢，就邀請部分苗栗縣泰雅族人遷來佳陽定居。〔註18〕至民國五十六年臺灣電力公司在大甲溪上游興建德基水庫，而造成佳陽社址被淹沒，政府遂輔導該社居民向兩處移動；原居佳陽之泰雅族人，移往原址上方稍東之緩坡處，即中橫公路佳陽新村站的上方。另由苗栗縣遷來者，則改遷至原址上方中橫公路旁，其地稱爲舊佳陽，原佳陽社因而一分爲二。〔註19〕

（二）環山部落

　　環山部落泰雅族人稱司家耶武，泰雅族語爲「鹿角」之意，日治時期又稱「平岩山」，位於中橫公路梨山往宜蘭支線上，行政區域隸屬平等村，也是該村唯一的泰雅族聚落。民國三十四年，因該地區地形一面濱臨大甲溪上源支流伊基郎溪與伊卡瓦溪合流點的東南方，餘三面環山，故被改稱爲「環山」（如圖1-4）。

民國三十年以前的環山部落，環山部落曾於民國20年2月發生大火，此爲重建後之家園。照片中「之」字路上方，爲日據時期平岩山蕃童教育所及駐在所（即派出所）。
環山部落泰雅名稱Sigayau，鹿角之意。

圖1-4　日治時期環山部落

資料來源：臺中縣立文化中心，《泰雅族影像紀錄展專輯》，頁2。

〔註17〕廖守臣，《泰雅的文化──部落遷徙與拓展》，頁351。
〔註18〕廖守臣，《泰雅的文化──部落遷徙與拓展》，頁351。
〔註19〕廖守臣，《泰雅的文化──部落遷徙與拓展》，頁351。

泰雅族人最早搬至環山來的說法，依據日人移川子之藏《臺灣高砂族系統所屬研究》中所載其傳說：「我們的祖先住在發祥地旁斯博干的時候，由於族中人口壓力，耕地不足，因此頭目亞波塔哇 Yabox-Torai 就將部落中的人遣一部份移居別處。」〔註 20〕據說，最先搬到環山來的是一個叫卡偉‧拉曼（Kawil-Lamag）者，其先人是經由松嶺搬至松茂附近居住，後來卡偉‧拉曼狩獵偶至環山，發現該地野獸甚多，因此遷來此地定居，卡偉‧拉曼因而被環山部落一部之泰雅族人共認為祖先。〔註 21〕而在環山住區附近有緩坡，適山田墾殖，故這一帶也成為當地原住民農耕之地。

早期泰雅族人，曾於環山一帶山區建有塔波克（Tabok）、奇卡拉岡（Tsekalagan）、畢雅旁（Piyabong）、托阿卡（To-aka）四社，他社人併稱為司家耶武群。但其中建社於今龜山〔註 22〕，如圖 1-5 現址之畢雅旁社，因被其他三社懷疑是具有魔法（妖術師）的部落，因而被司家耶武群其他三社襲擊，全社老幼悉數遭殺害而滅社，故至日治時期僅餘三社。〔註 23〕日治時期又因奇卡拉岡社參加對抗日軍活動，而遭日軍大規模攻擊與毀壞，造成人口銳減。在日軍入侵時，避難於山中的奇卡拉岡社人，在日軍離開後，見房舍已毀，就在原址附近名玻魯莫灣處，搭草寮暫居。後逐漸向環山聚落，南、北小丘移居，形成兩個小社，南邊稱希納支（Sinat）北邊叫希崙（Silon），故居處則尚居有倖存的幾家，整個奇卡拉岡因而分成三個小社。〔註 24〕此外塔波克社，亦因遭日軍與花蓮太魯閣族的攻擊而四散，其中一部份遂遷居至宜蘭土場、四季。另一部份則遷於希納支。而原留於奇卡拉岡故址之泰雅族人，後來亦因太魯閣族的襲擊，而隨著塔波克社人遷移至希納支，並共推塔波克社頭目比林比泰（Pilin Pitai）為希納支社總頭目。而在環山北邊小丘建希崙社，由馬來比候（Malai Paix）為頭目。後來日人就在希崙設立司家耶武駐在所，希納支設平岩山駐在所來監視控制原住民。〔註 25〕

〔註 20〕移川子之藏，《臺灣高砂族系統所屬研究》，轉引自陳炎正等撰，《臺中縣大甲溪流域開發史》（臺中：臺中縣立文化中心，民國 78 年），頁 77。
〔註 21〕陳炎正等撰，《臺中縣大甲溪流域開發史》，頁 77。
〔註 22〕該山因山形，狀似一昂首之龜，而被稱之為「龜山」。
〔註 23〕廖守臣，《泰雅的文化——部落遷徙與拓展》，頁 352。
〔註 24〕廖守臣，〈和平鄉泰雅族的分布現況〉，《臺中縣和平鄉泰雅族專輯》，頁 22～31。
〔註 25〕廖守臣，〈和平鄉泰雅族的分布現況〉，《臺中縣和平鄉泰雅族專輯》，頁 22～31。

圖1-5　龜山實景

中間的山即為「龜山」，95年3月29日筆者攝於臺中縣和平鄉環山部落。

第二節　梨山泰雅族傳統農業

　　早在日治以前，原住民在高山地區即有農業的活動。日本人類學者鳥居龍藏（1870～1953）曾指出「黥面蕃」〔註26〕有種植苧麻，還懂粗放的農業。也耕種稻米、〔註27〕小米、芋頭、豆類等農作物，也在蕃社範圍內種香蕉、柑橘。〔註28〕明治二十九年（1896）鳥居龍藏來臺，曾在東臺灣發現東部泰雅族的農業，故由其報告可知，原住民的農業應早在日治之前即有活動，至於其農作的類別，主要以作為主食的粟米、芋頭、蕃薯等作物為主。農墾的方式則採燒墾移耕的方式，即以放火焚燒地面上的雜草灌木為開墾的手段，燒墾時先將欲墾範圍之大型喬木予以砍伐闢出一區域，再以火將雜草灌木焚燒。此一方面可清除地面之雜物又可清除掉一些蟲害，而灰燼自然成了有機肥料，耕作三、四年後，地力消耗殆盡，再植上臺灣赤楊的樹種，再另行擇地墾植。這種農耕方式證明了農業在臺灣的高山地區確實存在，就規模言僅

〔註26〕為鳥居龍藏首創之族名，原因是他們的臉部有刺黥（Patasch），即今日的泰雅族，引自鳥居龍藏原著，楊南郡譯註，《探險臺灣》（臺北：遠流出版公司，1996年），頁143。

〔註27〕鳥居龍藏曾於〈臺灣原住民族之人類地理學研究序說〉一文中言臺灣原住民排斥稻米故此地所指稻米應為陸稻。

〔註28〕鳥居龍藏原著，楊南郡譯註，《探險臺灣》（臺北：遠流出版公司，1996年），頁151。

在自給自足，不似平地居民除在滿足自身所需外，也有商品的功能。

一、農耕方式

　　十九世紀前，原住民的農耕方式，如前述採燒墾移耕的方式。但在燒墾的模式上，根據日治時期日人岩城龜彥的調查，認為原住民山地燒墾耕種的時間，主要在九月開始至翌年二、三月，且依山地地形狀況而有所不同。而岩城龜彥將地形分為兩類，一者為樹林地，另一則為芒草地二種。〔註 29〕而泰雅族的文史工作者黑帶巴燕研究其本族燒墾模式，亦依開闢地上物之不同而認為有三種開墾法：

　　　1. 芒草林開墾法：為最原始的作法事先放火燒盡（ptlawmun），然後用刀或鋤將草根除盡，再用火燒除。

　　　2. 劍竹林的開墾法：先用刀將劍竹一根根砍除，待乾燥後以火焚之，最後在做一次清理將雜草與殘餘竹莖聚集燒盡。

　　　3. 森林的開墾法：主要在先將大樹樹枝砍光，只留樹幹，若樹較小，則整棵砍除，砍下之樹枝，最後與雜草一併燒除。〔註 30〕

在梨山則因並無劍竹林生長，故在農耕方式上較為單純，將林木及芒草一併清除處理。並無如黑帶巴彥上述所說的區分三種墾法。〔註 31〕此外，根據洪敏麟對南投的賽德克人農墾研究，則稱燒墾移耕的農耕，在當地賽德克語稱之為山坡火田 Kun buguraha neppaha，其中 Kun 意為「造」，buguraha 是「新」，neppaha 是「旱田」的意思，因之全文為「新開闢旱田」之意。〔註 32〕

（一）耕地選擇

　　南投地區的賽德克人的燒墾移耕在耕地的選擇上，是選擇土層深厚、土色黑，原始林、岩石、石礫等障物少的地方。〔註 33〕但並不一定找平坦之地

〔註 29〕岩城龜彥，《臺灣の蕃地開發と蕃人》（臺北：臺灣總督府警務局，昭和 10 年），頁 72～73。

〔註 30〕黑帶巴彥，《泰雅人的生活形態探源──一個泰雅族人的現身說法》（新竹：新竹縣文化局，民國 91 年），頁 80～82。

〔註 31〕張志遠，〈傳統與現代〉，《臺中縣和平鄉泰雅族專輯》（臺中：臺中縣立文化中心，民國 76 年），頁 32～35。

〔註 32〕洪敏麟，〈賽德克人傳統的山坡火田經營〉，《臺灣文獻》，卷 24 期 1（南投：臺灣文獻委員會，民國 62 年 3 月），頁 9。

〔註 33〕南投仁愛鄉之泰雅族群體為南勢群、沙拉茅群、司家耶武群三個區域群體祖源。沙拉茂群即為今梨山地區泰雅族人。

開墾，原因是受農具所限，因為其使用開墾之農具都是短柄的鋤，為避免在開墾後農耕時，減少彎腰的程度，而選擇在斜坡地開墾。就其原因，當地原住民耕作時不習彎腰，故而避之。若於平坦之地或山谷谷底附近小坡度地帶開墾，那耕種時勢必要彎腰耕種。〔註34〕但在梨山的泰雅人在耕地的選擇上，依環山部落泰雅族人的說法則是受限山區海拔較高平坦地難覓。因此筆者對洪敏麟的說法則持較保留的態度，因為正如環山部落泰雅族人說高山地區平坦地形難覓，倘有，一般也都為崎零的小地，不若坡地完整。若以農具來論，又稍嫌牽強，因為農具可因應使用時之便利性來改變設計。故筆者認為，開墾地的選擇應是考量其地形完整性，而非以避免彎腰來做為選擇的標準。

（二）開墾

原住民燒墾開闢之歷程充滿了宗教氣氛，山坡田之伐採開始於五月間，農田的勞動是以家族為單位，先由家長攜一鐵鍋赴田間小屋圓夢，從赴田前數日起就不得夫婦同床，也不可談女人事。如果部落發生任何不吉之事，就停止赴田。待在田間小屋的時間，則須一直到獲吉祥夢兆為止。若獲吉夢乃向祖靈宣告：「獲吉夢，今年將在此地種粟」，然後伐約一坪的土地，中間豎一根樹枝，縛以萱草，樹枝選枝椏成小鋤頭形者，插入繩結之內以勾住，而所插數目代表家族內之勞動人數。此目的具有向祖靈報告即將於此地開闢種粟之意義。此儀式結束後，家長返家，即開始從事農事所需準備工作。〔註35〕

前事完成後約經一個月的時間，家族成員中之壯男，開始攜刀、斧、鋸等工具赴田伐採。將欲闢田地的茅草、樹枝、灌木以刀砍除，並以鋤將小樹根或茅草根挖除，喬木則使用鋸（Kurutsu）鋸斷，再以斧砍成人般高，再劈開成燃料用。餘枝在第一年不用，次年方於田間供燒煮之用。而所伐採之茅草、樹枝，經細斷後，鋪展於山坡田之斜面任其乾燥。待至八月間選擇無風之夜始放火焚之，〔註36〕而其放火時會先開闢一防火線，以避免延燒。焚燒是由高處開始，分成若干次焚燒，焚燒所產生之灰即成肥料，焚燒時所產生之高溫，則可撲殺害虫，清除殘餘雜草。

位於和平鄉梨山村、環山部落的泰雅族人的農墾方式，依環山部落詹秀

〔註34〕林英彥，〈臺灣先住民之農業經濟〉，頁245。
〔註35〕洪敏麟，〈賽德克人傳統的山坡火田經營〉，頁1～31。
〔註36〕洪敏麟，〈賽德克人傳統的山坡火田經營〉，頁1～31。黑帶巴彥，《泰雅人的生活型態探源——一個泰雅人的現身說法》（新竹：新竹縣文化局，民國91年），頁79。

美女士的描述：因當地泰雅族人住區依傍大甲溪流域而居，海拔均達一千公尺以上的高山地區，平坦地區難覓，故其農業生產活動，均爲傳統的泰雅族焚墾輪耕式農業生活。農作物亦以粟、陸稻、黍、稷、甘藷爲主，其次爲里芋、鳩麥、藜、水薯、薑、苧麻、煙草等。主要農具有鍬、掘杖、鐮刀、漢式鋤頭，還有收割用手刀。一般農耕全部過程區分爲：砍伐（Kuidan）→火焚（Robun）→整地（Poskofun）→播種（Tmwbux）→除草（Lmahing）→收割（Kmfuh）等步驟。〔註37〕而當地泰雅族人整體農墾過程爲，第一步驟燒墾的過程，是先進入原始森林內，在喬木的根部以刀斧劈之，剝下樹皮，讓樹木自然乾枯後，再砍除枝幹，同時也一併清除樹下草叢，然後放火焚燒。燒後再挖掘掉石塊，剷平地面，整理成一塊農地。而焚燒後之灰燼就成爲田地天然肥料。從這些研究及描述來看，泰雅族人雖遍佈中、北部山區但燒墾方式卻都大同小異。而梨山地區的泰雅族人與其他地方的泰雅族人稍異之處，是以剝樹皮方式促使樹木的乾枯，待樹枯死再燒墾砍伐，而其他地區泰雅族人則對大樹則採伐燒的方式處理。而一般燒墾後之山田如圖 1-6。

◆露耕即墾耕地種本（圖片 陳其聲提供）

圖 1-6　燒墾後山田

資料來源：黑帶巴彥，《泰雅人的生活形態探源──一個泰雅族人的現身説法》，頁 79。

這種燒墾的方式，隨著耕地不斷移墾，遊走於山林間，造成部落與耕地的距離也漸次拉遠。

〔註37〕 張志遠，〈傳統與現代〉，《臺中縣和平鄉泰雅族專輯》（臺中：臺中縣立文化中心，民國 76 年），頁 32～35。陳明憲，《梨山霧社地區落葉果樹與高冷地蔬菜栽培的發展》，頁 18。

（三）水土保持

原住民在水土保持上的做法，梨山地區是在急坡上用小石或木頭阻擋土石流失。﹝註38﹞此種方式與洪敏麟研究的德克賽人燒墾後水土保持方式雷同，德克賽人是從坡田由頂至下，將田畦劃分若干區塊，這些田畦除劃分區段外，實際上也是防止土石墙的流失。因為坡田的坡度可及 50 度，小者亦有 30～40 度，故土壤極易流失，為遏止土壤過度移動，每塊坡田之下處均以石塊砌墙高約 1.5 公尺，墙基上側被移動之土石塡滿，石墙亦被移土所覆蓋，﹝註39﹞如圖1-7。

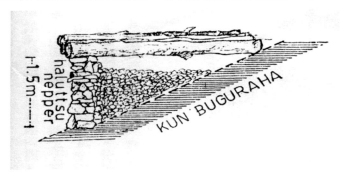

圖 1-7　泰雅族防流土石墙

資料來源：洪敏麟，〈賽德克人傳統的山坡火田經營〉，《臺灣文獻》，頁 5。

因此所有坡田之石墙必須年年下移，而每年下移時，都會將原石墙的草清除。這是賽德克人特有水土保持法，這種水土保持造成其坡田如同魚鱗狀般。﹝註40﹞此種水土保持的方式，時至今日，在梨山地區原住民部落中，可發現原住民現今仍將其運用於落葉果樹的種植上。所異者是，現今都以石塊砌成，並未運用木頭。

（四）播種

原住民在新墾地播種的時間，一般均選在下雨後土壤較濕潤時實施，先將地匀平，再播種，並在種子上面覆蓋碎土，等穀種發芽到二、三寸時，原住民會先到田裏清理拔除長在穀物間的雜草，以利穀物生長。梨山地區原住民播種的順序，依據當地原住民的記述先是種粟，再來種甘藷及豆類。﹝註41﹞此種植

﹝註38﹞ 詹秀美，〈細說環山舊事〉，《臺中縣和平鄉泰雅族專輯》，頁 50。
﹝註39﹞ 洪敏麟，〈賽德克人傳統的山坡火田經營〉，《臺灣文獻》，頁 1～31。
﹝註40﹞ 洪敏麟，〈賽德克人傳統的山坡火田經營〉，《臺灣文獻》，頁 1～31。
﹝註41﹞ 詹秀美，〈細說環山舊事〉，《臺中縣和平鄉泰雅族專輯》，頁 48～53。

的模式與南投地區之原住民農墾的模式，都是在第一年地力最肥沃時先種粟、陸稻、黍等是一樣的。〔註42〕但在播種上陸稻是在初夏播種，粟、黍則在冬季播種，然梨山地區的原住民燒墾時間恰都在夏末秋初之際，風力較小時實施在時間上頗為契合，因為燒墾後再整地待地整好要播種時也將屆冬了。

（五）施肥

在原住民長久的農耕中，不斷的燒墾移耕，一直無法定耕的主要因素，即為土地地力問題未能獲得解決所致，故一直不斷的以燒墾輪耕的方式遊走在山林之間。原住民傳統農耕方式除在燒墾時產生的草木灰燼，提供了部份肥料的來源外，另即在輪耕時經由豆類種植，由豆類根瘤菌吸附一些微少的氮肥。除此之外，一直到農地廢耕為止，都再無施肥之舉。其主要因素除山地沒有肥料外，另就是泰雅族人視糞便為不潔之穢物，用於施肥恐會污穢農作物，故無施肥觀念。〔註43〕因此農地耕種三、四年後土地即失去地力，成為休耕地，必須重覓新地進行燒墾。但休耕地在當地泰雅族人的習慣，在離開時一定要在原地植上臺灣赤楊的苗木（泰雅族語稱為 E'bo），主因泰雅族人取其成長快速，且樹幹直又可供建築用。〔註44〕

二、農作物輪耕

而闢田後的農作物生產，因原住民多是以粟為中心的雜穀型農耕，通常在完成新墾田的第一年都無例外的先播種粟，副植豆類。若第二年土地尚肥沃，則再植粟和豆類，並且以甘藷為裏作。第三年改植貧瘠土地亦能生長之黍，不再種甘藷，並改種赤楊樹，以恢復地力。第四年繼續植黍與赤楊樹。第五年山田生產力已低，則棄田休耕，另闢新田。而其輪作分析如表1-3。原住民在農作過程中，一般是不施肥的，但他們在種植作物時，在習慣上都會種植一些豆類，此舉也間接為土地提供了恢復氮肥的良好效果。其中較令人費解者為赤楊樹的種植，但經植物專家研究發現，這種臺灣赤楊的根具有瘤菌，與豆類一般能夠增加土地的肥沃，〔註45〕且生長快，樹幹直，砍伐後可

〔註42〕洪敏麟，〈賽德克人傳統的山坡火田經營〉，《臺灣文獻》，頁1～31。

〔註43〕韓西庵，〈臺灣山地人民之經濟生活〉，《臺灣銀行季刊》，卷4期2（民國40年6月），頁126。

〔註44〕洪敏麟，〈賽德克人傳統的山坡火田經營〉，《臺灣文獻》，頁1～31。

〔註45〕原住民所植之赤楊樹，為臺灣赤楊，經研究發現臺灣赤楊樹根有產生碳氮化菌（Nitrifying bacteria）可增加土地肥沃度。引自洪敏麟，〈賽德克人傳統的山坡火田經營〉，《臺灣文獻》，頁12。

做燒飯薪材及搭蓋家屋的建材，故也成原住民慣於栽植的樹種。

表 1-3　梨山原住民燒耕作物輪作分析表

耕地使用時間	主要作物	副植作物
第一年	粟、陸稻、黍、里芋	豆類
第二年	粟、陸稻、甘藷、黍（地尚肥沃）	豆類
第三年	黍	豆類、臺灣赤楊木
第四年	黍	豆類、臺灣赤楊木
第五年	休耕	休耕

資料來源：詹秀美，〈細說環山舊事〉，《臺中縣和平鄉泰雅族專輯》，頁 48～53。

　　因為農作物生產常無法滿足生活所需，漁獵就成了補充生活飲食的副業。而在農墾與狩獵二者間，因農墾是單純乏味的勞力工作，漁狩獵雖充滿了不確定的危險暨需強健的體力，但又充滿了挑戰的娛樂性質，因而受原住民男性的喜好與歡迎。也因此養成了高山地區，原住民的漁獵文化與剽悍的性格，而讓一般人忽略了高山原住民固有的農業文化。一直到日治時期，臺灣總督府的理蕃政策，方改變了高山地區原住民的農業模式。而隨著政府來臺後，交通線開闢伸入，使平地農產品大量進入高山原住民生活圈，更使得現今原住民的傳統農業為現代農業所取代。

三、農作採收

　　泰雅族人至農作物採收，或粟、陸稻的收割時，均禁用金屬的器具，必用竹筐採摘；而且忌用整束的割，必須將黃熟的穗，一株一株的採摘。如圖 1-8，1-9。採收時一般需動員族人協助收割，但農地家長在收割當日，必須要最先抵達農地，因泰雅族人認為若有人比主人先到，那麼這一年的收入不但會很快消失之外，其他的農作物也會減少。〔註 46〕而梨山地區原住民農作物採收時，因為隨著耕地不斷移墾，部落與耕地一般都距離的相當遠，因此至農作採收時期，梨山地區泰雅族人都是夫妻二人帶著雞、犬同往，並住在耕作小屋，且一住就是一個月以上的時間。若有事要造訪他人耕作小屋，還必須先在遠處大聲呼喊後再慢慢靠近。日治時期日警曾調查發現一奇特現象，就是環山婦女的生產期大致相同，此結果也許是與夫妻二人住在耕作小屋內的生活有關

〔註46〕黑帶巴彥，〈泰雅族的收割祭〉，《臺灣原 YOUNG》，期 13（臺北：行政院原住民族委員會，2006 年 3 月），頁 22～25。

吧。〔註47〕由此來看梨山地區原住民在採收時，似乎以夫妻二人自行採收爲主。

圖 1-8　原住民農作採收

資料來源：黑帶巴彥，《泰雅人的生活形態探源——一個泰雅人的現身說法》，
　　　　　頁 120。

圖 1-9　原住民農作採收

資料來源：黑帶巴彥，《泰雅人的生活形態探源——一個泰雅人的現身說法》，
　　　　　頁 119。

〔註47〕詹秀美，〈細說環山舊事〉，《臺中縣和平鄉泰雅族專輯》，頁50～51。

四、傳統農業限制因素

由泰雅族人在高山地區農業模式來看，其農業型態，從擇地到收割均需告知祖靈，並重視各種預兆行為，可說是深具宗教的意識農業活動。但有趣的是原住民農業勞力卻大都以婦女為農耕主力。加之高山地區原住民農耕區域，受限在高山之間，土質貧瘠，耕地狹小，農作物的種類也屬有限，加之農具都為較傳統簡單的工具，種植農作物時又無施肥的觀念，因此農業發展遠不如平地漢人發達。尤其是，極需勞動力的農業，又以女性為主，則更為高山地區農業的發展帶來限制。

第三節　日治時期的農業發展

日治時期，讓臺灣總督府真正開始下定決心，在臺灣高山地區推動發展農業的重要因素應是「霧社事件」。該事件讓農業正式成為臺灣總督府理蕃策略與手段，此點可由昭和六年（1931）臺灣總督府〈理蕃政策大綱〉第一條中，明列要以農業來改變高山原住民因狩獵生活所培養出的剽悍性格即可看出。〔註48〕臺灣總督府以推動高山地區農業為手段，來改變高山原住民，使其成為安土重遷民族，正如本章敘言所述在昭和十二年（1937）臺灣總督府於南投仁愛鄉梅峰（今清境農場上方），設置成立「霧社山地農場」，由臺北帝國大學理農學部奧田彧（1893～？）教授主持，但這農場後來卻因太平洋戰爭而未能運作。但從梨山農業實際發展來看，臺灣總督府對梨山地區原住民農業的推廣，並非同其他地區單純以稻、蔗為主，而係以較多元方式來發展。

一、總督府的山地農業政策

日本對臺灣農業發展的關注上，在平地、丘陵部份，主要的農作發展為稻米、蔗糖、茶等。山林作物則為樟腦、林木。至於在高山地區之農業發展上，臺灣總督府刻意隔絕、管制平地人與高山原住民交通接觸的情況下。〔註49〕原住民的經濟生活，大多仍維持其故有的狩獵與燒墾傳統生活模式，農作

〔註48〕臺灣總督府警務局，〈理蕃政策大綱二關スル件〉，《總督府公文類纂》，文號14，冊號7393，門號3，門別：警察，類號4，類別：蕃人蕃地，府番號：總警407，頁次323。

〔註49〕日治時期，日警務當局在山麓地帶設定固定的境界線，其內稱之為「蕃地」，一般人在出入該區前，必須向警方取得「入蕃許可證」。住在此區域內的原住民，要離開境界線，也需要方的認可。

物的生產也以傳統的粟米、稷、黍、甘藷等作物爲主，仍無法建立以經濟爲導向之農業生活。

　　不可諱言，在「農業臺灣，工業日本」的產業導向下，臺灣總督府對臺灣農業技術之引進，自不遺餘力。同樣的其農業技術引進目的，其實也是以滿足日本本土需求爲主。對臺灣這塊土地上的民眾需求則恐非其考慮之要項。是以臺灣總督府積極在臺灣獎勵農業發展，另一方面也普遍興辦水利灌溉事業，建立農業發展的基本硬體設施，也設置農業試驗所來改良農作物品種與農業技術，提升平地農業發。然在高山地區則著眼在山林資源的掠奪，在原住民的農業生產技術上則甚少有所作爲。雖言在各地蕃社有駐警指導農業，然皆非專業人員，對臺灣各項農業生產條件也未見瞭解，如此如何能冀望其能於山區創造出農業成果來。

　　昭和十二年（1937）臺灣總督府雖在南投仁愛鄉梅峰設置「霧峰山地農場」，作爲引入農耕技術，並計劃利用臺灣多樣的垂直環境差異，來增加農業生產之多元化，協助原住民原有燒墾移耕方式，做爲改善原住民生活之前進實驗基地。〔註50〕後來因爲太平洋戰爭而停止運作。但霧社農場雖停止運作然以農業爲理蕃的企圖並未因此就嘎然而止。而是持續以日警爲推動山地農業的執行者在山區推展，但在發展的過程中若從《理蕃志稿》記錄來觀察，臺灣總督府在蕃地均以稻米、甘蔗爲主從發展的項目。此與當初設霧社山地農場的目的根本上是違背的，因農場是要利用臺灣多樣垂直環境差異性來來增加農產，然臺灣總督府所採的措施卻以米、蔗的主，並未考量高山環境差異性，在高海拔山地也發展水稻。此由臺灣總督府於佳陽、梨山試種水稻。〔註51〕即可看出。由此亦可嗅出臺灣總督府爲了支援太平洋戰爭，在臺灣農業發展上大力發展有助日戰場所需的農作，連高山地區都不放過。

　　臺灣總督府在對高山地區原住民推動農業施行的方法上，是採較強硬的手段來推動，如先收繳原住民狩獵所用之刀械，使之無法狩獵，只得務農。其次強制原住民部落集團遷徙至平地或較低海拔區等措施。然集團遷村的結果因原住民遷徙至平地後，無法適應環境造成約 60%的人口患病亡故。這些酷烈的措施，對生長於高山林野的原住民言是何等殘酷。而其農業推動主因，如前述是具有理蕃的目的，故雖有獎勵，但執行手段逾趨於強制，而遭致原

〔註50〕張育森、許亞儒、張祖亮、林楨祐，〈臺灣高山農業之永續經營與生態旅遊——以臺大山地實驗農場梅峰本場爲例〉，頁3。
〔註51〕程兆熊、黃弼臣、朱長志合編，《臺灣省中部山地園藝資源調查報告》，頁13。

住民的反感與抗拒。然臺灣總督府在大正二年（1913）以武力攻入梨山後，日人在梨山的農業推動，除為梨山傳統的泰雅族人帶來重大的農業變革外，卻也無意中，為戰後梨山的農業提供發展方向。

二、農業發展

　　臺灣總督府勢力真正大舉介入梨山，始於大正二年。肇因於臺灣總督佐久間左馬太親自坐鎮指揮軍隊攻打日人口中「北部山界之最深處」，的「奇那基」和「馬利克灣」二個泰雅族群。在戰事初興之際，不意宜蘭的「溪頭群」卻與該二群串聯，因而佐久間緊急動員軍隊由平岡茂少將率軍隊從宜蘭方面投入戰場。致使戰線越拉越大，終至延及梨山地區。〔註52〕故而梨山在大正二年亦遭兵燹之禍。待臺灣總督府的征伐結束後，日警警力也開始大舉進入梨山地區，而農業技術也隨著日警派駐，被帶入梨山山區。

（一）禁止燒墾移耕

　　日警在日蕃政中，除任蕃人之監督管理外，亦兼有蕃童教育與農業指導之責。對原住民燒墾移耕的農業生產之模式，自臺灣總督府領臺後就曾實施調查，對原住民的燒墾移耕的農業生產模式，初期雖無持明確的反對態度。但其實臺灣總督府對原住民的燒墾移耕的農作方式是不認同的。所以在明治二十九年（1896）六月，民政局殖產部長，在制定撫墾署長須知要項，第十三項中規定：

　　　　民眾為開墾或防禦原住民等燒草木時，有時燒盡廣大面積之森
　　林，應嚴格取締。〔註53〕

由此規定來看，所指之民眾應是平地漢人，並非針對原住民。故臺灣總督府對原住民的燒墾還保留了一些彈性的空間，並未持完全禁止的態度，何況對平地漢人還僅嚴禁大面積的燒。且由原住民燒墾的習性來觀察，森林除是山林走獸的棲息地外，也是原住民的獵場，更是其肉蛋白質的主要來源。如從本章第二節原住民傳統農墾對水土保持的態度來看，原住民對山林之維護觀念，其實更甚於其他民族。且原住民一般燒墾，就面積言；僅以滿足自家農產所需為度，所以在面積上應能合於臺灣總督府之要求。然燒墾移耕的農耕方式對山林言，仍是傷害多於利益。故至昭和年間臺灣總督府警務局的平澤

〔註52〕　高金素梅策劃，徐宗懋、張群智撰稿，《無言的幽谷》，（臺北：正中書局，民國91年），頁1。
〔註53〕　臺灣總督府警察本署編，陳金田譯，《日據時期原住民行政志稿第一卷》，頁17。

生在〈蕃地適作物の解說（二）〉一文中就明白指出，原住民的火耕會造成表土流失，石礫露出，樹木稀少造成土地的危害。〔註 54〕〈理蕃政策大綱〉中也明載，原住民的火耕會招致地表土地流失，造成河流下游的氾濫危及國土保安。而意以集約式農業，水田耕作來改變原住民的傳統農業型態。〔註 55〕

　　由於臺灣總督府對燒墾的態度，並非全然禁絕故，故梨山的原住民的燒墾在日治時期仍持續運作，直到政府來臺大力推動定耕，並在落葉果試植成功後，將培植技術轉移給原住民，原住民在梨山地區的燒墾，方逐漸在梨山絕跡。

（二）農業教育

　　因為原住民傳統農業的落伍，且會對山林帶來不利之影響，因此臺灣總督府自然會興起對原住民實施農業教育構想。而此構想的出現，最早出現於明治三十年（1897）四月二十一日，臺灣總督乃木希典（1850～1932）在召集各撫墾署長於總督府開會，在分發諮問案徵求意見中，殖產部農商課就獎勵原住民從事農林業的內容中提出：

　　　　第一開始提出給與苗木獎勵造林。

　　　　第二給與農耕器具，教授使用方法。

　　　　第三教授耕耘及栽培農作物之方法。

　　　　第四招致日本人或漢人從事農耕，作為原住民農耕之模範。

　　〔註 56〕

這四項意見。然實際的作為，則延至乃木希典卸任總督職後方有作為。而對原住民初期的農業指導，則委由蕃地駐在所日警兼負，至於招訓原住民青年做較具規模、有計劃專業指導，則一直到昭和六年（1931），才開始行動。而臺灣總督府開始在臺灣推動農業教育，始於明治三十三年（1900），最早是以農事試驗場之講習生及日語學校之實習部來實施，並納入職業教育中，但初期教育對象並不見原住民。據臺灣總督府警務局竹澤誠一郎的說法，是到昭和六年，才在花蓮港廳設立農業講習所，選擇蕃社中優良原住民青年，來實

〔註 54〕 平澤生，〈蕃地適作物の解說（二）〉，《理蕃の友》（臺北：理蕃の友發行所，1932 年 10 月），頁 9。

〔註 55〕 臺灣總督府警務局，〈理蕃政策大綱ニ關スル件〉，《總督府公文類纂》，文號14，冊號 7393，門號 3，門別：警察，類號 4，類別：蕃人蕃地，府番號：總警 407，頁次 338 臺灣文獻館藏。

〔註 56〕 臺灣總督府警察本署編，陳金田譯，《日據時期原住民行政志稿第一卷》，頁 35。

施農業教育。〔註 57〕由此來看，日人對原住民的農業教育應從此時開始。但對新高、能高、東勢這三個處於高山地區蕃社的泰雅族原住民，一直至昭和十年（1935）於霧社成立農業講習所後，才召訓各蕃社中堅青年二十餘名施訓，畢業後返回各社任農業指導。〔註 58〕後來又成立農校培訓山地青年，如民國四十四年時臺中縣和平鄉平等村村長劉華貴，即爲此校畢業之原住民青年。劉氏自農校畢業後，又至農業試驗所實習二年，再派任爲警察返回梨山服務，指導原住民農事，臺灣光復後任平等村村長。

整體言日治時期原住民的農業教育與山地開發，首先以獎勵原住民耕作水田，實施定耕農業做起。因爲原住民傳統的耕種方式不特會毀損山林，亦有造成平地水災之虞。爲促使原住民放棄傳統農耕方式，總督府還在各州界設置模範水田試作所鼓勵原住民耕種，更傳授原住民耕種方法，還將所獲之農作分配各部落以吸引原住民轉作。

（三）新農作物引入

臺灣總督府在以農理蕃的政策考量下，以日警進駐高山地區，不但收繳原住民狩獵的槍枝，並將在高山地區的原住民集中於聚落監管，同時推動農業，將原本非屬臺灣高山地區的農作物，陸續引入高山地區種植，而日治時期被引入梨山地區之農作物概可分爲稻米、水果、蔬菜三大類，種類之多品種之雜可謂是臺灣高山地區之最，而引入時間與發展結果分述如后：

1. 稻米

昭和九年（1934）六月，臺灣總督府警務局的岩城龜彥曾於《理蕃の友》發表〈蕃人食糧問題と陸稻作（上）〉文章中也指出，高山地區原住民主要作物受限地勢與農耕地的關係，仍以甘藷、粟、里芋、陸稻、玉蜀黍、豆類爲重要產物。但在食糧嗜好上，則稱原住民有米食的傾向，然岩城氏所引用資料地區，所指之米食是否爲水稻亦或地區是否含有梨山地區則不可知。〔註 59〕因爲根據鹿野忠雄（1906～1945）於昭和十七年（1942）的論文，曾說早期臺灣的山地種族把平地種族稱爲「食米蟲」，把稻米視爲異邦人士的糧食，極

〔註57〕竹澤誠一郎，〈蕃地に於ける農業講習所の實際〉，《理蕃の友》，卷 2（1936年 12 月），頁 4。

〔註58〕臺中州役所編，《臺灣省臺中州管內概況及事務概要（十三）》（臺北：成文出版社有限公司，民國 74 年），頁 418。

〔註59〕岩城龜彥，〈蕃人食糧問題と陸稻作〉，《理蕃の友》，卷 1（1934 年 6 月），頁 1。

力加以排斥。又說其親身經驗布農族以前也討厭稻米。〔註 60〕故筆者質疑，
岩城氏發表此文之目的，是與臺灣總督府在蕃地發展水田種植水稻，與原住
民的集團遷村有關。因為若原住民有米食傾向，則可要求原住民於蕃地種植
水稻，若蕃地不適種植則可要求原住民遷村。更何況鹿野忠雄在各原住民部
落發覺，山地原住民原本就是厭惡水稻的種族。

　　此外，在「原住民接受稻米」此議題上，臺中州理蕃課稻留生曾在昭和
十年（1935）十二月，在《理蕃の友》所發表〈稻の高地栽培に就いて〉中
的記述則充滿了趣味性。〔註 61〕其文中言，泰雅族間有傳言說，食用日人水
稻會導致腹痛甚至會死亡的迷信，直到大正四年（1915）七月在能高郡開路
之原住民，因沒有攜帶便當，而食用警備員的米食，原本還猶豫會引起腹痛，
但食用後覺得味道很好，因而希望以後也能食用米食。〔註 62〕

　　可是水稻在臺中州東勢郡的種植，按稻留生的記述，是始於大正元年
（1912）於稍來坪（今南勢）開始種植，〔註 63〕由時間上來觀察，為何同為
東勢郡的梨山卻遲至昭和九年（1934）間方開始試植，此點筆者曾一度質疑。
但若以地理位置來看，處中央山脈深處的梨山對水稻的接受較晚是有可能
的。因為連松鶴也到大正六年（1917）也才開始水田的試種。〔註 64〕更何況
梨山的沙拉茅蕃一直到昭和二年（1927）十二月二十四日才參加「歸順儀式」。

　　此外，在梨山地區種植水稻上，最初在梨山這麼高的海拔種植水稻，就
今日現代人來看恐都認為不可能。然日治時期臺灣總督府在山區推動農業時
也在梨山高海拔試種水稻，其結果，依臺中州役所所編之《臺灣省臺中州管
內概況及事務概要》所載：

　　　　有關在梨山佳陽試種，其ノ他東勢郡下奧地ノシカゥゥ，サラ
　　　　マオ，佳陽方曲ハ標高氣溫等ノ關係上水稻作ハ不可能ナリトサレ
　　　　居然タルガ數年來試作ノ結果水稻作ニ成功シタルヲ以テ圳路ヲ開
　　　　鑿シ與へ，現在水田〇六八甲ヲ開墾シ尚彼等自力ニテ開墾擴張シ
　　　　ツアリ。〔註65〕

〔註60〕鹿野忠雄，〈臺灣原住民族之人類地理學研究序說〉，《臺灣百年曙光》，頁243。
〔註61〕稻留生，〈稻の高地栽培に就いて〉，《理蕃の友》，卷2（1935年12月），頁5。
〔註62〕稻留生，〈稻の高地栽培に就いて〉，頁5～6。
〔註63〕稻留生，〈稻の高地栽培に就いて〉，頁5。
〔註64〕中尾善吾，〈標高二千六百尺の蕃地に於ける苗代試播〉，《理蕃の友》，卷 2
　　　（1934年3月），頁8。
〔註65〕臺中州役所編，《臺灣省臺中州管內概況及事務概要（十一）》，頁418。

由上文中可看出，日人在梨山佳陽進行的水稻試種，最初連日人都以爲在佳陽這樣高海拔地區是不可能成功的，但經數年的努力最後居然試種成功。昭和十二年二月，臺中州理蕃課稻留生亦於《理蕃の友》發表一篇〈水稻の高地栽培成績〉由其中亦言：

嘗て水稻試作を三個年間も行つたが，何れも失敗に終り，水田耕作は不可能と見做されて居つた。〔註66〕

由此可知，梨山佳陽之水稻始於昭和九年（1934）方在佳陽開始試種，然歷經三年的試種卻均告失敗。在日人幾乎已認定水田的耕種，無法在佳陽這樣的高海拔地區種植時，昭和十二年（1937）再度以日本品種相州44號、農林1號這兩種稻種進行試種。水田的位置在佳陽駐在所北方約21町，大甲溪左岸，標高約4,500尺，以原住民頭目的試作田，作爲試種田來栽培，栽培面積：相州44號種植有二畝、農林1號種植1畝。在4月5日播種，5月17日插秧，但插秧後二個月稻作遭葉卷蟲的侵害，經處理後發育良好。至9月20日收割，相州44號籾218立甲有30石的收成。農林1號也有55立的收成。〔註67〕該原住民頭目眼見此成果後，多感到驚訝與高興，因而將一些非水田的田地也擴張爲水田，甚至此頭目在同年十一月六日在旅行中患病，臨終前還囑其長子必須繼續從是水田耕種。〔註68〕

水稻的試植成功，在梨山也展開了一股開墾水田的熱潮。至昭和十二（1937）年，佳陽適於水田開墾經調查有約23甲步，〔註69〕而至昭和十三年時已開墾至0.68甲。〔註70〕昭和十四年（1039）面積又擴增至2甲81，〔註71〕昭和十五年（1940）又增至4.90甲。此外，臺灣總督府也曾計劃在水田預定地，展開埤圳改鑿的工程，以利在梨山發展水稻種植，更曾計劃在勝光進行水稻的試種。〔註72〕到昭和十六年（1941）十月八、九日臺灣總督長谷川清至平岩山（今環山）時，環山的水田已擴增至約有三甲步。由此可知梨山

〔註66〕稻留生，〈水稻の高地栽培成績〉，《理蕃の友》，卷2（1937年2月），頁11。
〔註67〕稻留生，〈水稻の高地栽培成績〉，頁11。
〔註68〕稻留生，〈水稻の高地栽培成績〉，頁12。
〔註69〕稻留生，〈水稻の高地栽培成績〉，頁11～12。
〔註70〕臺中州役所編，《臺灣省臺中州管內概況及事務概要（十一）》，頁418。
〔註71〕臺中州役所編，《臺灣省臺中州管內概況及事務概要（十二）》（臺北：成文出版社有限公司，民國74年），頁430。
〔註72〕稻留生，〈水稻の高地栽培成績〉，《理蕃の友》，頁12。

的水稻發展已由佳陽擴展至環山一帶。而整個臺中州高山地區水稻種植面積逐年增加，詳如表 1-4。

表 1-4　昭和 7～15 年臺中州蕃地水田增闢統計表

年代	東勢郡（甲）	新高郡（甲）	能高郡（甲）	合計（甲）
7	44.26	41.20	184.57	270.03
8	67.02	45.75	185.93	298.70
9	68.39	69.24	193.57	331.20
10	70.57	87.77	206.04	364.38
11	75.35	103.84	222.28	401.47
12	77.92	118.95	228.94	425.81
13	80.01	138.49	234.65	454.15
14	88.26	157.58	261.42	507.26
15	94.14	165.25	262.64	522.03

資料來源：據臺中州役所編，《臺灣省臺中州管內概況及事務概要（一～十三）》整理而成（臺北：成文出版社有限公司，民國 74 年），頁 418～419。

如再由表 1-4 與梨山水田面積比較。水稻的發展在梨山似乎也僅於此，並未因試種成功有較大規模而持續在梨山地區擴展開來。甚至戰後水稻的種植在梨山地區絕跡，從臺灣總督府警務局福永生所著之〈蕃地水稻耕種改善に對する私見（一）（二）〉文章判斷。〔註73〕其因如下：

（1）農業技術無法突破：梨山地區雖然水源豐沛，但冰冷溪水，用在水稻灌溉卻易染稻熱病，根據植物學家研究最適合的溫度 30～34 度，然梨山地區溪水水溫均遠低於 25 度以下。且梨山地區海拔 1,500 公尺以上，日夜溫差大，就算在夏季清晨亦會結霜，如何尅制此天然條件讓水稻生長即一大挑戰。

（2）地質無法改善：梨山地區地質亦是一大障碍，梨山地區原住民水田多開設於傾斜地或河川流域附近地區，土質多為砂礫地，表土淺、土質貧瘠。實不利於水稻的種植。

〔註73〕福永生，〈蕃地水稻耕種改善に對する私見（一）〉，《理蕃の友》，卷 3 號 126，頁 4～5。福永生，〈蕃地水稻耕種改善に對する私見（二）〉，《理蕃の友》，卷 3 號 127，頁 13～15。

（3）肥料無法獲得：由於土質的貧瘠，自然需以施肥來改善。但原住民對施肥觀念淡薄，雖經日警指導而瞭解堆肥、施肥。但肥料施用恰當與否卻影響水稻的生長，然日人並未提供原住民使用化學肥料。〔註74〕以堆肥替代化肥，但堆肥需較大的場地，山區較難尋得較大適宜的地點，雖言日警在駐在所附近設堆肥場，〔註75〕但距農地太遠，因之農地肥料獲得不易，作物發展自然受限。

（4）發電廠建設：臺灣總督府警務局鈴木生在〈長谷川總督のピヤナン越隨行記（二）〉一文中，〔註76〕記載在長谷川總督在昭和十六年（1941）十月九日從環山到達見（今德基）這段行程中，曾提及將在大甲溪設發電廠，原住民許多水田將淹沒水中，原住民必須遷移他處。〔註77〕此恐怕亦是造成梨山地區水稻銳的原因。

然最後至戰後梨山水稻終消失於山際。而日人在水稻試種成功後，曾計劃再興水利工程以利水稻種植也未曾再議。直到民四十四年臺中省立農學院實施山地園藝作物資源調查時，平等村村長劉華貴曾主動向臺中農學院園藝系程兆熊主任，提出佳陽在日治時期曾種過水稻之事，並希望程兆熊等人，能代為向政府反映，興築水利以供當地人民繼續種植水稻。〔註78〕由此也可觀察出，梨山原住民對水稻的接受是在日治時期建立的。

2. 水果

梨山地區的水果主為溫帶落葉果，依據民國四十四年臺中農學院所實施臺灣省中部山地園藝資源調查，在臺中縣和平鄉平等村發現的事實；即是日治時期日人曾在和平鄉平等村栽植溫帶落葉果，據當時平等村村長劉華貴所述，其種類有蘋果、梨、水蜜桃等，而蘋果為大正八年（1919）年自日本北海道引進，〔註79〕而其引進時間、數量、種類如表1-5。

〔註74〕平澤生，〈蕃地適作物の解說〉，《理蕃の友》（1933年3月），頁9～10。

〔註75〕臺州役所編，《臺灣省臺中州管內概況及事務概要（十三）》，頁418。

〔註76〕鈴木生，〈長谷川總督のピヤナン越隨行記（二）〉，《理蕃の友》，卷3（1941年12月），頁5。

〔註77〕鈴木生，〈長谷川總督のピヤナン越隨行記（二）〉，頁6。

〔註78〕劉華貴畢業於日治時期霧社農校，曾於臺中農業試驗場工作二年，學習嫁接等技術，後任警察，負責指導山地園藝，故對平等村農業情形，甚為熟悉。引自程兆熊、黃弼臣、朱長志合編，《臺灣省中部山地園藝資源調查報告》，頁12。

〔註79〕程兆熊、黃弼臣、朱長志合編，《臺灣省中部山地園藝資源調查報告》，頁13。

表 1-5　日治時期日人在梨山地區種植溫帶水果情形一覽表

| 種類 | 梨 | | | | | | | | 水蜜桃 | 蘋果 | 紅肉李 | 板栗 | 柿 |
	二十世紀		長十郎		扁蒲梨		冬梨						
引進時間	1929	1930	1935	1929	1930	1935	1935	1935	1932	1919	1932	1933	1933
引進數量	30	90	—	14	90	—	—	—	50		1	—	約30
種植地點	梨山	佳陽梨山環山	—	梨山	佳陽梨山環山	—	—	—	佳陽梨山環山	勝光	梨山	梨山佳陽	每部落約10株

資料來源：依據程兆熊、黃彌臣、朱長志合編，《臺灣省中部山地園藝資源調查報告》
　　　　　（臺北：中國農村復興聯合委員會，民國 45 年），頁 12～13，整理調製。

　　由此亦可知梨山地區落葉果的引進是始於大正八年（1919），由蘋果開始引進的，而此時距佐久間派軍隊攻打梨山僅六年而已。但其種植地區僅限於勝光駐在所附近，並無大量繁殖，其後在佳陽、環山也曾發現蘋果樹但均由勝光的蘋果樹為母株所繁殖，但亦植於駐在所附近為日警禁臠。至於蘋果為何較其他水果早被引入，筆者也曾感到疑惑，因為在臺北帝國大學農理學部田中長三郎教授的研究報告〈亞熱帶に於ける溫帶性落葉果樹の試作成績〉一文中，[註80] 所列諸多落葉果樹研究成果，獨缺蘋果一項。因此筆者質疑，此蘋果樹應是日警中有人從北海道家鄉帶來的果苗，其目的應非要在梨山地區推廣，而是為解思鄉之情，而於駐在所附近植下家鄉的果樹。也因如此，所植之地都在駐在所旁。日戰敗後原住民也因痛恨日警不僅將駐在所燒毀外連帶蘋果樹一併遭焚燒，[註81] 至使留存不多，不似其他果樹留存較多。總括來看，日治時期日人在梨山地區雖有引進溫帶落葉果樹種植，但從梨山地區的土地面積來做比較，其數量實是有限，且在種植的技術上並無作深入的指導，以致於果樹至到戰後留存數量也有限。且所生產之果品亦未予行銷，故當時幾乎無人知梨山有溫帶落葉果的生產，因之對當地原住民言這些水果只是日人專有果品，對原住民並無產值可言。

〔註80〕 田中長三郎、田中諭一郎、佐土原啓介、山下常太郎，〈亞熱帶に於ける溫帶性落葉果樹の試作成績〉，《熱帶園藝》卷 5 號 3（臺北：臺北帝國大學理農學部園藝學教室，昭和 10 年 9 月），頁 1～17。
〔註81〕 程兆熊、黃彌臣、朱長志合編，《臺灣省中部山地園藝資源調查報告》，頁 13。

　　此外，從臺北帝國大農理學部教授田中長三郎與田中諭一郎、佐土原啓介、山下常太郎等人在昭和十年九月（1935），發表的〈亞熱帶に於ける溫帶性落葉果樹の試作成績〉中，在臺灣に於ける溫帶性落葉果樹研究の必要性部份，就提及在中央山脈適宜落葉果樹栽培，由此來看日人在梨山種植溫帶水果，應是屬於實驗性質，並非計劃在梨山發展溫帶落葉果。〔註82〕而其種植依臺灣大學康有德教授在其著作《水果與果樹》中所述，梨山梨樹是一九三〇年代引入，在由警察單位帶到山上試種。〔註83〕此外日人治臺期間在理蕃手段上，對原住民所推動之農業從臺灣總督府之《理蕃志稿》所載來觀察，日對原住民的農業輔導均以稻米、甘蔗爲主。並非溫帶水果，因此筆者認爲日治時期，溫帶水果在梨山種植並非日人要在臺灣發展溫帶落葉果，而是居於學術研究目的而種植的。

3. 蔬菜

　　除此外日治時期亦曾在梨山地區，各部落種植蔬菜。其種類頗多，依臺中農學院調查其種類如表1-6。

表1-6　民國44年梨山地區山地資調查蔬菜資料表

種類	花生	香菇	山藥	豇豆	隼人瓜	南瓜	芋頭	蕃茄	蘿蔔	馬鈴薯	茄子	扁豆	大蒜	甘藍	韭菜	葱	萵苣	羅勃	白菜	蘿苊
發現地區	佳陽環山	佳陽環山	佳陽	佳陽	梨山佳陽	梨山佳陽	佳陽	佳陽環山	佳陽	佳陽環山	佳陽	佳陽	佳陽	佳陽	佳陽	佳陽	佳陽	佳陽	佳陽環山	佳陽
年產量（斤）	佳 1440	佳 720	－	－	－	－	－	－	－	－	－	－	－	－	－	－	－	－	－	－

資料來源：依據程兆熊、黃弼臣、朱長志合編，《臺灣省中部山地園藝資源調查報告》，附表3暨頁14～17資料整理而成。

表1-6中所列的蔬菜多爲日本品種，且爲日人嗜食的食材，對原住民言從未曾見過或食過，故此舉自然也是日人意圖借原住民之力，爲日警服務而種。惜

〔註82〕田中長三郎、田中諭一郎、佐土原啓介、山下常太郎，〈亞熱帶に於ける溫帶性落葉果樹の試作成績〉，《熱帶園藝》卷5號3（臺北：臺北帝國大學理農學部園藝學教室，昭和10年9月），頁1。

〔註83〕康有德，《水果與果樹》（臺北：黎明文化事業公司，民國81年），頁196。

其種植面積產量除香菇及花生有產量紀錄外外，餘多無資料可查。臺中農學院至此地區調查時，所見之蔬菜亦僅記載其種類，在面積數量上則無記錄。但從此也可看出梨山地區是乎是一頗適農業發展的地方，但奇怪的是所植的農作數量均有限，故筆者研判其種植的目的，是在滿足日警所需，並非爲原住民來發展農業。但從梨山地區農業發展的成果來看，並不等同其他地區也是成功。如就臺灣總督府對原住民推動農業成果言，從成效上來看是枯榮各半。從水稻爲標的來看，成功轉型者如阿美族、賽夏族，及大料崁泰雅族等等，而這些原住民莫不是居於較低海拔的區域的原住民，其他高山地區之原住民則失敗居多，在《理蕃誌稿》中亦記載：

> 南投廳內原住民的農業依然不見進化。如水田，因地勢上的關
> 係，一般不能獎勵，且有一些人因迷信而嫌忌，又如旱田亦無人作
> 定地耕種，作物種類亦依然不改舊態。〔註84〕

因此臺灣總督府對原住民的農業推動對居住在低海拔地區的原住民言，是成功的。相對的，對位處於高山地區的原住民言，雖不能說是失敗，但終不及低海拔地區的原住民成功。大正七年（1918），臺灣總督府改以獎勵山地原住民栽培蕎麥，且據《理蕃誌稿》載頗爲成功，因此於同年十二月，臺灣總督府還配給五十餘台種子供南投州原住民種植。〔註85〕

三、農業觀念之改變

臺灣總督府在臺灣高山地區推動農業的結果來看，梨山是臺灣總督府在蕃地推動農業海拔最高的地區，就發展的成果來看，無異也是高山地區較成功的一個地方。此成功的基礎，嚴格說應是植基於官方的指導，與強力介入而使農作物的試植成功，從而吸引梨山地區原住民對較先進農業的注意力。另由戰後的園藝資源調查報告中可發現，梨山地區在農業上，較異其他原住民聚落的一點是，除傳統農作物粟米、甘藷外，亦植有不少非本地原生種的農作物，如前文所列之蔬果。尤其蘋果、梨、桃等果樹。這些農作能獲原住民接受的原因，除初期應是日人強制推動外，其次應爲作物本身吸引了原住民，讓原住民喜好接受而種植，進而在梨山地區推廣。但整體觀察，這些農

〔註84〕臺灣總督府警察本署編，古瑞雲、吳萬煌譯，《日據時期原住民行政志稿第三卷》（南投：臺灣省文獻委員會，民國87年），頁414。

〔註85〕臺灣總督府警察本署編，古瑞雲、吳萬煌譯，《日據時期原住民行政志稿第三卷》，頁414。

作物有許多因戰爭結束，隨著日人撤離消失於山際間。但這段的經歷，卻給處於中央山脈深山中的原住民親睹梨山地區以外的農產品，也爲梨山原住民開啓農業新的觀念。

　　根據觀察這些新觀念產生，應是隨著各種農作物及較新的農業技術的引入，讓原住民的農業觀念從根本上也產生了改變，讓其認識到除梨山原有的物種外尚有其他如水稻、蔬菜、水果等農作，而米食的美味，也讓原住民瞭解到除傳統燒墾所種植的農作外，水田的定耕也能生產出豐美的糧食，而願意闢田耕種。溫帶果樹的種植，也讓原住民嚐到有別於山林野生果實甜美滋味。尤其瞭解到施肥對農作的助益。讓原住民意識到農業新技術之重要。故在昭和十年（1935）十月二十九日，在臺灣總督府警務局所辦之高砂族青年團幹部懇談會中，臺中州之原住民青年加東信一發言時就言及官方水田耕作及堆肥指導。〔註 86〕由此可看出，原住民經強制的農業推動下，也漸漸接受日人較進步的農業觀念。故若從另一角度看臺灣總督府以農業爲手段的理蕃政策，頗具成效。

第四節　小結

　　梨山昔日泰雅人以「沙拉茅」稱之，日治時期又稱爲「拉嘎」，隸屬臺中州東勢郡，戰後國民政府來臺後，在全臺各縣設立三十個山地鄉，梨山方劃屬臺中縣和平鄉。梨山位於大甲溪上游，標高約 1,500 公尺以上，爲泰雅族中沙拉茂群的活動領域。主要原住民聚落有梨山、卡瑤（佳陽）、大保久（松茂）、平岩山（環山部落）。此地區因海拔高度關係氣候介於溫、寒帶，加之臺灣爲一海島，降雨量頗豐，故農業病蟲害頗易茲生。梨山地區在地質方面土性爲酸性至強酸性，地力除溪谷沖積臺地及若干緩坡外，一般並不肥沃，整體言此地農業發展困難度甚高。

　　梨山地區原住民分佈主要在梨山村之佳陽、梨山、松茂三個聚落與平等村環山部落等地。其農業活動早在日治之前即於山林中之存在，其農耕方式爲最傳統原始的燒墾移耕，而梨山原住民燒墾方式，相較與其他各地山地原住民燒墾方式，一般言大致差異性不大。主要農耕全部過程區分爲：砍伐→火焚→整地→播種→除草→收割等步驟。原住民在燒墾歷程中充滿了其傳統

〔註86〕不著撰人，〈理蕃史上光輝ある一頁を飾る〉，《理蕃の友》，卷 2（1935 年 11月），頁 6。

宗教氣氛。其次在耕地水土保持維護上，是以木頭或石塊做做成擋土牆，防止土石流失，此方式至今在環山部落的原住民果園中仍然可見。

　　日治時期，臺灣總督府在原住民聚落推動農業的目的，從第三任總督乃木希典於明治二十九年對撫墾署的指示中可瞭解是俱有理蕃之目的。但眞正促使臺灣總督府在高山地區推動農業的主因，其中一個重要關鍵因素應是霧社事件。臺灣總督府企圖借助農業來改變原住民民族性之企圖，明列於中。而臺灣總督府在原住民所推動的農業，從《理蕃誌稿》來觀察，主要以稻米、甘蔗等作物爲主，故日治時期臺灣總督府亦曾於梨山地區發展水稻種植。而梨山的水稻種植，於昭和九年開始試種，種植地點在佳陽，歷三年始成功，也曾在梨山掀起一陣種植水稻的熱潮。可是梨山天然條件，不論是地形、地質、天候狀況，實不利水稻種植，加之戰後政府計劃改爲開發大甲溪水利資源，建築水壩發電廠，故水稻種植自然而然的在梨山完全消聲匿跡。

　　臺灣總督府的勢力進入梨山是始於大正二年（1913）佐久間左馬太任總督時，以武力攻伐下進入梨山，但兇惡的沙拉茂蕃始終不屈，直至昭和二年才歸順。落葉果樹的出現最早在大正八年（1919）時，在勝光駐在所附近已有蘋果的種植，而此蘋果樹應爲駐在所日警因思鄉自行自家鄉帶來種植。而梨樹則至昭和四年（1929）蕃情稍穩後引入，水蜜桃、紅肉李則至梨樹生長情況良好下於昭和七年（1932）引入，之後又於昭和八年（1933）引入板栗、柿在梨山種植。然根據臺北帝國大學農理學部教授田中長三郎等在《熱帶園藝》中發表之論文來看，除蘋果外，其餘之落葉果樹種植均屬試驗性質。

　　梨山地區原住民傳統農業所種植的農作以粟、甘藷、陸稻、黍、稷爲主，其次是里芋、鳩麥、藜、水薯、薑、苧麻、煙草等。蔬菜則未見原住民種植，但隨著日警上山，蔬菜也被帶上了梨山，梨山地區開始有了許多不同種類蔬菜。但原住民長久以來的飲食習慣，並無種植蔬菜佐餐的習性，且從種類上來看，多屬日人嗜食的物種，如山藥、蕃茄、南瓜、蘿蔔、香菇等。由此判斷蔬菜種植應是動用原住民爲日人服務的舉措。但因爲對果樹與蔬菜的種植與推動，一些新的農耕技術與觀念，如堆肥與肥料的使用，果樹的剪枝技術等，也被帶上山來。

　　自從臺灣總督府的勢力進入梨山地區後，在農業推動上除禁止原住民燒墾移耕外，其所推動的農業模式也是透過教育及強制手段來推動，教育對象以學童爲主，強制的對象則是成年人。強制手段首先以收繳狩獵用器械的方

式來強迫原住民就範。整體來論，臺灣總督府在梨山此一地區所推動的各種農作的種植，成果是相當豐碩的，然可惜的是日警未撤離時，尚能保持農作的發展。但戰後日人撤離後，所種的果樹不是遭破壞，就是遭棄置無人管理，能妥善維持者不多。就其原因，一者是原住民對日人不滿而將其情緒發洩在日人所擁有過的物品上，因而危及果樹。二者是日人在時，農作種植之利益都爲日人所獨佔，原住民未能眞正習得農業技術，以致於日人撤離後無力照顧。故至四十四年臺中農學院至梨山做山地園藝資源調查時，多數農作物生長狀況不佳。

此外，在種植水稻及水果上，可以肯定的說原住民在接觸與種植後，梨山的泰雅族人對這些農作所持的態度都屬正面。這些則可從四十四年臺中農學院山地資源調查報告書及余光弘於六十二年的研究中一窺究竟。惜不少日治時期臺灣總督府在梨山所推動過的各項農業發展，無論水稻、水果亦或是蔬菜，在戰後多數隨著日人撤離消逝或頹壞於山林之間。但不可否認的是，日治時期，臺灣總督府在梨山農業發展歷程中，讓梨山地區原住民認識了傳統以外的東西，也瞭解到農業墾植除燒墾外，尚有更好的墾植方式。其次也讓我們瞭解到臺灣的溫帶落葉水果與高冷蔬菜，早在日治時期就曾在梨山地區種植過。此外，在梨山這麼高的海拔地區也能種植過水稻。惜這些發展種植的成果，多數爲統治者所獨享，原住民毫無利益可得，對原住民言此僅是勞役的承擔而已。戰後日人撤離，雖留下了一些果樹及農作，然由於交通閉塞的結果，這些農作同樣對原住民經濟生活也毫無助益，因此戰後這些果樹的命運多數隨日人撤離而荒置山林。直至政府興築中橫公路，安置榮民方再啓溫帶落葉果的繁華。

第二章　退輔會與梨山榮民安置

　　民國四十五年七月，退輔會動工興築中部東西橫貫公路，次年安置榮民於
梨山農墾，展開梨山地區農業發展的歷程。而梨山及其週邊地區山地農業的發
展，肇因於中橫公路開築之需。然要談中部橫貫公路的興築，則不能不論及開
路工程主要施工人力供應單位退輔會及辛勞築路的無名英雄「榮民」。本章主要
論述退輔會的成立背景及其草創時組織概況，進而探討該單位對「榮民」的安
置。因該單位組織龐大，安置榮民之事業單位繁多。僅以農場計算至民國七十
六年時就有 13 座農場，安置榮民數全國計有 4,205 人，而梨山地區有 515 人，
約佔退輔會農場安置總人數 8.4%。〔註1〕本章所探討之梨山榮民安置筆者以中
橫公路開築爲起點，來討論退輔會以築路工程安置榮民，再推及安置榮民於梨
山農墾，對此地區的發展所扮演的角色。全章內容概分爲三節，第一節討論退
輔制度建立的必要性，與退輔會成立經過及組織概況。第二節敍述中橫興築的
目的及其經過。第三節論述退輔會在梨山設置農場進行農墾之緣由和榮民安置。

第一節　退輔會成立緣起

一、背景

（一）退輔制度建立的必要性

　　世界各國爲維護國家安全，均設有軍隊，然軍中成員歷經戰鬥與歲月的
摧殘後，均需進行人員汰換，以維堅強國防軍事戰力。故各國爲了國家社會
安定，加速軍隊新陳代謝，均設有退伍軍人照護組織，如美、法、澳、加等
國，均在中央政府設有「退伍軍人事務部」，而日、韓、德、義等國，則設有
類似的退伍軍人組織，大力推展退伍軍人服務和權益維護，其中以我國的退

〔註 1〕行政院國軍退除役官兵輔導委員統計處編印，《農場場員查報告》（臺北：行
　　　　政院國軍退除役官兵輔導委員會，民國 77 年），頁 10。

輔會與美國最爲完善。〔註2〕然我國退輔會的成立，實爲延續國軍退除役制度而設。與世界各國退伍軍人組織比較，我國退輔會業務承辦單位組織規模大抵與各國相近。主要有就業、就學、就醫、就養等業務。但異於他國者，是我國的退輔會下設有各種事業及生產單位。〔註3〕此種情形遍觀世界各國退伍軍人組織與我國較相近且設有事業單位者，僅韓國的「報勳處」。〔註4〕

　　我國退輔會成立就時空環境言，異於他國之處。是我國退輔制度早在民國二十三年就已制訂，但囿於大時代的環境在內憂外患下，一直未予實施。一直到政府來臺後，一方面迫於「反共復國」整軍建軍的需求，企望建立一支年輕精銳勁旅來汰除軍中年事已高無戰力之軍人。〔註5〕另一方面迫於國家財政短絀的壓力，不得不實行精兵，以疏退不適任兵員。〔註6〕此外，在〈中美共同防禦條約〉簽訂後，美軍事顧問團來臺，亦認爲我國軍隊數量過於龐大，建議我國裁軍，減少軍隊數量，以減少人事經費的浪費。是以在各種因素下開始推動退輔工作。但在安置的對象上，我國所安置之退伍軍人均是遠離故鄉的軍人。這些人中有的是從十六、七歲就投身軍旅，除執干戈衛社稷外，別無長技。有的則是在國共內戰中遭軍隊拉伕或隨軍來臺，〔註7〕離開軍中後就無家可歸，步入社會更是舉目無親，加之無謀生之技，若散入社會又恐成社會問題。因此我國退輔會的成立，不論是在時空環境，或退除役成員在安置需求，我國退輔單位的組織結構與輔導方式自必異於他國。〔註8〕

〔註2〕黃旒濤，〈賡續並強化退輔會功能〉，《國政評論》（台北：財團法人國家政策研究基金會，民國90年），頁1。網址：http://www.npf.org.tw。

〔註3〕我國退輔會事業生產單位包含農、工、林、牧、漁、交通運輸、醫療單位等等，如榮工處、榮民製藥廠、榮民製毯廠、欣欣客運、榮民印刷廠、森林開發處、榮民化學廠、欣榮瓦斯公司、各縣市之大同榮場、高山農場等等事業生產單位。

〔註4〕蘇進強，《臺海安全與國防安全》（台北：業強出版社，1995年），頁146。

〔註5〕趙聚鈺，《退除役官兵輔導制度概說》（臺北，榮民印刷廠，民國52年），頁7～8。

〔註6〕依曾任蔣介石秘書及主計長之周宏濤曾說敍，國軍初來臺時，每月平均需耗政府黃金十八萬兩。引自周宏濤口述，汪士淳撰寫，《蔣公與我——見證中華民國關鍵變局》（臺北：天下遠見出版股份有限公司，2003年），頁298。

〔註7〕筆者所識一名退伍老士官長名張連發河北人，現居於湖口鄉勝利路四號，年輕時因出門購物，路中遇到軍隊，被問了幾句話，就被抓入軍中。

〔註8〕我國退除役官兵係軍中老弱機障，不能繼續服行軍中勤務而依規定退出軍隊的人員，此等官兵均跟隨政府來到臺灣，於青年時應募或應徵入營，因隨軍轉戰致在營服役期間較長，退役時，年齡平均在四十歲以上。……他們退除役後，因遠離家鄉，缺乏社會關係，無親友可資依助，而年齡體力又均已減退，復以多爲職業軍人，無專門技能可資獨立謀生，益以台灣地區狹小，人浮於事，自行就業極不容易。趙聚鈺，《退除役官兵輔導制度概說》，頁7～8。

（二）抗戰前之退伍制度

我國軍人退輔制度，早在於民國十一年時孫中山先生（1866～1925）所提之兵工政策，「化兵爲工」之主張。〔註9〕民國十三年一月國民黨在第一次全國代表大會時，又對退除役官兵的福利及就業輔導等問題作成決策，並列入國民黨政綱中。〔註10〕如「對內政策」第七條：「將現行募兵制度漸改爲徵兵制度，同時注意改善下級軍官及兵士之經濟狀況，並增進其法律地位，施行軍隊中農業教育及職業教育，……」。〔註11〕至民國十五年又通過「國民黨最近政綱」第八項「關於軍人者」：

　　第一條：屬行本黨第二次全國代表大會決議案，提高及改善士兵生活。

　　第二條：制訂退伍軍人待遇條例。

　　第三條：在兵營中，應授予職業教育，俾退伍後得資以謀生。

〔註12〕

可惜的是這些構想都未立法執行。然至民國十九年，在北伐後，政府也曾於南京召開過一次「國軍編遣會議」，實施裁軍復員。但會議的結果，是蔣中正（1887～1975）所率之中央軍隊成了各方勢力的總和，也成爲中央政府削減地方勢力的計劃，而引起李宗仁（1891～1969）、馮玉祥（1882～1937）等各地方派系不滿，因而引爆「中原大戰」。〔註13〕當時編遣會議中在對編遣人員的退輔後續工作上，也並無明訂相關法規或條例，對編遣人員並未妥爲安頓。因此我國退輔制度之制訂一般學者如黃旀濤，〈賡續並強化退輔會功能〉、林勝偉，〈從「戰士」到「榮民」：國家的制度建構與人口類屬的形塑〉、黃國衛，〈國軍退除役官兵輔導委員會組織功能之研究〉等多論，係始於民國二十三年六月十五日國民政府公佈之〈陸海空軍官佐服役暫行條例〉如附錄一。但就條例內容來看，似乎仍秉民國十九年時之「編遣會議」計畫，以退除役爲

〔註9〕黃國衛，〈國軍退除役官兵輔導委員會組織功能之研究〉，台北：政治作戰學校政研所，碩士論文，頁30。吳守成，《國軍退除役官兵輔導制度史》（臺北：黎明圖書公司，1980年），頁65。

〔註10〕宋璽編著，《中國國民黨政綱政策的演進》（臺北：正中書局，民國65年），頁29。

〔註11〕宋璽編著，《中國國民黨政綱政策的演進》，頁29。

〔註12〕宋爾編著，《中國國民黨政綱政策的演進》，頁42～43。

〔註13〕陳進金，《地方實力派與中原大戰》（臺北：國史館，2002年），頁40。

內容主體，在退除役後之「就業」、「就醫」、「就養」等輔導則無論及。因此我們在論我國退輔制度的制訂時，均以民國二十三年所制訂的〈陸海空軍官佐服役暫行條例〉為我國制訂退輔制度之起點。

然若就當時所訂之〈陸海空軍官佐服役暫行條例〉內容要點來看，此條例主要在官兵的退除役規定，對退除役官兵脫離軍籍後的輔導工作則未見之。另一方面當時條例雖已明訂，並於民國二十四年三月一日施行。旋即因日本侵華，時局動盪更無法實施，迨至民國二十六年抗戰軍興，非但無法實施反因抗戰需要而廣徵兵員抗日。至民國三十四年抗戰勝利後，國軍部隊已擴增至 354 個師。〔註 14〕兵員之多，對戰後百廢待舉的政府言，瞬時由戰時的助力，變成戰後國家財政的負擔。是以戰後軍隊復員，頓時成了國家一項重大工程。

（三）抗戰後的復員經驗

曾任退輔會第三任主任委員的趙聚鈺（1910～1981），在於其所編著之《退除役官兵輔導制度概說》序言中，指出國軍退輔制度的推行事由，其中第一項就說：

> 就歷史事實來說：我們在對日八年抗戰勝利之後，由於復員工作未能作好，曾釀成政府無限困擾，創痛深鉅，記憶猶新。……〔註 15〕

間接說出抗戰勝利後，復員工作未做好，而造成對國家整體的傷害，但若對當時的經歷過那段日子的軍人言，當時的復員不僅是給中共製造了勝機，也斬斷了國軍勝利契機，成了國共軍事鬥爭中失敗主因，〔註 16〕而其復員失敗因素分述如后。

1. 軍隊復員

抗戰時國軍軍隊為因應戰時對日作戰的需要，國軍軍隊不斷擴編，至戰爭結束時，國軍部隊已達 354 個師，加上關內原有汪精衛偽政權的軍隊（後稱「自新軍」），約有 68 萬，東北滿州國有 50 個團，〔註 17〕另有游擊武力約 50 萬暨共產兵力 70 萬，全國總兵力數高達 500 餘萬人。八年抗戰結束，全國

〔註 14〕 國防部史政局，《和談紀實（上冊）》（台北：國防部史政局，民國 60 年），頁 82。曾振，《蔣介石總統在中國大陸成敗記實（下冊）》（台北：編者自印，民國 82 年），頁 1107。

〔註 15〕 趙聚鈺編著，《退除役官兵輔導制度概說》，自序頁 2。

〔註 16〕 如整編復員時，任一二九師師長的曾振，即於民國 82 年自資撰書，《蔣介石總統在中國大陸成敗紀實》一書，直陳國共戰爭時整軍復員之不智，頁 1109。

〔註 17〕 曾振，《蔣介石總統在中國大陸成敗紀實》，頁 1111。

籠罩在勝利的喜悅中不久，共產黨旋即展開奪權鬥爭。在兩黨所導發的內戰中，美國當時為恐捲入我國內戰而居中斡旋，美國總統哈利‧杜魯門（Harry S. Truman, 1884～1972）特別派遣了馬歇爾上將（Gerorge C. Marshall, 1880～1959）為特使來華調處國共衝突。〔註18〕馬氏來中後，除政治上的調停外，軍事上軍隊的復員也成了其中一要項，在裁軍協談時，馬歇爾要求國軍在第一階段十二個月內，要軍隊由354個師，整編為90個師。〔註19〕而當時國家財政也陷入谷底，政府也為減輕財政負擔，計畫復員建國，然戰火又起。在國共的對抗中，中央兵力遠超過共黨的兵力，但在美國的介入調停後，政府遂依美顧問要求實施軍隊整編，在整編時雖訂有諸多計畫，卻未能有效安置遭編遣的人員，以致於當時退伍軍人，非但未成政府戰後復國建國的助力，反而為政府帶來諸多困擾與教訓。可議的是，政府對美整編提議並未有過任何的爭取或辯駁，反而在美特使以停止美援的威脅下，屈從美代表的意見，也整出了後述的問題：

（1）南京將官哭陵事件：當時許多將級軍官編餘下來後，都納入所謂的軍官教育團收容，這些人在戰後不久，勝利的榮譽果實尚未享到，就要被迫還鄉，其內心情緒均十分不平衡。在此時，正巧有一位將官在南京病故，無以善後，於是這批編餘將官借題發揮，推舉代表，連同亡故將領妻兒，到中山陵去哭陵並作祭文，其中有云：「……兔未死而狗烹，鳥未死而弓藏……」之語，宣洩其內心對裁軍政策之不滿，並且召開記者會，在南京、上海各家報紙刊載。〔註20〕

（2）編餘軍官引起社會不安：另編餘下來的校級軍官，則收容於軍官總隊，然這些編餘的軍官，其不滿之情緒，更高於編餘的將官。軍官總隊分設於各戰區，所收的軍官也是數千人之眾，這些人因情緒的憤恨，在各地天天鬧事，打憲警、搗毀車站、娛樂場所，毆打交通管理人員，不守秩時有所聞紀律極為敗壞，此種狀況使許多人民對軍人畏之如虎。國軍形象亦大損。〔註21〕

（3）編餘軍官投共：由於抗戰時期大家生活均十分艱苦，軍官大都沒有積蓄，

〔註18〕王成勉，〈馬歇爾與中國第三黨派──馬歇爾使華調處新探〉，《中華民國建國八十年學術討論集》（第二冊）（臺北：新聞局）。頁408～448。葛麟，〈馬歇爾來到中國：一位中國人的觀點〉《中華民國建國八十年學術討論集》（第二冊）（臺北：新聞局），英文部份頁94～115。
〔註19〕國防部史政局，《和談紀實（上冊）》，頁82～83。王成勉，《馬歇爾使華調處日誌（1945年11月～1947年一月）》（臺北：國史館，民國81年），63頁。
〔註20〕曾振，《蔣介石總統在中國大陸成敗紀實》，頁1161。
〔註21〕曾振，《蔣介石總統在中國大陸成敗紀實》，頁1161。

所發的退伍金，又因貨幣天天貶值而不足以維持生活，這些軍官平日在軍中由人侍候慣了，一下少了人使喚，加之中共不斷的誘惑，於是有許多人就投入共產黨軍隊的行列。〔註22〕

（4）逼使原「滿州國」部隊投共：抗戰勝利後東北淪陷區的「滿州國」軍隊約爲 50 萬，這批軍人都是受過日本軍事訓練，在日本投降後旋即成爲自新部隊。但政府對這批軍人並無一套有效處理辦法，故這批軍隊究竟何去何從，就成了一個爭議的問題，陳誠（1897～1965）任東北行轅主任時，對此部隊卻採用了就地解散方式處理，致使這批久經日軍訓練的軍隊全數投共，爲日後「遼西會戰」種下敗因。〔註23〕

（5）陳誠在東北執行的整編：陳誠除對自新部隊的處理不當外，另在裁軍的處理上亦是過當，東北百萬大軍在一聲令下就地解散，連返鄉的錢都不給，這些被解編的軍人在無路可走的情況下，就投入共產黨，被林彪給收編了。〔註24〕

2. 中共利用復員擴充兵力

此外，當政府正依計畫實施軍隊整編復員時，中共卻於民國三十五年六月二十九日在延安舉行會議中朱德（1886～1976）即策定對國軍整軍破壞計劃，其內容有五：

一、調查被遣散或整編軍隊番號、集訓地點、軍官姓名、年齡、籍貫、出身。

二、找他們的社會關係及重要軍官之弱點，以便心理上積極的爭取。

〔註22〕周恩來，〈關於和平談判問題的報告〉（1948 年 4 月 17 日），《周恩來選集》，上卷（北京：人民出版社，1984 年），頁 315。周恩來說：「我們的戰士有很大部分是俘虜（投共）過來的，稱爲解放戰士，有的部隊，解放戰士竟佔百分之 80，少的也佔百分之 50 至 60，平均約佔百分之 65 至 70」。

〔註23〕陳存恭等，《白崇禧先生訪問紀錄》（臺北，中央研究院近代史研究所，1984 年），頁 860。國防部長白崇禧認爲這樣整編部隊將會嚴重打擊士氣，「整了軍，游雜部隊都投了共，被裁的沒戰意，即沒被裁的情緒也受影響」。轉引陳敬堂，〈軍隊整編與蔣介石軍事力量的崩潰〉「爲了生活，爲了顯示自己的存在意義，也爲了打倒他們痛恨的蔣介石，很多編餘將士都投奔中共」。蔣緯國：《軍事調停問題之經過與概要》，香港，〈東方日報〉，1997 年 2 月 10 日，蔣緯國說：「當時國軍被編餘之各地軍官總隊，曾經流傳一些順口溜：『此處不養爺，還有養爺處；處處不養爺，爺去當八路！』；『老蔣不要，老毛要；歡迎你們整批來投效！』；當年由於這批龐大數目的編遣官兵一時未及加以妥善安排處理，亦無法還鄉復員，結果都投向共軍」。

〔註24〕葉邦宗，《報皇王惕吾》（台北：四方書城，2004 年 9 月），頁 78。

三、在這一分化未完全成熟前，切忌於發生任何關係。

四、這些被整編軍官，大半出於農村，他們都是充滿了封建意
　　識，我們初步只可用拜把兄弟方式、或利用已有的封建組
　　織如青洪幫，這些方式去拉攏。

五、我們的解放區，都是他們的家鄉，積極歡迎他們還鄉團聚。
　　　　　〔註25〕

從內容上即可看出，中共的破壞計劃其實就是要利用國軍整編所引發編餘人
員不滿的情緒，來分化軍隊團結。進而拉攏這些軍人為其所用，甚至加入共
黨的組織共同來對付政府。這也是為何國軍除了因編遣造成兵員逐漸減少
外，共黨解放軍會愈打愈多，國軍卻是兵員日漸減少的原因。這也說明了抗
戰後退輔制度的實施是完全失敗。

　　從上述來看，雖說自民國二十三年國民政府已訂退伍條例，卻從無實施
過，等抗戰勝利再施行軍隊整編時，也未能對編餘人員妥為安置。而且在北
伐成功後，也曾因實施部隊「編遣」問題，造成地方勢力的角力，重燃內戰。
到了抗戰結束，又重新面對退伍軍人如何安置的問題時，卻未能記起教訓。
尤其在執行上卻未能妥善處理，造成諸多問題產生。事後在「復員」工作的
檢討上，卻推說在整編時馬歇爾所代表的美國勢力不斷介入，致使整編時間
短促而無法做好整編工作，但主事人員之顢頇無能，未能妥為政府立場爭取
最大利益亦難辭其咎。故就政府在大陸時期對退伍軍人的安置來看，是完全
的錯誤與失敗；但奇怪的是，蔣中正在民國三十六年一月十三日，中央黨部
與國民政府聯合紀念週上的講詞中，還稱許整軍的成功：

　　……去年整軍工作，成績尤為昭著，計已裁去軍隊八十個師，
士兵三百萬人，軍官十二萬人。在如此短促的期間裁去如此龐大的
兵員，這是世界其他各國所不易做到的。……。〔註26〕

　　由以上諸事例來看，政府在大陸時為了政治之目的，而屈從美國特使之意，
倉促整軍，犧牲了大多數為國抗戰多年的軍人權益，對這些為國犧牲奮鬥多年
軍人來說真是情何以堪。無怪乎這些遭整編的軍人，在未能獲致妥善安置的情
形下，帶著對政府不滿的情緒投向了共產黨。導致日後國、共內戰優劣情勢的

〔註25〕國防部史政局，《和談紀實（下冊）》，附件第51。
〔註26〕中正文教基金會，〈上年度黨政軍工作之總檢討〉，《總統蔣公思想言論總集》
　　　　（臺北：中正文教基金會，民國36年），頁36。

逆轉，成了一場非但是黨對黨的意識形態之爭，更是師生之戰，同門、同袍之間的殺戮，這種後果最後造成國軍在軍事鬥爭上，逐漸由優勢轉變為劣勢。

　　無怪乎在日後，蔣經國（1910～1988）在任退輔會主任委員時說：

> 我們在大陸上，所謂軍官總隊與傷兵醫院，曾把一千二百萬平方公里的地方，鬧得天翻地覆。〔註27〕

因此隨著反攻大陸的目標愈來愈遠時，這些隨軍來臺官兵，返鄉之路也日趨遙遠。年齡日漸增長不得不離開軍中，可是一旦退役；多數人又乏謀生之技，且無家可歸，必然成為社會的負擔；在大陸的教訓殷鑑不遠，加上臺灣社會政經尚處重建的狀態，若不妥善安置這些退伍軍人，屆時其後果恐將比大陸時期更為嚴重。因此為解決此一嚴重問題，就須設專責機關來處理此一問題，但當時臺灣歷經太平洋戰爭的戰火蹂躪，一切均尚在重建中，安置退伍軍人也成了當時政府一項重大工程。

（四）財政壓力

　　隨政府來臺軍隊約五十八萬大軍，〔註28〕就當時戰後臺灣的政經狀況言，這五十八萬大軍，政府每月平均約需耗費十八萬兩純金來供應，〔註29〕也造成了國家嚴重的經濟負擔。且臺灣在太平洋戰爭中農工生產設備多數毀於無情烽火之下，政府遷臺後人口大量移入，造成臺灣物資供需失調。使得

〔註27〕蔣經國先生全集編輯委員會，《蔣經國先生全集》，第六冊（臺北：黎明出版社），頁86。

〔註28〕林勝偉，〈從「戰士」到「榮民」：國家的制度建構與人口類屬的形塑〉，《台灣社會研究季刊》，期52（臺中：東海大學社會系，2003年），頁189。戰後政府來臺的總人數估計，由1947年到1952年來臺人口數，從來就莫衷一是，其數值由60萬至120萬均有，而其中軍事人口數佔六成。文中指軍事人口為58萬人：其引用資料美國中情局1958年對美國情報顧問委員會（Intelligence Advisory Committee）提出的一份備忘錄，1958年國府總兵力約莫45萬，當中32萬有作戰能力，三分之一佈署於金馬各島（Morton H. Halperin, The Taiwan Strait Crisis of 1958, Santa Monica: Rand Corporation Research Memorandum, 1966, 頁5～9）；轉引自林正義，《一九八五年臺海危機期間美國對華政策》（台北：台灣商務，1958年）。美國學者Jacoby則指出：「1951～65年間，中華民國（The Republic of China）軍事力量中的兵力佔全國人口的比例是全世界最高的。其兵力有60萬人……。」國內學者官蔚藍也提到：「三軍具體數字牽涉國防機密，無法獲得，亦不便公開採用」，因此只能「照一般說法估計為60萬人。」另依據行政院退輔會1998年11月的統計資料，則大陸來臺軍人總數則達582,060人。

〔註29〕周宏濤口述，汪士淳撰寫，《蔣公與我──見證中華民國關鍵變局》，頁298。

國家財政預算赤字連連，且工商業尚未恢復，政府只能大量發行貨幣與信用貸款來融通支出，結果引起物價劇烈上揚。〔註30〕

此外，臺灣除通貨膨脹問題外，臺灣外銷物資僅有少數農產品及農產加工品可供外銷，政府為解決基本生活物資及促進經濟發展除進口中間原料外，尚進口大量民生必需品，如麵粉、毛衣、棉布等，以彌補自產消費物資之不足。而我國外匯存底在民國三十九年時即已是枯竭狀態，外債高達 1,500 萬美元，對外開出之信用狀已遭外國銀行拒收。〔註31〕故就當時我國財政狀況言，維持這一支龐大的軍隊對國家財政言無異是一沈重的負擔。

民國四○年代初，政府開始準備大規模裁軍時，軍人退除役後的安置與給付資金均尚無從籌措。且政府正計畫於民國四十二年起實施第一期四年經濟建設計劃，在考慮美援的配合支持下，遂同時進行「裁軍」與「安置」計劃。但在民國四十一年時，蔣中正就先手令「軍官在臺期間可先舉辦假退役，俟政府財政好轉，再補辦正式退除役」。〔註32〕交付軍方辦理，軍方也據此制定〈陸海空軍軍官在臺期間假退役假除役實施辦法〉，並於同年五月公布實施，十月二十三日在各報刊載。〔註33〕辦法公布後先於同年六月底，由軍中各單位開始呈報假退役名單。八月，國防部審核結束，計假退役將級軍官有閻錫山等 131 人，校級 625 人，尉級 5,306 人。十月二十三日蔣中正核准公布，次日臺灣各報連同假退役辦法同時刊行。〔註34〕然依此一辦法，辦理假退伍之軍官實際上除薪俸調降為現役薪額百分之八十發取外，餘幾乎與現役無任

〔註30〕曾祥麟，〈我國退除役官兵輔導就業制度史之研究——以榮民工程事業管理處為例（1956～1997）〉，頁3。
〔註31〕曾祥麟，〈我國退除役官兵輔導就業制度史之研究——以榮民工程事業管理處為例（1956～1997）〉，頁3。
〔註32〕林勝偉，〈從「戰士」到「榮民」：國家的制度建構與人口類屬的形塑〉，《台灣社會研究季刊》，期52，頁201。
〔註33〕本辦法至民國41年10月23日，方於臺灣各大報刊載，同時報導辦理的高階將領有陸軍一級上將閻錫山等人。
〔註34〕林勝偉，〈從「戰士」到「榮民」：國家的制度建構與人口類屬的形塑〉，《台灣社會研究季刊》，期52，頁202。本次核定之名冊，學者趙既昌視為第一波正式核定的裁軍名單，且自民國五十二年（1953）起，復規定假退除役分定期、不定期兩種；其中不定期假退除役規定每兩個月彙辦一次。此一階段中實施假退除役者，九成以上均為陸軍軍官。民國四十一年（1952）十月廿三日，臺灣各大報刊載，辦理假退役的高階將領有陸軍一級上將閻錫山二級上將余濟時等人，此一階段中實施假退除役者，9成以上均為陸軍軍官。

何差異。〔註35〕對政府的財政也未見帶來任何助益，甚至更增加了國家財政負擔，因此也造成美援會、國防部、輔導會間的議論。

（五）美國介入

美軍軍事顧問團於民國四十年來臺運作後，就不停要求我國裁減兵力，以改善臺灣整體經濟狀況。至民國四十年七月十日陳誠與蔣中正研商，美軍事顧問團所提訓練計畫，裁減軍隊十個師，以充實其他師，並以停止軍事及經濟援助爲籌碼，迫我政府裁軍。蔣中正迫於現實，在國家財政經濟吃緊及美方壓力下，不得俯就事實，實施部隊縮編，開始陸續推動退除役制度。〔註36〕

當我國於民國四十三年開始成立退輔會對榮民實施安置時，因國家財力有限，乃向美國協調，取得美方同意撥款4,200萬美元，供創辦各項安置計畫用。〔註37〕另美援運用必須依照美援標準作業程序辦理，首先由退輔會提出聘請顧問計畫，此一計畫金額爲60萬美元直至民國四十四年八月始告定案，而這些美籍顧問來臺後爲退輔會作各項安置計畫研究與審議。〔註38〕由上述可知美方除經費援助外，亦扮演了退輔會各項安置計畫審議的角色，因而退輔會在各項計畫的策劃與執行上必然會受到美方干預。〔註39〕

（六）反攻目標

民國三十八年政府在國共的戰爭中因軍事的失利而轉進至臺灣，但當時並未因之放棄對大陸主權的爭取，蔣中正更於民國三十九年提出「一年準備、二年反攻、三年掃蕩、五年成功」〔註40〕的戰略性口號，故整個軍隊組織仍以反共大陸爲目標，維持著龐大的編組。但隨著歲月的流逝這些隨著政府來臺的五十萬無眷單身官兵，及十多萬有眷軍官和老士官，到五〇年代中期時，

〔註35〕潘振球，《中華民國史事紀要（初稿）—中華民國41年（1952）7～12月份—》（臺北：國史館，民國84年），頁453。〈總統府公報〉第370號，民國41年10月28日第1版。

〔註36〕周宏濤口述，汪士淳撰寫，《蔣公與我——見證中華民國關鍵變局》，頁302。

〔註37〕郁惟鑑，〈國軍退除役官兵安置計畫美援經費運用情形概要〉，《本會援外工作及美援運用概要彙編》（臺北：行政院國軍退除役官兵輔導委員會，民國71年），頁219。

〔註38〕郁惟鑑，〈國軍退除役官兵安置計畫美援經費運用情形概要〉，頁220。

〔註39〕曾祥麟，〈我國退除役官兵輔導就業制度史之研究——以榮民工程事業管理處爲例（1956～1997）〉，頁49。

〔註40〕中興山莊編輯，《總裁言論選集》（臺北：國防研究院出版，民國52年10月），頁110～114。

這些官兵的年齡普遍偏高，到了民國四十八年至少半數官兵進入三、四十歲階段，有些甚至年齡超過六十歲成了「鬍子兵」〔註41〕。

　　由於撤退來臺的國軍部隊，軍官比例甚高，再加上士官，人數竟多過徵集的士兵，形成了全國三十二萬九千員官、士領導二十八萬六千員士兵的怪現象。〔註42〕而陸軍還為此成立了一個單位名為「軍官作戰團」〔註43〕，全部由超額的軍官組成。這種怪現象也透露出政府對大陸主權的爭取，並未因敗退來臺而放棄，反而冀望以臺灣為反攻的復興基地，金門馬祖為跳板來反攻大陸，以此目標開始展開整軍建軍的另一場工程。而工程之首要就是讓這些年齡已長的官、士、兵辦理退伍。退輔會第一任秘書長傅雲一篇刊在《成功之路》雙月刊，名為〈一年來的退除役官兵就業輔導工作〉的工作報告中說：

> 政府自遷臺以後，為求得反攻復國的必然勝利，決定要履行精兵政策，使軍中老弱機障官兵一律退出戰鬥序列，期能補充新血輪增強作戰力量。〔註44〕

蔣經國亦在民國四十五年九月四日他在退輔會動員月會上檢查四個月來的工作時說：

> ……如果不辦退除役這個工作；今後再過三、四年來反攻的話，我們的軍隊士兵年齡就要到四十五歲上下了。這樣的軍隊怎麼能夠作戰呢？政府今天辦理退除役這工作，目的在使部隊發生新陳代謝，補充新員，加強戰力……〔註45〕

又曾對為什麼建立退除役制度做如是說明：

> 部隊是我們收復大陸最主要的力量，要想使部隊有力量，必須要能使部隊年輕強壯，要使部隊保持強盛精壯，必須要有年輕的官

〔註41〕茅家琦，《蔣經國的一生和他的思想演變》（臺北：臺灣商務印書館，2003年6月），頁269。國軍士兵來台後因年齡普遍偏高，而被中共譏為鬍子兵。且經輔導會45年發行內部刊物，《成功之路》，期3（臺北：成功之路社，民國45年2月），頁48。曾載，當時有戰士沈治平在民國45年已年達86高齡，也就是說民國38年政府來臺沈氏就已年高70餘歲。

〔註42〕陶涵Jay Taylor著，林添貴譯，《台灣現代化的推手蔣經國傳》（臺北：時報出版社，2000年），頁269。

〔註43〕陶涵Jay Taylor著，林添貴譯，《台灣現代化的推手蔣經國傳》，頁269。

〔註44〕行政院退除役官兵就業輔導委員會，《成功之路》，期1（臺北：成功之路社，民國44年10月），頁6～11。

〔註45〕蔣經國先生全集編輯委員會，《蔣經國先生全集》，第五冊（臺北：黎明出版社，民國80年），頁306。

兵，因此此政府實施了退除役制度。〔註46〕

由此我們可以看出，爲反攻大陸作準備的整軍建軍、穩定民心士氣與安定社會也成了退輔制度的實施的因素之一。〔註47〕

但這批老兵一旦退役，身無一技之長、謀生乏術，又無家可歸，加之二二八事件後，本省人與外省人間的疏離，都恐成爲社會或國家經濟的問題。且大陸的殷鑑不遠，爲了解決此一嚴重問題，蔣中正於民國四十二年一月十九日軍事會談中，〔註48〕指示行政院成籌設專責機構，統籌辦理退徐役官兵就業輔導及安置事宜。但實際上，就當時政府財政言，雖想做，國家財政也不允許，而輕率的做又恐大陸的歷史教訓重演。國防部遂於同年起擬議一項訓練退除役官兵計劃，轉請美國安全分署接洽，並說明政府擬設立一個規劃退除役官兵訓練及輔導之委員會，〔註49〕民國四十二年起美國同意提供四千八百萬美元的額外經援後，〔註50〕才開始正式推動。

二、退輔會的成立與組織

（一）成立

退輔會的成立依官方說法，係奉蔣中正總統於民國四十二年軍事會議指示，成立統籌服務退除役官兵組織，來統籌退除役官兵業務，行政院遂於民國四十三第 368 次院會依據〈行政院組織法〉第十四條規定：「行政院爲處理特定事務，得以院內設各種委員會。」討論通過，〔註51〕成立隸屬行政院

〔註46〕王執平等編，《從專員到總統》（臺北：遠澄出版社，民國 69 年 10 月），頁 187。

〔註47〕在〈國軍退除役官兵就業輔導委員會四十三年度安置計劃大綱〉，前言中即開宗明義指出「國防部爲提高國軍戰力，確保國軍青春，曾於年前建立退除役制度，使軍中老弱機障官兵退除出軍隊，並藉以騰出缺額，訓練後備兵員，增進國防潛力。惟此等老弱機障官兵皆從軍多年，功在國家，且均籍屬內地各省，無家可歸，其於退除役後，必須妥爲安置，方能鼓舞士氣，安定社會。」由此可看政府對安置退伍軍人目的是建立在整軍建軍與安定民心士氣及安定社會上。

〔註48〕秦孝儀主編，《總統　蔣公大事長編初稿》卷 8，（臺北：中國國民黨黨史會，民國 67 年），頁 26。民國四十二年軍事會議於民國四十二年一月召開，蔣介石主持，會中確認了制度、組織、紀律、訓練四者爲整軍建軍方向，並視察國軍克難成果。

〔註49〕趙既昌，《美援的運用》（臺北：聯經出版社，1985 年），頁 224。

〔註50〕周琇環編，《臺灣光復後美援史料——軍協計畫》，第二冊（臺北：國史館，1997 年），頁 606。

〔註51〕黃國衛，〈國軍退除役官兵輔導委員會組織功能之研究〉，臺北政治作戰學校政治研所碩士論文，民國 76 年，頁 35。

的「國軍退除役官兵就業輔導委員會」。〔註52〕而蔣中正指示一般均以民國四十二年軍事會議爲指示時間點，然根據中研院近史所檔案館所藏檔案所示，蔣中正在民國四十一年第 30 次軍事會議上聽完國防部報告，臺灣各機關學校安置退伍軍人已臻飽和，無法再容納時，旋即指示：「此事甚爲重要，可由行政院及臺灣省政府安置，使之轉任生產工作爲要」，〔註53〕由此可瞭解退輔工作的執行其實在民國四十一年時已開始運作。此外，蔣中正總統於民國四十二年軍事會議指示後，當時國防部其實於民國四十二年二月就已規劃此一專則機構，且於民國四十二年二月十日就呈擬〈國軍退除役官兵就業輔導實施辦法〉及〈輔導委員會組織規程〉給行政院。〔註54〕然此案時任行政院長陳誠僅將之轉發經濟、財政等單位研議。直至民國四十三年俞鴻鈞（1899～1960）接任行政院院長後，同年十一月，方以行政院台 43 防字第7007 號令核定。〔註55〕成立「行政院國軍退除役官兵就業輔導委員會」，如圖 2-1。由行政院聘請當時任第四任台灣省省主席嚴家淦（1905～1993）兼任第一任主任委員，並令派臺灣省社會處處長傅雲兼任秘書長，韋德懋爲主任秘書，王寬爲第二組組長金克明爲第四組組長。原屬臺灣省政府之臺南、屏東、新竹、花蓮四所榮譽國民之家也改隸屬退輔會。〔註56〕並於當年十一月一日正式成立退輔會，由於當時退輔會尚無辦公地點，故借用臺灣省臺北市中正東路 1707 號，臺灣省政府社會處辦公，〔註57〕直至二十一日始遷往臺北市懷寧街 70 號大樓辦公。〔註58〕

〔註52〕行政院國軍退除役官兵輔導委員會，《榮民服務白皮書2003年版》（台北：行政院國軍退除役官兵輔導委員會，民國93年5月），頁3。

〔註53〕35～25～522～001，〈總統指示「此事甚爲重要，可由行政院及臺灣省政府安置，使之轉任生產工作爲要。」〉《經濟部檔案除役士兵安置卷（二）》，行政院經濟部檔案，中央研究院近代史研究所檔館藏。

〔註54〕35～25～522，〈國防部呈擬國軍退除役官兵業輔導實施辦法及輔導委員會組規程〉，《除役士兵安置卷（二）》，行政院經濟部檔案，中央研究院近代史研所檔案館藏。

〔註55〕行政院國軍退除役官兵輔導委員會，《榮民服務白皮書2003年版》，頁3。

〔註56〕行政院國軍退除役官兵輔導委員，《輔導工作紀要》（臺北：榮民印刷廠，民國63年），頁1。行政院國軍退除役官兵就業輔導委員會，《十年來之輔導工作》（台北：行政院退除役官兵就業輔導委員會，民國53年11月），頁1。

〔註57〕行政院國軍退除役官兵輔導委員會，《榮民服務白皮書2003年版》，頁1。

〔註58〕30～01～00～350，〈本會經覓定臺北市 70 號爲本會會址并於本（十一）月二十二日搬入辦公〉，行政院經濟安定委員會檔案，中央研究院近代史研所檔案館藏。

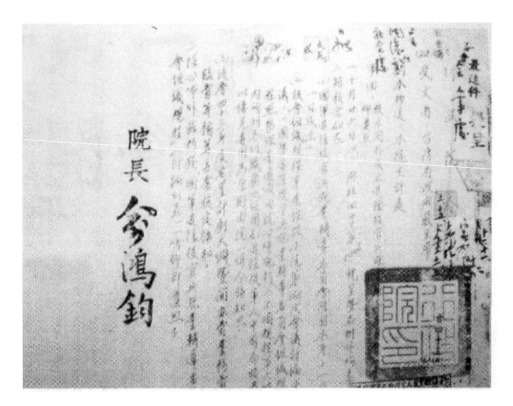

圖 2-1　行政院成立國軍退除役官兵就業輔導委員會命令

資料來源：翻拍行政院國軍退役官兵輔導委員會，《榮民服務白皮書 92 年版》
　　　　　（臺北：行政院退除役官兵輔導委員會，民國 93 年），頁 3。

（二）組織與功能

　　民國四十三年十一月一日退輔會成立時，組織條例依據退輔會現有資料顯示尚未出爐，所憑藉的僅是行政院的一紙行政命令。直至單位成立後，於十一月三日方草擬出組織條例草案，且未送行政院核准轉送立法院審查。然若就退輔會所擬之組織條例內容來看，其實其內容與行政院在民國四十二年二月二十六日時以臺四十二（防）字 1079 號令發〈國防部呈擬國軍退除役官兵就業輔導實施辦法〉及〈輔導委員會組織規程〉雷同。〔註 59〕故退輔會在擬組織條例時，應是依國防部所擬之組織規程爲藍本而訂定。而在組織條例未通過前，退輔會的組織運作多依草案而行，依其組織規程第一條：爲統

〔註 59〕35～25～524～001，〈經濟部檔案除役士兵安置卷（二）〉，經濟部國營事業檔，
　　　　中央研究院近代史研所檔案館藏。

籌策劃並輔導國軍退除役官兵普遍就業起見，特成立國軍退除役官兵就業輔導委員會。〔註60〕故其初創時單位全名為「行政院國軍退除役官兵就業輔導委員會」，主要在為這些退伍軍人訓練就業技能及工作介紹的輔導單位，為行政院的一級單位。〔註61〕退輔會的組織整體言是國防建設的延續，其成立可讓軍中現有軍人對未來更無後顧之憂，〔註62〕所以也是我國防制度中重要的一環。

退輔制度的正式實行，對我國言實屬創舉，因此在經驗上亦或編組上多無軌跡可循。〔註63〕同時也無經費可做然經費的問題，在獲得美國提供援助後得到解決。但在退輔制度制訂無所依循的情況下，就參考美國制度。故在民國四十三年十二月三十一日，退輔會函請行政院美援運用委員會，轉洽美國駐華安全分署，聘請美國退伍軍人管理處理專家一人，來華協助退輔會工作。民國四十四年政府聘美國喬治富瑞顧問公司（George Fry & Associates）九人為顧問，協助輔導退伍軍人之安置，顧問成員並於同年八月三十日由該公司董事長、副總經理率領下抵臺北。九月二十七日假臺北市懷寧街49號，成立在臺技術顧問分公司，開始協助我國有關美援運用暨退輔制度規劃與實施。

退輔會成立後，隨即按行政院公佈之〈行政院國軍退除役官兵就業輔導委員會組織規程〉運作，組織規程其主要內容，為設主任委員一，由臺灣省政府主席兼任、副主任委員二，一由國防部總政治作戰部主任兼任，一由主任委員自委員中遴選、且外還設秘書長一、下設一、二、三、四組及秘書、人事、主計三個室；如圖2-2。

〔註60〕〈行政院國軍退除役官兵就業導導委員會組織條例草案〉條例為統籌輔導國軍退除役官兵就業，特設軍退除役官兵就業輔導委員會。以（四四）輔秘字第00163號呈報行政院；並於行政院第399次院會討論修正通過；於民國四十四年五月九日以台四十四防字第2980號函轉立法院審議。轉引自行政院國軍除役官兵輔導委員會，《輔導工作紀要》，頁85。

〔註61〕〈行政院國軍退除役官兵就業輔導委員會組織規程〉第二條：本會直隸行政院。

〔註62〕輔導會成立後因提供了退伍軍人各種輔導措施如：就業、職業訓練、就學、就醫、安置等輔導可讓現役軍人在軍中時不必擔心退役後的問題。

〔註63〕我國在民國23年雖有策訂相關制度卻為執行，戰後復員也僅在人員疏處，人員多未妥為安置輔導。

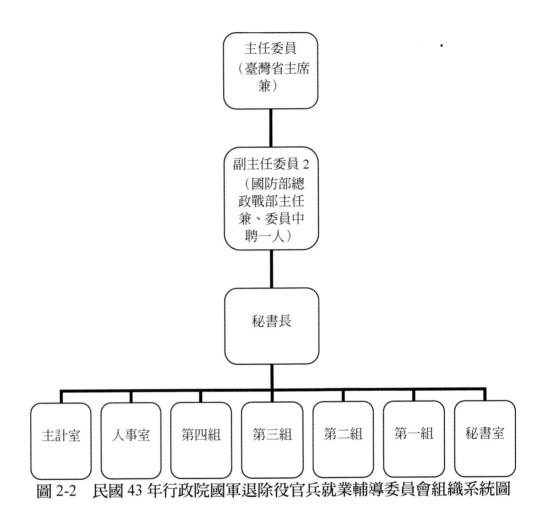

圖 2-2　民國 43 年行政院國軍退除役官兵就業輔導委員會組織系統圖

資料來源：整理自行政院退除役官兵輔導委員會，《輔導工作紀要》，頁 3。

退輔會之職掌主要為統籌退除役官兵就業事項，其中包含一般、工礦、農墾及技能訓練與生活救助等四大事項，分由一、二、三、四組主管。但行政院至十二月十日，復以台 43 防字第 7808 號令，要求退輔會依實際需要，並參照組織規程擬訂組織條例草案，退輔會遂於民國四十四年一月完成組織條例草案訂定呈報行政院；〔註 64〕條例內容將退輔會之主要職掌仍然維持四項但內容修正為，關於退除役官兵工礦、農墾漁牧、林產手工藝及其他就業輔導

〔註 64〕行政院國軍退除役官兵就業輔導委員會，《十年來之輔導工作》，頁 1，記載為 44 年元月呈報。行政院國軍退除役官兵輔導委員，《輔導工作紀要》，頁 3，記載為民國 43 年 12 月 11 日簽報。

事項及就業訓練職業指導生活救助等事項，而此四項業務職掌，仍分由輔導會內設的四個組分別掌理。〔註65〕由其內容來看，此時退輔會在職能上則仍以輔導榮民就業爲其主要之着眼。也由此可以觀察出，何以退輔會在成立後旋即於一週後，就成立建設工程第一總隊來輔導安置榮民就業了。

（三）人事任命

1. 適法性

退輔會成立時，退輔會組織條例，尚未出爐，組織章程草案也於成立後第三天後才擬出，該單位的成立只憑一紙行政命令就先行成立。而人事的任命上也僅依組織條例草案，如主任委員由臺灣省主席兼任兩個政務官職，而副主任委員中一員由總政治作戰部主任兼任，秘書長一職則由省政府社會處長兼任。筆者以爲與政府從民國四十一年就開始辦理軍中退除役工作有關。因爲民國四十一年開始辦理軍中士官兵退役工作後，即於同年八月在國防部總治作戰部中增設第九組，主管退除役士兵農墾業務。〔註66〕經費則由省府籌撥。預算經省府同意後，再由防衛捐項目下撥補。〔註67〕且當時退役高齡人員安置由省政府社會處在花蓮、新竹、屏東、臺南成立榮譽國民之家四所，來安置高齡退役士官兵。〔註68〕這兩個單位均辦理退伍士官兵事宜。因此，政府可能考量業務之

〔註65〕 行政院國軍退除役官兵就業輔導委員會組織規程：第八條本會設秘書、主計、
　　　　人事三室，及一、二、三、四組，其主要職掌如下：
　　　　一、秘書室：綜理文書、事務、出納等事項。
　　　　二、第一組：辦理假退役軍官之調整登記就業訓練、職業介紹及其他有關生
　　　　　　　　　　活輔導等事項。
　　　　三、第二組：辦理除役士兵之一般就業、工礦就業、手工藝工廠等之設計、
　　　　　　　　　　策劃、監督、指導等事項。
　　　　四、第三組：辦理除役士兵農墾就業及有關農場設計、策劃、監督等事項。
　　　　五、第四組：辦理除役士兵之就業前之各項調查登記、訓練及就業後之連繫、
　　　　　　　　　　指導考核與生活救助等事項。
　　　　六、人事室：辦理本會人事之任用及考核事項。
　　　　七、主計室：辦理本會預算、財務收支及稽核事項。
　　　　引自，行政院國軍退除役官兵輔導委員，《輔導工作紀要》，頁2～3。
〔註66〕 國防部總政治作戰部，《國軍政工史稿（下）》，（臺北：國防部總治作戰部，
　　　　1960年），頁1425。
〔註67〕 曾祥麟，〈我國退除役官兵輔導就業制度史之研究──以榮民工程事業管理處
　　　　爲例（1956～1997）〉，頁29。
〔註68〕 傅雲，〈一年來的退除役官兵就業輔導工作〉，《成功之路》，創刊號（臺北：
　　　　成功之路社，民國44年10月，頁10。

延續性甫就現實狀況，採用這樣的任命方式。但從法律制度層面上來看，退輔會成立與人事任命上的適法性頗令人質疑。這應該也是為什麼退輔會在民國四十三年十一月一日成立時，一直未對外發佈消息的原因。〔註69〕

2. 蔣中正的角色

民國四十四年十二月二十七日總統明令公布，行政院臺（44）防字第7529號令頒〈國軍退除役官兵就業輔導委員會組織條例〉，正式公告實施，然此時退輔會已運作長達一年餘。這一年來，整個退輔會一直按組織條例草案在運作，其中副主任委員人事任命上，歷經江杓（1900〜1981）、鄧文儀、張彝鼎等人，而其中張彝鼎係以總政治作戰部主任身份就任斯職。〔註70〕蔣經國直至民國四十五年四月二十八日方就任副主任委員一職，而蔣氏到職後嚴氏旋即退至幕後，由蔣經國代理主任委員一職。〔註71〕直到嚴氏請辭核准，旋即由蔣氏真除。〔註72〕在蔣經國於四月二十八日就任前，秘書長傅雲於四月二十七日請辭秘書長一職獲准，而同日（四月二十七日），蔣氏就職前竟以一紙手諭「派趙聚鈺為本會秘書長」，指派趙氏為秘書長，次日趙聚鈺即隨蔣經國同時到職，就任秘書長職，在此舉上頗有可議之處。〔註73〕筆者認為蔣氏尚未任職於退輔會，也未就任主任委員職，就在主導退輔會的內部人事。而且所任命之層級為秘書長，然此舉若無蔣中正之俯允，如何能在一日不到的時間來調整退輔會的人事。由此也可看出，當時退輔會主要人事任命，充滿蔣中正主導斧痕，而屬意由蔣經國代表其本人照顧退伍軍人，更是其企圖。

然若從另一角度來看，臺灣此時正籠罩在「白色恐怖」的氛圍中，其中最主要的主導單位，就是國防部總政治作戰部。蔣中正是否有意讓曾任總政治作戰部主任的蔣經國脫下這頂「白色恐怖」黑手的帽子。亦或借用其情治

〔註69〕秘書長傅雲於43年11月8日主持第一次業務會報指示對輔導會的成立伊始以不發佈新聞為原則。

〔註70〕原任總政治作戰部主任蔣經國於43年7月調升國防會議副秘書長，遺缺由張彝鼎接任。引自，國防部總政治作戰部，《國軍政工史稿（下）》，頁1431。

〔註71〕30〜01〜01〜012〜266，〈函知本會副主任委員蔣經國於4月28日到會視事并兼代主任委員職務由〉，經濟安定委員會檔，中央研究院近代史研所檔案館藏。

〔註72〕30〜01〜01〜013〜123，〈該會兼任主任委員嚴家淦迭請辭職，應予照准，遺缺聘該會副主任委員代理主任委員職務蔣經國接任〉，經濟安定委員會檔。中央研究院近代史研所檔案館藏。

〔註73〕魏秀梅，《趙聚鈺先生年譜》（臺北：中央研究院近代史研究所，民國79年），頁67。

長才，對這批退伍軍人再做一次政治成分清查，諉以此職則不可知。此外，當時國軍來臺，軍中派系仍存，退伍軍人中各方人馬均有，蔣經國以蔣中正代表身份任斯職，自然也較能服眾。

3. 動用全國之力安置榮民

退輔會委員由行政院任命，在民國四十三年十二月六日所任命的委員有王蓬、鄧文儀、楊業孔、馬潤庠、高信、徐鼐、錢其琛、毛景彪、劉炯光、黃仁霖、陳立楷、戴高翔、蔣彥士、王耀、謝東閔、李立柏、連震東、陳漢平、黃啓顯、劉先雲、金陽鎬、傅雲、侯家源、陳仙洲、顏春輝、章錫綬、沈時可、皮作瓊、莫衡、譚嶽泉等人爲委員。〔註 74〕就任命人員來看，涵蓋了中央機關各部會及臺灣省政府各處如內政、國防、財政、經濟、外交、教育、交通可謂動用全國之力來做輔導安置榮民的工作。而此構想早在民國四十二年時，就在國防部所擬之「國軍退除役官兵就業輔導委員會組織規程」中，將委員一職設訂由行政院副院長及內政、國防、財政、經濟、交通、教育與臺灣省政府等首長及其所屬機關單位主官担任，並以行政院副院長（或國防部長）爲主任委員。〔註 75〕故可知在退輔會未立前，政府即已計劃動員全國之力來安置榮民，由此也看出當時蔣中正對退伍軍人安置的重視。〔註 76〕

（四）輔導榮民就業工程

初期退輔工作的推動主要區分爲「就醫」、「就業」、「就養」等項，其中「就養」工作早在退輔會成立之前，政府就在新竹、臺南、屏東、花蓮等地成立四所「榮譽國民之家」安置高齡及無工作能力之機障退伍軍人，並由臺灣省政府社會處監督、指揮。〔註 77〕後續的工作只要持續的執行或擴大安置即可。但對於傷殘以外的人員，如一些除役或假退役官兵的輔導安置，則以

〔註 74〕行政院國軍退除役官兵輔導委員，《輔導工作紀要》，頁 18。

〔註 75〕35～25～522，〈行政院 42 年 2 月 26 日令頒國防部呈擬國軍退除役官兵就業輔實施辦法及輔導委員會組織規程〉，《除役士兵安置卷（二）》，行政院經濟部檔，中央研究院近代史研所檔案館藏。

〔註 76〕王執平等編輯，《從專員到總統》，頁 179。蔣經國奉命主持退除役官兵輔導工作時，蔣中正總統再三叮囑他「你必須好好照顧退除役官兵，就像照顧自己的家人一樣！」

〔註 77〕政府於民國四十一年開始辦理士兵退除役時，鑒於部份年老體弱或殘廢機障人員無力自謀生活民國 42 年 5 月 2 日於新竹、臺南、屏東、花蓮成立榮譽國民之家四所，由臺灣省社會處監督、指揮。引自潘振球主編，《中華民國史事紀要（初稿）—中華民國 42 年 1～6 月份—》（臺北：國史館，民國 84 年），頁 395～396。

就業輔導為主。因為這些在軍中年齡已過大的軍人，在現實中仍屬青壯之齡，而且身強體健者亦不在少數，只要給予適當職業訓練與輔導即可自謀生活，化消費者為生產者。此外，當時臺灣歷經太平洋戰爭戰火蹂躪，急需重建人力，而退除軍人亦要安置，故政府在安置這批退除役官兵時，多以為國家生產建設為首要考量，〔註78〕將這些軍中的戰力，轉化為國家社會經濟建設的動力與生產力。

因此，退輔會成立初期，在訂定的安置計劃大綱的安置原則中，明訂儘量採集體安置為原則，是以這些接受集體安置的退除役軍人，雖然離開軍隊，但實際上仍為政府所掌握運用，成了一支國家建設的主力軍，並未完全散入民間社會。安置原則第二款內容為「應儘量使之參加生產工作：當前國家社會之最大需要，為增大生產，減少消費，故對此等除役戰士之安置，應根據其體能狀況加以組織運用，設法使其參加生產建設工作，以符國家之需要，減少政府之負擔。」〔註79〕而在退輔會成立前，行政院即令轉總統代電，其內容略為，「本年度預定安置除役士兵一萬人，應於該會組成後，即飭加緊妥善進行」。〔註80〕由此看來，退輔會在十一月一日成立後，不久在同年十一月九日旋即成立建設工程第一總隊，十六日成立建設工程第二總隊，二十九日又成立建設工程第三總隊，並決定於十二月底前成立第四總隊、一個獨立大隊及一個技術總隊。〔註81〕應是按安置原則與蔣中正之指示辦理。

退輔會在安置榮民時，首先於民國四十三年十一月完成編組的單位，就是建設工程總隊。其次是在十二月接管國防部之彰化、嘉義、屏東、宜蘭、池上、花蓮等六個「大同農場」〔註82〕後。同年在十二月十五日舉行輔導委員會第一次會議，決議舉辦重要事項，有八項分別為：洽農林公司開闢茶場、

〔註78〕國軍退除役官兵就業輔導委員會四十三年度安置計劃大綱：安置原則（二）應儘量使之參加生產工作：當前國家社會之最大需要，為增加生產，減少消費，故對此等除役戰士之安置，……設法使其參加生產建設工作，以符國家之需要減少，政府之負擔。

〔註79〕行政院國軍退除役官兵輔導委員，《輔導工作紀要》，頁4。

〔註80〕行政院國軍退除役官兵就業輔導委員會，《十年來之輔導工作》，頁1。記載為44年元月呈報。行政院國軍退除役官兵輔導委員，《輔導工作紀要》，頁3。

〔註81〕行政院國軍退除役官兵就業輔導委員，《十年來之輔導工作》，頁1。

〔註82〕民國40年以後，政府推行兵工開墾，並鼓勵駐軍就近開墾公有荒地，曾在彰化、嘉義、屏東、臺東、花蓮、宜蘭等地墾竣公有荒地4,073公頃，嗣並以此項公地連同臺灣糖業公司荒地，計共5,473公頃，撥交行政院國軍退役官兵就業輔導委員會，設置大同合作農場，安置退除役官兵就業。

成立建設工程總隊、洽公路局成立養路隊、成立採石公司、成立各縣市衛生隊、開墾荒地及部隊公田、舉辦手工藝工廠、增設榮譽國民之家等。〔註83〕這些決議中除成立榮家為安置無工作能力的榮民外，餘均為安置榮民就業，且這其中除少數項目外，大多已進行或進行中。由此可看出退輔會能夠短時間內，就安置了一萬多個退伍軍人如表2-1，其實是早已規劃，且在當時的政治氛圍中，把層峰的構想迅即化為行動，也是處處可見的。安置榮民的工作，除以工程總隊為最早外，所安置的人員也最多，其次就是在農業拓墾方面的安置了。

表2-1　退輔會成立一年安置退除役官兵人數統計表

安置單位		人數	人數
建設工程總隊		士官兵 1,074	技術人員 13
		士兵 5,813	軍官 277
技術工程總隊		士兵 489	軍官 46
開闢茶場		士兵 600	—
成立養路隊		士兵 971	軍官 44
擴充衛生隊		士兵 1,901	—
設手工藝工廠	第一期	士兵 1,000	管理及技術人員 92
	第二期	士兵 1,400	118
	第三期		100
開墾農場		士兵 5,709	軍官 592
設榮譽國民之家		士兵 5,000	軍官 1,000
醫療設施（醫院）		15,451	待接 4,386
興建橫貫公路		預計 18,000	—
總計		57,408	6,668

資料來源：傅雲，〈一年來的退除役官兵就業輔導工作工作報告〉，《成功之路》，期1，頁2。

第二節　榮民與中橫開發

本節主要在探討中橫公路之興築，原因乃在梨山位處中央山脈山區。整

〔註83〕行政院國軍退除役官兵就業輔導委員，《十年來之輔導工作》，頁1。

個梨山地區的發展惟賴交通便捷與否而定，故戰後梨山農業發展，實與中橫公路有莫大之關係。而此工程亦是當時政府用以安置退伍軍人之政策。〔註84〕同時公路工程路線泰半沿大甲溪而築，而梨山正位於大甲溪上游，因而中橫公路的興築連帶影響梨山地區整體發展，故先於本節探討中橫公路之興築。

　　中部東西橫貫公路的闢築，就當初興築目的言，是政府為拓展臺灣東部經濟發展的道路建設，同時也兼具安置榮民與滿足國防需求一重要工程。然貫通臺灣本島東西部公路係始自清治時期，故本節擬由清闢築橫斷道為緣起，至政府來臺闢築中部東西橫貫公路為止。另「橫斷道」為清治及日治時期之用語，政府動工之初亦以「橫斷道」稱之，但後改稱「橫貫」。筆者在論述時，為利區別清治及日治時期均以「橫斷道」稱之，民國三十四年臺灣光復後則以「橫貫公路」稱之。

　　依諸多資料及研究所載，橫貫公路開築，始於清治時期；日治時期臺灣總督府為「理蕃」繼之，並築理蕃道但終無所成。直至政府來臺為國防、經濟因素，築路之議再起，並參酌日所築之橫斷道，經查勘、測量研討方擇現今路線施工，而畢竟全功。是以橫貫公路，循日治時期理蕃道而築之路段，自不在少數。

一、戰前修築

　　臺灣橫斷道路開築，始於清統時期，因「開山撫番」政策開始開築。日治時期臺灣總督府為「理蕃」而繼之，但清治、日治時期所開闢之道路多數為山道僅適人行。對整體交通運輸言效益不大。日治時期雖較寬但仍未能滿足交通運輸需求。加之築路之目的多以政治、軍事及掠奪山林資源為考量；故在路通之後，對高山經濟產業方面的貢獻，難見一、二。迨至民國四十五年政府為均衡臺灣東西部發展，國防需求、安置榮民、改善原住民生活等問題，而繼清、日治後。再築出的橫貫公路方顯交通建設之成效。現先僅就清、日時期所開的橫斷道略述於后。

（一）「開山撫番」與開路

　　臺灣在納入清版圖後，清廷曾定例則，禁止大陸人民渡臺之禁令，造成許多沿海百姓偷渡，而此政策又時放時收；一直至沈葆楨（1820～1879）來

臺奏請「開山撫番」後才解除。在沈氏來臺前，對在臺的人民清廷則禁止人民私入「番地」。並設「土牛溝」〔註85〕，訂禁令限制漢人越界開墾，同時也禁止漢人墾民與原住民通婚。〔註86〕是以清政府實際政治力所達之地侷限於臺灣西部地區，臺灣東部與高山地區多為原住民的活動地域，也是清政府勢力較難及之處。

　　清同治十三年（1874）日本藉口牡丹社蕃殺害琉球漁民而犯臺，掀起所謂「牡丹社之役」後，震驚了清廷。清於是派船政大臣沈葆楨來臺，辦理防務。沈氏來臺後發現日本奪臺之野心，及清政令未及臺灣東部之事實，同時也認為臺灣為東南七省門戶，地廣千里久為異族所垂涎，清所治者不過西部濱海地區三分之一，餘均為番社。要鞏固臺灣，就必須要「開山撫番」，有計劃的將漢民移住山區開發，擴大漢民居住地區域，促進番民漢化。遂力陳朝廷「開山撫番」，同時也鼓勵漢人入山拓墾，撤除入番界之禁令並立碑告示。然要「開山撫番」則必須開闢道路。於是沈葆楨在上清奏疏中說：「務開山而不先撫番，則山開無從下手，欲撫番而不先開山，則撫番仍屬空談。」〔註87〕，於是有了南、中、北路各「番界」道路的開闢工程，而且均以兵工完成。〔註88〕臺灣於是有了橫斷臺灣島的橫向道路。其中最具代表性者，則為中路之橫斷道。

　　審視清治時期開路之目的，第一，在促進臺灣的全面開發，防範外國人侵擾，因此除鼓勵漢人墾山地外，並廣招內地漢人至後山（東部）開墾，以充實全島。其所擬訂的開山計畫內容，也就包括有屯兵衛、刊山林、焚草萊、通水道、定壤則、招墾戶、給牛種、立村堡、設隘碉、致工商、置官吏、建

〔註85〕 明鄭施行屯田，而人民私墾者亦日多。每遇番害，乃築土牛為界，禁止出入。所謂土牛，每牛長約二丈，底闊一丈，高約八尺，頂闊約六尺，置重要地點，戍兵防守。又有紅線，乃以土築倭牆，上砌紅磚以為標識，故謂紅線，耕者不得越界。清治時期，仍沿其制；或更沿番界掘壕溝為限，故後稱「土牛溝」。

〔註86〕 禁臺民私入番界之舊例要點：（1）人民私入番界者杖一百，如在近番處所抽藤，射鹿、伐木，採棕者杖一百，徒三年。（2）臺灣南勢一帶山口，勒石分界。如有偷越番界運貨者，專管之官失察降調；該管上司罰俸一年。（3）臺地人民，不得與番民結親，違者離異治罪。地方官考處，從前已娶者，毋許往來番社，違者治罪。

〔註87〕 沈葆楨，〈福建臺灣奏摺〉，《臺灣銀行季刊》，卷10期2（臺北：臺灣銀行經濟研究室，民國47年12月），頁148～180。

〔註88〕 臺灣省文獻會編，《臺灣史》（臺北：眾文圖書公司，一版六刷民國93年），頁443～449。

城郭、開郵驛、立廨署等，其規模可說極為深遠，〔註89〕對開發臺灣東部的企圖心可謂極為強烈。是以於林圯埔建「前山第一城」，八通關等橫斷道設隘碉，皆由此而來。第二，沈氏雖以墾務為興利之端，而建議清廷開禁，鼓勵人民墾殖。但就當時臺灣景狀言「牡丹社之役」後，日軍尚未撤兵離臺，兩國尚在談判之中，為免啓戰衅，又能宣示清對臺主權，沈氏只有致力經營臺灣。但為能表達清政令普及臺灣全島，及維護領土完整，推動「開山撫番」的治臺方案。〔註90〕其實亦具有向日宣示臺灣主權為清的目的。於是乎在同治十三年，展開了「番界」道路的開闢。但又因日軍有擴大佔領「番地」之企圖，沈氏遂分派兵力戒備，並開闢道路，通向臺灣東部。

因此臺灣東、西兩面橫貫公路開發，可說係始自於清朝時期。在之前，清的防務重心置於臺灣西部，東部地區根本為清勢力所不及的化外之地。「開山撫番」的結果，除了橫斷道的開闢外，也將臺灣防務由臺灣西部，拓展至臺灣東部；除此之外也開啓了向山區拓墾的實例。故清的橫斷公路開鑿，從今日來看，除是迫於政治現實所採的措施外，也俱備了軍事防衛的需求。但在經濟的效益上則屬有限。必竟整個主要道路開築於群山峻嶺之間，山道僅適人獸通行，並常遭原住民的襲擊，雖言曾計畫招募漢民入山開墾，但囿於清廷治臺時，當時大陸內地已遭西方帝國主義的侵略，對臺灣這遙懸海外的孤島根本就力有未逮，加之番害諸因素未解終至失敗。因此清治時期所築各通道，就經濟價值言實屬有限。是以至光緒十七年（1891）十月二十四日邵濂繼任巡撫，雜政盡廢，橫斷道遂告斷絕。〔註91〕

（二）理蕃與開路

日在馬關條約取得臺灣主權後，光緒二十一年（1895）六月，旋即派樺山資紀（1837～1922）為首任臺灣總督來臺接收臺灣，但遭臺灣軍民群起抵抗。這些抗日行動雖旋即在日強大軍事力量鎮壓下失敗。然這些抗日人員在失敗後，除泛海離臺返回內地外，有的則退入山區持續抗日活動。面對這些反抗的武力，臺灣總督府方面，除利用招撫的手段來處理這些抗日份子外，同時也以武力手段來鎮壓。在為滿足其軍事運輸需求下，首先利用兵工為骨

〔註89〕黃秀政、張勝彥、吳文星，《臺灣史》（臺北：五南文化廣場，2002 年），頁141～142。

〔註90〕戴寶村，《帝國的入侵——牡丹社事件》（臺北：自立報社文化出版部，民國82 年），頁，77～79。

〔註91〕陳俊，《臺灣道路發展史》（臺北：交通部交通研究所，民76 年），頁114。

幹在臺進行交通建設。故明治三十九年（1906）前所築的道路工程，多著眼於軍事及政治面。〔註92〕迨至對臺的控制趨於穩定後，道路之修築也轉趨向經濟用途。是以山地道路之修築，都由兵工力量來修築。

　　開闢山地道路之同時，臺灣總督府也注意到日後對蕃人統治道路的必要性。因清治時期東西之橫斷道路在日領臺後已斷，陸路無法通行，臺灣東西部交通僅憑藉船隻來往。直至明治二十九年（1896）九月間，方由日軍中尉長野義虎，因考察山地番社與地形資源之需要，由璞石閣沿吳光亮（1834～1898）所闢古道至集集街，首開日人走橫斷道的紀錄，〔註93〕也開始讓總督府興開路之議。明治三十一年（1898），臺灣總督府殖產課技師有田，在向上級提出創設林政廳之意見中，提出開闢山地橫貫道路之策，其中路線選定就明言：第一，應選將來統治、軍事及交通最便利之路線。第二，選定對經營事業最便利，且有利益之地區。第三，選定感化原住民最有效之地區。〔註94〕由此來看，日人開築橫貫道之目的，是為理蕃亦是為山林之利。明治四十三年（1910）總督府首度修築八通關橫斷道，大正四年（1915）拉古拉古（樂樂）溪流域布農族人，大舉抗日道路又斷，大正六年（1917）起，臺灣總督府開始有計畫的逐年修建理蕃道路，大正八年（1919）臺灣總督府為實行「理蕃」政策，〔註95〕再修築已荒廢的八通關古道，來鎮壓原住民與抗日份子，至昭和三年（1928）計已修築 1,116 公里。〔註96〕而臺灣總督府所修築之理蕃道路，主要幹道，以蘇澳花蓮港道 3.6 公尺最寬，其餘主要幹道，寬多為 1.2公尺至 1.5 公尺。截至昭和十四年（1939）止，開闢修築共 3,616 公里，〔註97〕如表 2-2。

〔註92〕錢益，〈臺灣之公路建設〉，《臺灣銀行季刊》，卷9期3（臺北：臺灣銀行經濟研究室，民國46年9月），頁99。
〔註93〕陳俊，《臺灣道路發展史》，頁114。
〔註94〕臺灣總督府警察本署編，陳金田譯，《日據時期原住民行政志稿第一卷》，頁112。
〔註95〕日人治臺時，於大正三年（1914）執行沒收南蕃武器政策。布農族拉荷雷兄弟領導布農族攻打大分警官駐在。事後，日人封鎖封鎖八通關古道，拉荷兄弟移至荖濃溪上游塔馬荷（玉穗）建立永基地，大正八年（1919），臺灣總督府為全面肅清大分事件而重新興築「八通關越橫斷道路」於大正十年（1921）完工，全長125公里。引自，陳俊，《臺灣道路發展史》，頁243。
〔註96〕八通關越嶺道路因而又被稱為「理蕃道路」、「警備道路。」引自陳俊，《臺灣道路發展史》，頁243。
〔註97〕陳俊，《臺灣道路發展史》，頁252。

表2-2　日治時期所修築及開闢之理蕃警備道路幹道統計表

地名	高度（公尺）
初音	110.1
銅門	157.0
曲水	1,298.0
萬雨林	1,403.1
巴多蘭	783.9
奇來淡	1,526.0
朝日	2,209.1
能高	2,860.0
尾上	2,386.5
波阿崙	1,391.3
霧社	1,148.6
眉溪	776.1
獅子頭	585.3
埔里	442,5

資料來源：陳俊，《臺灣道路發展史》（臺北：交通部運輸研究所，民國76年），頁252。

表2-2中之能高、霧社、埔里等日後皆為中橫公路所經。

　　日治時期所修築的橫斷東西道路，一般亦同清時概分北、中、南三部。其中部份道路係沿清時所闢的橫斷道路或原住民舊道而築。而修築目的主在「理蕃」。故又稱為「理蕃道」或「警備道」，而臺灣總督府所闢築、修築的「理蕃道」約51條。其中本文所探討之梨山地區的理蕃道，寬約1.5公尺主要為由宜蘭經四季、思源、有勝、志良節至平岩山、大保久、梨山，此路線亦為佐久間總督任內攻打原住民的路線，沿線設有12個駐在所：米羅、俾亞南（現名南山）、逸久、突稜、俾亞南鞍部（思源）、有勝（勝光）、志良節（志良）、平岩山（環山）、大保久（松茂）、氣合、押岡（二者均在梨山）、松嶺（今華崗農場場址）。〔註98〕

　　大正六年（1917），臺灣總督府計劃修築中部橫斷公路，開鑿所謂連絡東

〔註98〕陳憲明，《梨山霧社地區落葉果樹與高冷地蔬菜栽培的發展》，頁19。

西臺灣道路，初稱「能越道路」，後改稱「新高橫斷道」。東自初音至霧社，沿木瓜溪左岸西行，至銅門渡右岸。越烏帽至瀧見還左岸，經桐里，坂邊、奇萊、東能高，至富士（盧山）接合歡橫斷道，以達霧社全程 90 公里，工程費 73,388 圓，於大正七年（1918）三月竣工。〔註99〕完工後並於花蓮縣吉安鄉設紀念碑，紀念施工殉職人員。但所修之路並不適車輛通行。〔註100〕

　　昭和十五年（1940），臺灣總督府又計劃改築自銅門至霧社公路，經由路線。循能高橫斷道予以改築，另新闢路段 70.742 公里，銜接霧社至臺中原有公路，全程 173 公里。昭和十六年（1941）春開始施工原訂六年完工。新築道路路基寬 3.5 公尺，臺灣總督府計劃以總價工程總預算 9,267,000 圓，開闢公路。〔註101〕霧社以西路段，於昭和十六年前即已完工通車；另銅門至初音一段長 6 公里，以地勢平坦，工程較易，也順利完工。後因太平洋戰爭爆發致全面停工，此路段到日本戰敗臺灣光復時東段僅修至桐里，西段修至尾上，共約完成十餘公里，支出之工程費 900,000 圓，至光復後方由臺電公司修復。〔註102〕

　　戰後，政府來臺再築東西橫貫公路時，每論及臺灣總督府闢建中部橫斷公路停工原因時，總習以經費無著、工程艱鉅，致使日人無力完成，而深為自詡。如蔣中正即於民國四十六年十一月十二日上午 11 時 50 分，蒞合流工程處工地視察，在午餐後，對全體員工訓話時曾說：「這條路在日據時期，曾經修建過，後經因遭遇困難而中止，你們能克服困難來開闢，是值得驕傲

〔註99〕　日本總督府殖產局農務課，《山地開發現狀調查書》，記載「為視察於今年（大正 7 年）3 月竣工之起自南投廳霧社，橫貫中央山脈，至花蓮港廳初音之山地橫貫道路總督府各部局及有關官衙之職員、新聞記者等 30 人一行於 10 月 12 日自臺北出發，同月 18 日在花蓮解散。」主要視察員有：警察署：湯地警視總長、鈴木衛生課長、江口理藩課長、井澤監察官。土木局：山形技師。工事部：國弘技師、關口事務官。通信局：廣瀨局長。財務局：菊地主計課長。殖產局：福留技師、山崎技師。營林局：西田技師。專賣局：中井技術。鐵道部：新元技師、海野技師。陸軍部：中島少佐。臺灣日日新聞社：宮本南曉。臺灣新社：中里十耳。臺南新聞社：加納久夫。

〔註100〕日治時期霧社至花蓮港初音段的開通，實際經民國 37 年當時臺灣省政府公共工程局派員複勘的結果，是未通。尤其是中經兩處大隧道，共長 2.5 公里極為費事，當時估記約五年始能修通。且依日治時期所留之照片來看，新高公路的橋樑多是一些僅能供人畜通行的吊橋。故其當時所謂的開通。應僅是提供人畜通行的通道而已距公路的標準言尚有一段差距。

〔註101〕錢益，〈臺灣之公路建設〉，《臺灣銀行季刊》，卷 9 期 3，頁 100。

〔註102〕陳俊，《臺灣道路發展史》，頁 246。

的。」〔註103〕由此來看，這番話除了具有鼓舞築路榮民士氣外，也將日人築路失敗，解釋為日人築路能力不足無法克服困難。但若以客觀的角度來看此路段未能築通之因，筆者以為並非日人能力不足，實受限於戰爭的影響，若以此論臺灣總督府無修路能力，則有欠公允。且戰後政府再興開築中橫公路之議，無論事前之調查或動工興築，都與日治時期所開之路線有關。如由臺中經豐原，溯大甲溪而上。過東勢，谷關迄達見（今德基水庫處），〔註104〕然這一段路線，在當時已是完成之路段。惟可議者是路基平均平均僅 3.5 公尺，就當時公路規劃目標言，無法滿足實際需求，必須予以擴築。〔註105〕

平心而論，臺灣總督府修築此路時若因作戰與經費龐大無力完成，依當時景況言應有此可能。但若將之歸於工程艱鉅來論臺灣總督府無力完成，則有待商榷。可確定的是，這些山地道路在日治時期，為臺灣總督府，在對原住民的軍事行動或警察的統治上，提供了重大的貢獻。尤其在「霧社事件」中，更扮演了軍事運輸的角色。到日後政府來臺，闢建中橫公路時，亦以日治時期所闢築之路線為基礎，〔註106〕進行堪查與規劃。對中部橫貫公路的建築言，亦有其不可抹煞的貢獻。

二、戰後興築

（一）興築緣由

1. 軍事目的

中橫公路的興築，從軍事觀點來論，主要利於臺海作戰時，國軍兵力調動。因為由臺灣西部通往臺灣東部的公路，僅有蘇花公路及南部南迴公路，這兩條路線。而這兩條公路不少路段均臨海而築，除部份路段外，多數暴露

〔註103〕胡美璜、楊廷英、石中光編著，《中華公路史》，下部（臺北：臺灣商務印書館，民國 73 年），頁 117。橫貫公路通車典禮訓詞中言：「……早在日據時代便曾計劃興築，但以工程浩大未能實施。……現在我們居然在種種困難的情形下達成任務，這充分證明我們中華民族，具有戰勝環境與征服自然的創造能力。」

〔註104〕德基水庫建於達見原名達見水庫，水庫完工後由蔣介石改名為德基水庫，是以地名亦更為德基。

〔註105〕宜蘭支線即為日治時期理蕃道，谷關至達見、臺中至霧社均為日治時期之舊有道路。

〔註106〕臺灣省公路局，《東西橫貫公路工程專輯》（臺北：臺灣省公路局，未刊時間不詳），第 1 章第 3 節路線研議：「曾幾經研議，假定兩線。一行經日據時期計劃線之南，曰『南線』；一行經日據時期計劃線之北，曰『北線』。」故可見當時政府在路線規劃上係以日治時計劃為基礎而訂。

沿海地帶。戰時如須東、西部兵力調動，部隊沿僅有的公路而行不但易曝露軍隊行蹤，更易遭敵由海、空進行轟擊。且路程更是遙遠，對作戰時要求兵力機動神速的軍事行動言，更是曠日費時。對當時高倡「反共抗俄」的臺灣言，鞏固國防的考量，可說是重於一切。是以蔣中正當時即指示：「東西橫貫公路關係國防經濟綦鉅，應列為本臺最重要建設。」〔註107〕，在要同時兼顧國防與經濟需要的情況下，遂決心開築一條利於兵力運輸，並能有助於東部經濟發展與山地資源開發的公路，遂將橫貫公路隱藏於山谷之中。是以民國四十五年動工時自立晚報亦以「溝通太平洋臺灣海峽橫斷公路今開工從國防觀點言具有高度戰略價值。」〔註108〕來報導此事。

2. 民生經濟目標

（1）溝通本島東西交通

民國三十八年國民政府在國共內戰失敗後遷臺，以建設臺灣成反共復興基地為目標，積極建設臺灣。然有鑑於臺灣地形南北長東西狹，四週環海，中央山脈綿亙南北，使臺灣東西二地相隔百餘公里。東西交通僅能北依蘇花公路，南繞高雄、屏東而抵臺東，路途既遙遠又險阻。從經濟建設的角度言，東部因山地阻隔建設落後而貧瘠，不及臺灣西部繁庶，造成臺灣東西部枯榮的景況。另一方面臺灣人口逐年增加，開發東部，除可使全島經濟均衡發展外。政府若向東部舉辦移民，則對每年增加3%人口，獲亦可得一部份安置之所，〔註109〕故開闢中橫公路自被視為溝通臺灣東、西部的良策。

（2）開發中部山地資源

中橫主要路線及宜蘭、霧社兩條支線所經地區包括大甲溪、宜蘭濁水溪及立霧溪三流域，山地資源蘊藏豐碩，主要可區分為水力、農業、林業、畜牧、礦業等。其中在水力部份大甲溪為全臺水力資源最為豐沛之河川，日治時期臺灣總督府曾有大甲溪綜合開發計劃，該計劃擬在大甲溪建發電所八所，並將溪水用於灌溉防洪。故於天輪建發電廠，並動支3,100萬日圓，約合美金800萬元於達見（今德基）建築高壩。〔註110〕此外，山區林木資源豐富，

〔註107〕林則彬，《東西橫貫公路工程專輯》，序言頁1。

〔註108〕自立晚報45年7月7日第1張版1。

〔註109〕柳克述，〈臺灣橫貫公路的建設與展望〉，《交通建設》，卷5期1（臺北：交通部民國45年1月），頁2。

〔註110〕30～01～01～010～571，〈大甲溪綜合開發促進建議書〉，經濟安定委員會檔，中央研究院近代史研究所檔案館藏。

國有林班地面積達 172,098 公頃，主要樹種有黃檜、紅檜、香杉、肖楠、松、鐵杉、冷杉、帝杉、檜柏、烏心石、栓皮櫟等。〔註111〕另山中亦有金、銅、硫化鐵、白雲石、筆鉛、煤、大理石、雲母等礦產可供開發。故中橫修築後可促進資源開發，增加國家財富。〔註112〕

（3）促進山地農村發展

中部山地有許多泰雅族人定居其中，由於交通不便，原住民深居於山區形同封閉狀態，平地物質資源不易進入山區，故一般生活亦較爲原始落伍，不若平地之進步。若能開闢公路，改善山區交通，原住民自能與外接觸，外來物資與資源亦可源源不斷注入山區，改善山區原住民生活。是以中橫公路的興築有利於山地農村的發展，提昇原住民生活水準。故整體言中橫公路興築在民生上的主要目的有三：

  1. 溝通本島東西交通。

  2. 開發中部山地資源。

  3. 促進山地農村發展，提高山胞生活與文化水準。〔註113〕

3. 退輔會榮民安置

中橫公路興築依其興建目標中所言，配合退輔會安置榮民就業計劃。〔註114〕而興建此公路原係退輔會成立後安置榮民就業中重要項目之一。安置方式主要爲由退輔會成立榮民工程總隊參與中橫公路從事路基土石方及其附屬工程。〔註115〕初期榮民工程總隊以議價方式承辦工程，民國四十六年改爲公路局代管，但此一時期榮民安置均以工程安置爲主。〔註116〕後爲供應築路工程人員新鮮蔬菜需要，退輔會又分別於梨山設福壽山農場，花蓮設西寶農場，開始以農墾方式安置榮民，故可知中橫公路興築實亦含有安置榮民之目的。

中橫公路，爲政府遷臺後諸多重大公路工程建設中一項。但如前文所述，臺灣東西橫貫公路始於清同治十三年，日治時期繼之，然日治時期從昭和十

〔註111〕臺灣省公路局，《東西橫公路工程專輯》，頁 212～214。
〔註112〕臺灣省公路局，《東西橫公路工程專輯》，頁 211。
〔註113〕臺灣省公路局，《東西橫公路工程專輯》，頁 20。
〔註114〕臺灣省公路局，《東西橫公路工程專輯》，頁 1。
〔註115〕臺灣省公路局，《東西橫公路工程專輯》，頁 76。
〔註116〕臺灣省公路局，《東西橫公路工程專輯》，頁 81。

六年（1941）開始闢建，所選路線自臺中王田，經臺中、埔里、霧社（以上為已完成路線），屯原，於中央山脈標高 2,800 公尺處翻越東行，而達花縣銅門，但終因各種環境條件所限，僅完成 10 公里。其餘修築之路不是未竟全功，就是所開之路僅適人行之山道，不適車輛通行之路。在經建發展上，助益不大。為要有助於經建發展與滿足國防需要，則須闢一便利車輛通行之道路，以符合戰備需求的道路。在政府決定闢建後，旋即由臺灣公路局展開查勘工作。

（二）路線查勘

中橫公路路線係經多次查勘方動工興築，就查勘單位言有公共工程局、公路局、退輔會、經濟部與臺中農學院的高山園藝資源調查等。其中最早路線查勘是在民國三十七年實施，由公共工程局派員探勘，日治時期臺灣總督府所規劃之路線。探勘後亦曾計劃修築，終因經費無著不克興工。〔註117〕且原路線歷經戰火、天然災害、地質變易等因素，已失再築價值，且由屯原至銅門長約 63.5 公里的路段，懸崖深谷，峰巒重疊，沿線橋樑隧道甚多，僅隧道就長達 4,000 餘公尺。依當時政府財政，亦或工程能力言，均無能負荷，尤其更難於短期完工，因而未動工修築。

政府撤退來臺後，為能在臺灣東西部間闢築一條符合戰備需求，與有助於東部經濟發展的公路，遂再次由臺灣省公路局組隊查勘。為審慎選擇路線，在勘查前先就軍用五萬分之一地圖，先作紙上定線，除日治時期路線外，也另擇其他路線比較，計新選路線二條。在日治時期所規劃之路線以北者稱北線，以南者稱南線，日治時期規劃之路線稱中線。北線由吳祥祺任領隊副領隊孫源楷由霧社，經見晴，追分，向東北越合歡山，經關原，畢祿，晴岡，古白楊，合流，沿達梓里溪河谷出太魯閣谷口，接蘇花公路，計 113.5 公里。於民國四十年二月下旬，組隊測勘，四月中旬竣事。南線由胡美璜領隊，副領隊陳篤銘，負責查勘路線，西起霧社，經富士（現盧山），跨大濁水溪，攀瑪堡富士山越能高山脊，再沿武陵山、桃源山循清水、清流兩溪側岸山坡至清水河口，轉接銅門，連接花東公路，計 122.6 公里。〔註118〕民國三十九年三月，組隊探勘，自霧社經屯原，跨奇萊主山能高山鞍部，入花蓮境，沿木

〔註117〕胡美璜，《中部橫貫公路定線研究與勘查雜感》（臺北：作者自印，民國 40 年 9 月），頁 1。

〔註118〕胡美璜，《中部橫貫公路定線研究與勘查雜感》，頁 1～2。

瓜山東行，至銅門，連接花東公路。〔註 119〕民國四十一年，臺灣省公路局復邀軍事工程總處、水利局、林產管理局、交通處及地質調查所等機關專家組成複勘隊，〔註 120〕由公路局副局長兼總工程師林則彬領導，複勘南北二路線之經濟價值。並向政府提出報告，蔣中正總統也於報告提出後諭示：「飭在四十二年度內着手辦理」。但卻因經費不足，未能如期施工。〔註 121〕工程因經費問題無法實施，但整個工程路線之勘查，公路局仍持續不斷的進行。該局最後一次，於民國四十三年年十一月，組複勘隊進行更詳細的勘查研究，歷時一個月的時間。而東西橫貫公路路線幾經查勘，依查勘結果，基於路線農林、礦牧的開採價值，終決定闢築路線，其勘查路線沿線資源如附表 2-3。

表 2-3　中部橫貫公路路線農林礦牧資勘查表

經濟資源	經濟價值	備註
農業	全線各地可能開墾面積爲 2,400.50 公頃，其中 1,300.50 公頃爲現時可墾荒地，1,100 公頃爲休閑輪耕地。	可種植水稻、馬鈴薯、雜糧及梨、李、水蜜桃、蘋果、柿等。
林產	沿本線國有林班面積 172,098 公頃，森林總積蓄量達 21,634,353 立方公尺	—
礦產	沿線礦產豐富有沙金、大理石、黃鐵礦、水晶、白雲石、銅、錳礦等其中沙金蘊藏量約値 20 億臺幣。	—
畜牧	梨山南方有約 600 公頃草地適合闢成牧場可放牧乳牛 1,100 頭，合流約 50 公頃可放牧山羊 500 頭，關原約 40 公頃可放牧山羊 400 頭，西拉岸有草地約 80 公頃可放牧黃牛 150 頭，勝光及思源牧地共約 300 公頃可放牧毛用山羊 3,800 頭，留茂安可牧水牛 300 頭，玉蘭可牧水牛 250 頭，粗坑可牧水牛 200 頭。	—
水力	可提供水力發電約 80 餘萬瓦，並可提供下游地區農業灌溉及民生用水。	—
觀光事業	橫貫公路沿線風景綺麗，太魯閣峽谷、文山溫泉更爲臺灣名勝。霧社、合歡山、大甲溪一帶山勢平緩冬季大雪紛飛可倡滑雪運動。	—

資料來源：依據臺灣省公路局，《東西橫貫公路工程專輯》，頁 211～234 整理而成。

〔註 119〕陳俊，《臺灣道路發展史》，頁 460。
〔註 120〕臺灣省公路局，《東西橫公路工程專輯》，頁 10。
〔註 121〕陳俊，《臺灣道路發展史》，頁 460。

民國四十五年年六月二十五日，退輔會代主任委員蔣經國，又親率測量員工及工程師等十餘人，組成一探險小隊由公路局長林則彬陪同，由東勢入山，進行最後一次路線探勘的工作。並於七月七日趕抵太魯閣參加開工典禮。而這麼多次的查勘中，其主要目的雖說是爲中橫公路尋一較佳路線，但從查勘的結果及報告中也可看出，政府對高山中的山林資源與未來高山地區農業的發展，也充滿期待與憧憬，在爲中橫公路路線查勘之時農復會也經由臺中省立農學院園藝系對中部山地及花蓮、宜蘭山地進行山地園藝資源調查，而調查路線恰也函蓋中橫路線大部。由此更可瞭解到，中橫公路的興築與高山地區開發已形必然之勢。

（三）路線決定

對於路線的決定，在經公路局前後八次勘測，並邀各種專家專業人員複勘四次後。將勘測結果及專家之意見歸納彙整，最後決定選擇北線。對南北線之取捨，擬議比較選擇之基本條件三項爲：

1. 施工之難易，及工程費之多寡。

2. 沿線天然資源之豐瘠，及其開發之可能性。

3. 沿線地理形勢，有利於發展之天然條件爲基本要素。〔註122〕

勘查完成後決定興建路線，繼而編列概算，申請美援經費。其後又因「四十四年度軍援軍用道路計劃」內，含有臺中至花蓮及臺中至羅東兩條路線，所以在民國四十二年十一月間，公路局副局長林則彬又組隊踏勘臺中至羅東路線，同時派公路局顧問吳文熹及第四區工程主任林福老，陪同美國懷特工程公司（J. G. White Engineering Co.）經理狄蒲賽（V. S. De Beausset）踏勘臺中至花蓮線。〔註123〕美懷特工程公司查勘後，對開築路線曾提出報告說：

> 自地形及天然資源而言，連接目前自臺中豐原已達天輪發電廠
> 之既有公路，經大甲溪、太魯閣、而至舊日日人已築成之蘇花公路，
> 或較易於興建；同時本線可另闢一支線，連接太平山林場鐵路或運
> 材公路，而達羅東。〔註124〕

〔註122〕柳克述，〈臺灣橫貫公路的興建與展望〉，《交通建設》，頁4。劉枋，《路～東西橫貫公路開拓簡史》（花蓮：太魯閣國家公園管理處），頁23～24。臺灣省公路局，《東西橫公路工程專輯》，頁20。

〔註123〕柳克述，〈臺灣橫貫公路的興建與展望〉，《交通建設》，頁5。

〔註124〕柳克述，〈臺灣橫貫公路的興建與展望〉，《交通建設》，頁5。

而此建議中所提另闢一支線，連接太平山林場鐵路而達羅東之議，應是日後政府會闢宜蘭支線的起因，所異者路線是達宜蘭市。

　　民國四十四年年三月中橫公路路線決定後，退輔會便邀請行政院美援運用委員會、中國農村復興聯合委員會、經濟部、臺灣省建設廳、農林廳、交通處及公路局進行中橫公路興建工程及開發經濟資源進行事項討論。並決議在輔導會下設「橫貫公路開發委員會」，下設「公路工程」及「經濟計畫」兩處，開始推動中橫公路興築。

（四）路線測量

　　公路測量由公路局負責，資源調查由經濟部擔任，同年六月一日，行政院經濟安定委員會工業委員會，召集測量經費申請美援會議，由公路局提出測量計劃，組織測量隊進行測量，但因測量人員不足，遂商請臺糖及鐵路局借員支援方告解決外，尚向臺中及東勢兩職校推薦畢業學生 40 名，集訓兩週後加入各隊工作。﹝註 125﹞（如圖 2-3、2-4）

圖 2-3　測量隊集訓典禮

資料來源：太魯閣國家公園，《山徑百年》（花蓮：太魯閣國家公園，2000 年），
　　　　　頁 48。

﹝註 125﹞臺灣省公路局，《東西橫公路工程專輯》（臺北：臺灣省公路局，未刊出版年），
　　　　　頁 26。

圖 2-4　測量開鏡

資料來源：太魯閣國家公園，《山徑百年》，頁 49。

民國四十四年年十月開始組織測量隊，新線四隊於十二月中旬成立，進行定線測量。測量隊隊長分由方恩緒、鄒元輝、陳乃東、瞿福成四人擔任，〔註126〕第一測量隊負責臺中花蓮線，亦即主線中達見關原段，第二測量隊負責太魯閣至關原段，第三測量隊負責梨山至四季段，第四測量隊負責四季至天送碑段及土場至粗坑段。〔註127〕改善地段測量，由臺南工學院（現成功大學）土木系師生及公路局第四區工程處員工所組之兩測量隊負責。共歷時半載，至民國四十五年年六月間方完竣。

（五）施工

　　整體工程，於民國四十五年七月七日，由行政院院長俞鴻鈞及美國大使藍欽主持開工揭幕，嚴家淦、蔣經國、美國安全分署署長主持破土典禮儀式，正式展開中橫公路興築工程。中橫公路全線分佈於高山地區，交通梗阻，人跡鮮見，全線區分梨山工程處（設於谷關）負責東勢至合歡埡口、宜蘭支線，梨山至環山、霧社供應支線總長 180.2 公里。合流工程處（設於太魯閣）負責合歡埡口至太魯閣，長 68 公里，為全線工程最艱巨路段。四季工程處（設

〔註126〕陳俊，《臺灣道路發展史》，頁 461。
〔註127〕臺灣省公路局，《東西橫公路工程專輯》，頁 392。

於土場）負責環山至宜蘭，長 95.7 公里〔註 128〕。而美大使藍欽及美國安全分署署長會參與主持開工揭幕及破土，一般均以爲因本路開築資金主爲美援故。然爲何美國會提供美援，若以民國四十五年七月七日自立晚報，對中橫公路開工的報導所下的標題「溝通太平洋臺灣海峽橫斷公路今開工，從國防觀點具有高度戰略價值。」來觀察，美援的重點應是在「具高度戰略價值」這一點上。

工程人力來源有榮民工程總隊隊員、陸軍步兵、軍事監犯、職訓總隊隊員、社會失業青年、暑期學生戰鬥訓練青年工程隊、公民營廠商及僱工等。〔註 129〕但所用人力仍以榮民爲主，共動用榮民達 3,197,076 工天〔註 130〕。依據公路局資料統計榮民於民國四十五年參與工程，民國四十六年公路局代管，當時四個工程總隊榮民數合計有 3,337 人，然榮民人數每月不同最多時曾達 5,085 人。〔註 131〕而榮民隊員又區分基本隊員、輔導隊員、臨時隊員三類。基本隊員爲依照美援計劃安置者，享有美援補助之被服用品及訓練津貼。輔助隊員係假退役軍官志願參加工作，並經退輔會核准者，大多爲尉級軍官，並有少數校級軍官參加。臨時隊員係退輔會視安置需要，臨時核派之退除役士官士兵。輔助及臨時隊員除無安置時之美援補助外，其餘工作待遇管理輔導與基本隊員同。福壽山農場成立其場員，身份亦列爲基本隊員。〔註 132〕

施工方式採分頭逐段並進，全線工程因應工程性質及工地情形，將全線工程規劃三類。第一類爲數量龐大之土石方工程，以及技術性較低的工程交榮民、陸軍步兵、生產總隊隊員負責。第二類地勢平坦運輸方便，由機械施工。第三類高技術大橋，長隧道高擋土牆由公民營廠商負責。〔註 133〕全部主要工程數量，在土方上主線有 3,980,458 立方公尺，宜蘭支線 2,891675 立方公尺，供應線霧社至大禹嶺 629,077 立方公尺總計 7,501,210 立方公尺。建築橋樑 112 座，長 2,911.43 公尺。隧道 85 座，長 4,684.49 公尺。

（六）經費

測量工程結束後旋即面對的是工程施工，中橫闢築爲當年政府重大工程

〔註 128〕臺灣省公路局，《東西橫公路工程專輯》，頁 73～76。
〔註 129〕臺灣省公路局，《東西橫公路工程專輯》，頁 76～77。
〔註 130〕「工天」，意指工人參加工作一天爲 1 工天。
〔註 131〕臺灣省公路局，《東西橫公路工程專輯》，頁 197。
〔註 132〕臺灣省公路局，《東西橫公路工程專輯》，頁 195～198。
〔註 133〕臺灣省公路局，《東西橫公路工程專輯》，頁 78。

建設，整體工程攸關國防目標，亦關連著臺灣本島整體經濟發展，但自中日戰爭及國共內戰的內耗後，國家財政仍處於困頓之中，經濟發展亦尚未起步。是以闢路工程，處於施工經費無着的窘境。施工後又迭遭天然災害，損及工程故經費屢屢增加待全線完工，工程總計使用經費，計新臺幣 42,711,370 元，及美金 1,398,000 元。〔註134〕

在整體工程施工時所需經費來源可區分為二，一為美援經費，一為省府配合經費。在美援部份所提供之款項，在臺幣上分四個年度，四十五年 25,000,000 元，四十六年 40,000,000 元，四十七年 225,000,000 元，四十八年 15,000,000 元，共計 305,000,000 元。然四年實際支出 300,769,153 元，繳回 4,230,847 元，四十七年因遭颱風又獲臺幣 21,000,000 元補助。〔註135〕美金的款項，主要用於國外採購機具及材料，各年度分配數四十五年為 420,500 美元，四十六年 496,000 美元，四十七年 649,000 美元，四十八年 33,000 美元，總計 1,598,500 美元。實支 1,377,606.48 美元。〔註136〕美援的補助其計劃目標在貫通臺中花蓮之公路，藉以安置退伍軍人 2,000 至 3,000 人之用。〔註137〕故政府係採安置退除役官兵就業於工程隊，再讓工程隊參予興建修築橫貫公路的工作。如此既可安置退除役官兵，同時也解決部份築路經費的問題。也就是把原為安置退除役官兵的美援經費，移作工程費用。如此一來，財力、人力都有了著落。但此路線如前文所述列為美國「四十四年度軍援軍用道路計劃」中，故至今中橫公路，仍列為軍事用途公路管制。而興建經費其中有一部份經退輔會洽商美國安全分署同意編列臺幣 230,000,000 元美金 1,000,000 元全部在退除役官兵安置項下支付。〔註138〕

在省府配合款上由四十五年、四十六、四十七、四十九年共 19,745,000 元，然實際支出為臺幣 19,746,024 元，超支 1,024 元。此外，由於美援經費臺幣部份僅負擔 300,769,153 元，不足部份亦由省政府負擔，故省政府還多負擔 61,860,000 元。〔註139〕而美援及省府所編列實支之經費詳如表 2-4，2-5。

〔註134〕陳俊，《臺灣道路發展史》，頁 466。
〔註135〕臺灣省公路局，《東西橫公路工程專輯》，頁 185。
〔註136〕臺灣省公路局，《東西橫公路工程專輯》，頁 185。
〔註137〕周琇環編著，《臺灣光復後美援史料》，第 1 冊軍協計畫（一），頁 126。
〔註138〕30～01～01～010～571，〈呈請令知經濟部臺灣省轉飭所屬橫貫公路沿線資源開發權之申請一律停止〉，經濟安定委員會檔，中央研究院近代史研究所檔案館藏。
〔註139〕臺灣省公路局，《東西橫公路工程專輯》，頁 186。

表 2-4　東西橫貫公路工程各年度經費預算及實支簡表（臺幣部份）

性質	經費來源	年度（年）	預算數（元）	實支數（元）	結餘（元）
興建計劃部份	美援經費	45	25,000,000.00	22,689,670.28	2,310,329.72
		46	40,000,000.00	38,122,427.53	1,877,572.47
		47	225,000,000.00	224,957,054.96	41,945.04
		48	15,000,000.00	15,000,000.00	0
		小計	305,000,000.00	300,769,152.77	4,230,847.23
	省府經費	47	20,000,000.00	20,000,000.00	0
		49	20,000,000.00	20,000,000.00	0
		50	21,860,000.00	21,860,000.00	0
		小計	61,860,000.00	61,860,000.00	0
	合計		366,860,000.00	362,629,152.77	4,230,847.23
配合款部份	省府經費	45	5,500,000.00	5,500,000.00	0
		46	4,500,000.00	4,499,934.88	65.12
		47	9,000,000.00	9,000,000.00	0
		49	745,000.00	746,088.83	-1,088.83
		風災配合款	1,755,000.00	1,755,001.47	-1.47
	合計		21,500,000.00	21,501,025.18	-1,025.18
災害修復部份	美援經費	48	21,000,000.00	21,000,000.00	0
	省府經費	49	21,266,370.00	21,258,809.19	7,560.81
	合計		42,266,370.00	42,258,809.19	7,560.81
總計			430,626,370.00	426,388,987.14	4,237,382.86

資料來源：臺灣省公路局，《東西橫貫公路工程專輯》，頁 187。

表 2-5　東西橫貫公路工程各年度美金援款分配及實支簡表

年度（年）	分配數（元）	實支數（元）	結餘（元）
45	420,500.00	375,672.23	44,827.77
46	496,000.00	430,391.72	65,608.28
47	649,000.00	534,878.58	114,121.42
48	33,000.00	36,663.95	-3,663.95
合計	1,598,500.00	1,377,606.48	220,893.52

資料來源：臺灣省公路局，《東西橫貫公路工程專輯》，頁 187。

（七）工程災害

施工期間常因天候，地理環境等因素遭遇天然災害，如民國四十六年一月二十四日，東部大地震，同年六月二十五日佛琴尼颱風，九月十四日卞門颱風，四十七年七月十五日的溫妮颱風，九月三日葛瑞絲颱風，四十八年的「八七水災」，八月二十九日瓊安颱風及九月四日露依絲颱風，十一月十八日芙瑞達颱風等天然災害，對人員及工程造成重大傷害。〔註140〕全線工程直到民國四十九年五月九日方在副總統陳誠主持下，正式完成通車典禮，全線正式通車。此路線的完工，展現了榮民在離開執干戈衛社稷的任務後，又發揮其堅苦卓絕的精神，為臺灣這塊土地犧牲奉獻。而本路線由開工至通車，歷時三年餘，全線工程主賴施工人員胼手胝足，一鋤一鍬，逐步闢築。（圖2-5、2-6榮民築路情形）全線工程完工後，依民國三十九年至四十九年《交通年鑑》綜合本記載，計殉職員工達 212 人，其中榮民就有 104 人。可見榮民為此公路犧牲之慘烈。

圖 2-5 中橫公路施工情形

資料來源：太魯閣國家公園，《山徑百年》，頁 58。

〔註140〕臺灣省公路局，《東西橫公路工程專輯》，頁 96～100。

圖 2-6　中橫公路施工情形

資料來源：太魯閣國家公園，《山徑百年》，頁 47。

第三節　梨山榮民安置

　　中部東西橫貫公路闢築，其目的在於國防與經濟，其次為退伍軍人榮民的安置。因之當開工之日，亦為退輔會人員正式進入中部中央山脈之時。且隨著工程的進展，榮民進入梨山的人員也隨之增多，除上山開路者外，退輔會亦開始安置榮民上山從事農牧林業。因之此時開始上山榮民有的是響應退輔會號召上山開墾者，有的是為謀生而攜眷上山拓墾者，但亦有一批人，未經退輔會，輔導安置即自行上山，自擇一較平坦地形就自行開墾者。〔註 141〕而不論何者，主要集中地區，最初均以臺中縣和平鄉梨山村，佳陽一帶為主。尤以梨山農場（民國四十七年八月改名為「福壽山」農場）為首要的地區。

　　民國五十二年，退輔會又於梨山往宜蘭之中橫支線平等村，又闢一農場且命名為武陵農場。迨至中橫全線通車後，臺中大甲溪上游的發展，旋即沿

〔註 141〕民國 94 年於台中縣和平平等村勝光，訪得嚴慶雲先生，告訴筆者其當時是其中一員，後武陵農場成立方納入武陵農場，成為農場成員。

達見，佳陽，梨山，與南投縣仁愛鄉相鄰。另由宜蘭支線轉松茂，環山，苗
圃，志良，武陵，勝光至思源埡口和宜蘭縣大同鄉相接，成為梨山地區高山
蔬菓發展重要區域。而榮民主要集中地區，亦隨著退輔會農場的成立，分別
集中於福壽山農場，武陵農場及其週邊地區。此外，政府除以安置榮民為目
的外，另一方面亦以改善原住民生活為目標。因此也輔導、鼓勵原住民從事
落葉溫帶水果種植，因而改變了當地原住民經濟生活。

一、安置榮民緣由

　　中橫公路開路自始即以安置退輔會榮民為目的，而安置之方式，採二種
方式行之。一隨工程總隊闢築中部橫貫公路，另一方式則為安置於適合農牧
的地區，闢地供榮民農墾。此外，當民國四十五年中橫公路闢築時，山區所
有一切糧食蔬菓，皆由山下運送上山。由於路線尚在興築公路未通，所有物
品全賴人力扛運。雖言在西寶、四季等處，有種植蔬菜供應工程所需。但隨
著工程進展，亦無法接續供應，因此必須人力輸運。（如圖 2-7、2-8）可是新
鮮蔬菜，經人力二、三天甚至更長時間的扛運，等到達工地時，居乎都已枯
黃，不再新鮮。

圖 2-7　職訓人員背運補給品

資料來源：太魯閣國家公園，《山徑百年》，頁 72。

圖 2-8　供應品運輸行經天池附近

資料來源：太魯閣國家公園，《山徑百年》，頁 75。

因此退輔會主任委員蔣經國指示，在山區適合地點開地種植蔬菜。提供施工人員新鮮蔬菜。經勘查後於是決定在梨山今福壽山農場址設置農場，生產蔬菜。於是乎在高山地區如梨山等地開始有了蔬菜的種植。

　　安置榮民在梨山地區農墾，就安置時間言，概可分三階段。民國四十六年六月一日設置「梨山榮民農場」，民國五十二年在橫貫公路宜蘭支線武陵設置「武陵農場」。除此之外，則是中橫公路通車後，自願離開工程總隊就地從事農墾的人員安置。在這些榮民安置中，二個農場的安置屬集體式的安置，而築路榮民的安置則依橫貫公路工程會議的決議而行。

二、安置地之選擇

　　中橫公路沿線長達百餘公里，在安置榮民地點上，何以選擇梨山為主要安置地區，實為一值得探討的問題。然決策者都已棄世，文件資料除卻臺中農學院山地園藝資源調查及中橫公路闢路前的資源調查外，則難覓其他資料可資佐證。安置榮民於梨山，除梨山氣候適宜溫帶果樹及高冷蔬菜等農業發展外，有無其他因素，如交通路線維護、軍事安全考量等，都是筆者感到質疑的地方。

（一）地理位置適宜

　　首先從地理位置的角度來觀察，梨山位處中橫公路主線與宜蘭支線交會點上，地理位置重要，距通往南投的與中橫交會之大禹嶺相距亦不遠。且梨山腹地也較大禹嶺寬潤，加之中橫闢建時梨山工務段工務所、醫療站（今梨山賓館）、郵局均設於此，在開路之時已是施工人員匯集之處。此外梨山原就是泰雅族人的聚落，鄰近又有之佳陽、松茂、環山等聚落，人口亦較他處為多。另在地形上福壽山農場現址地勢平坦，有三百餘公頃面積適宜拓墾為農地，且日治時期日人即已在此試植過各種農作並有相當之成果，自然極適安置榮民農墾。

（二）軍事上考量

　　在軍事上，因中橫公路的闢建原即是以軍事用途為首要。軍方也在中橫公路各出入口駐紮有軍隊如臺中縣和平鄉的谷關、麗陽、松鶴、苗圃，花蓮新城鄉，南投縣埔里鎮等地。亦派工兵部隊駐紮梨山，然梨山為臺7線及臺8線交會點，地理位置甚為重要，雖有軍隊駐紮然兵力仍屬有限。若全線以軍隊駐紮，所耗費兵力之大自不可言論，光是兵員訓練、裝備運補等方面就甚為不易，如此勢必形成軍隊另一負擔。若把歷經沙場的榮民，以屯墾方式集中於各區拓墾，除可達開闢山地資源與安置榮民的雙重效益外，亦可提供軍隊另一支後備戰力。且加上熟悉山林地形，性格剽悍的原住民，對當時高倡反共抗俄的政府言，不啻在中橫公路上佈署一支有力的後備部隊。是以若言安置榮民於梨山具有軍事上的目的，就則不足為奇了。

　　其次就軍事地形要點的角度來探討，退輔會在中橫公路所設置農場安置榮民與義民的地理位置，應都具有軍事上的目的。如宜蘭支線的思源埡口、勝光至武陵農場皆為安置榮民的墾區，其中思源埡口的地理位置正可瞰制由宜蘭進入梨山的中橫公路支線，其他如位於花蓮天祥上方的西寶農場，南投仁愛鄉霧社附近，以安置榮民及泰緬邊區打過游擊的反共救國軍與義民之清境農場，這些地點皆可瞰制中橫公路之進出。至於福壽山農場，日治時期就是用來監控梨山全區的制高點。由此來看榮民安置地點除地點合宜外，應還具有軍事上的目標。

　　此外，民國三十五年臺灣行政長官公署時，臺中縣政府曾於臺中縣和平鄉山區搜出許多日軍遺留武器，如電稿圖2-9。

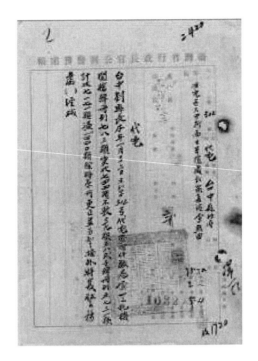

圖2-9　1946年行政長官公署警務處覆年臺中縣政府於新高查獲日軍武器電稿

資料來源：臺灣省文獻會，〈臺灣省行政長官公署公文檔警務處〉卷號5208檔
　　　　　案號195.6/26，頁2。

且臺中縣山區早年曾發生員警遭襲死亡事件，政府因而質疑山中藏有「共謀」。
[註142] 因而冀望具有反共經驗榮民在山區，能協助政府發揮摘奸發伏的功能。
　　另外，從民國四十二年臺灣省警務處所編印之《臺灣省山地警政要覽》
中，亦曾要求山區警察，調查山地有無「匪諜」與不良份子潛入的可能與痕
跡，及調查山區有無適宜空降地點。[註143] 若由此分析，政府把具實戰經驗
的榮民安置梨山地區，在政治的角度上亦應有把榮民做為穩定梨山山區之目
的，且實際上在梨山這兩農場，在以往每年均有所謂「永安演習」的演練。[註
144] 故筆者以為榮民的安置，無異也是把一支後備部隊儲放在山中，對高山地
區言無異也是一股安定的力量。而此疑義，筆者在退輔會秘書室於民國六十

[註142] 洪倫先生口述。
[註143] 臺灣省警務處編印，《臺灣省山地警政要覽》（臺北：臺灣省警務處，1953年），
　　　　頁140。
[註144] 永安演習項目均武陵農場副場長李清彬告之主要內容為維護場區安全，類似
　　　　軍中之自衛戰鬥。

一年所編寫的《行政院國軍退除役官兵輔導委員會大事紀》手稿，六月二十九日的紀錄中發現，退輔會的「永安計畫」所編成之榮民防衛部隊，納入國防部「臺澎金馬固安作戰計畫」中運用。這支防衛部隊平時任務爲協助警備治安，戰時支援臺澎防衛作戰，且分由警備總部與陸軍總部分別負責協調運用。〔註145〕另在《武陵農場墾誌中》也可發現，武陵農場防衛團也曾分別於民國六十八年二月十九日及民國七十年一月十八日，借用國軍苗圃靶場實施自動步槍實彈射擊訓練，並由該場場長親自指揮。〔註146〕由此觀察，政府在此地安置榮民除輔導就業外，就如曾祥麟碩士論文中所言，退輔會所安置榮民透過初期軍事組織之管理，使屯墾官兵發揮後備兵團的作用。〔註147〕

三、設置榮民農場

（一）成立梨山農場

1. 經費來源

民國四十六年榮民上梨山拓墾，主要區域在現福壽山農場區，嗣後陸續有人上山方向週邊拓展。退輔會輔導榮民上梨山，是於民國四十六年年五月一日決議成立梨山榮民農場，〔註148〕當時場員規劃爲一百人，場長則於同年五月四日，由退輔會，函臺灣省公路局，介派段華宗先生担任，爲梨山農場場長。〔註149〕同年六月七日，行政院美援運用委員會與臺灣省公路局復簽訂〈第7092～136號橫貫公路梨山農場計劃相對基金撥款合約〉。計劃概要爲梨山地區可供農業使用之土地約 800 公頃，首先利用部份土地種植蔬荣，供給築路榮民之需要，並試種溫帶果樹如蘋果、梨、桃等，爲臺灣開發溫帶水果之濫觴。〔註150〕安置經費計新臺幣 495,757 元，安置人數：軍官 6 員，士兵 100 員，然此時農場成員雖以榮民爲主，但隸屬公路局梨山工務段之下屬單

〔註145〕行政院國軍退除役官兵輔導委員會秘書室編，《行政院國軍退除役官兵輔導委員會民國六十一年大事紀》，未刊行，未刊頁碼。

〔註146〕行政院國軍退除役官兵輔導委員會武陵農場，《武陵農場場誌》未刊行，未刊頁碼。

〔註147〕曾祥麟，〈我國退除役官兵導就業制度史之研究～以榮民工程事業管理處爲例（1956～1997 年）〉，頁28。

〔註148〕行政院退除官兵輔導委員會，《輔導工作紀要，43 年～48 年 12 月》（行政院退除役官兵輔導委員會，民國 63 年），頁 561。

〔註149〕行政院退除官兵輔導委員會，《輔導工作紀要，43 年～48 年 12 月》，頁 565。

〔註150〕行政院退除官兵輔導委員會，《輔導工作紀要，43 年～48 年 12 月》，頁 588。

位，直至民國四十八年六月十五日方隸屬退輔會。〔註151〕

2. 成立目的

根據福壽山農場前場長宋慶雲撰文所述，〔註152〕政府早在民國四十三年，鑑於本省平地農作土地面積已高度開發利用，旋即高唱「上山下海」政策。〔註153〕希望開發尚未被開發的高山暨環繞本島四周之海灘。經濟部、農復會遂聯合委請現中興大學前身，當時的臺中農學院園藝系師生組成高山園藝作物調查隊，由系主任程兆熊教授領隊，利用兩年暑假時間，完成中央山脈中部地區高山，東西橫貫公路主、支線園藝資源之調查，並作成詳盡報告，向政府建言於高山發展落葉果樹及高冷蔬菜。退輔會根據專家學者報告，率先影應政府政策，於民國四十六年首先於梨山成立高山農場，並取名梨山榮民大同農場。當初安置人員預訂為一百人，人員來源，則由退輔會至療養院中，遴選適合農墾之退役軍人。然民國四十六年六月隨同上山農墾人員僅三十餘人，後陸續有榮民上山參加農墾。雖然成立農場目的之一為安置榮民，但其肇因中部橫貫公路修築施工階段，高山地區施工人員無新鮮蔬菜食用，蔣經國指示設農場種植蔬菜來供應築路工程人員所需。是以農場成立後，即編納為橫貫公路梨山工務段監督指揮的主因。但隨公路通車後，農場也轉為退輔會以農墾安置榮民的地方。

3. 成立時間

宋慶雲場長早期亦為參予梨山開墾的一員，據其在《興農》月刊中所撰之〈梨山拓荒史〉〔註154〕一文中所述，梨山農場是退輔會為響應政府（上山下海政策）而成立。但該政策的正式宣示，則始於臺灣省第六任省主席周至柔，在民國四十六年九月十二日，在對臺灣省臨時省議會第三屆第一次大會報告中所

〔註151〕 宋慶雲，〈行政院國軍退除役官兵輔導委員會福壽山農場業務簡介〉，《行政院國軍退除役官兵輔導委員會福壽山農場三十週年紀念專刊》（臺中：福壽山農場，民國76年），未刊頁碼。

〔註152〕 宋慶雲為早期上山拓墾成員，為出身蘋果種植世家，福壽山農場第一批溫帶水果成熟即有宋氏呈蔣中正總統，曾任福壽山農場副場長、武陵農場副場長、福壽山農場場長，後奉派至泰國從事農業外交，指導泰國發展溫帶水果，退休後寓居泰國，並獲頒泰國「皇家國際顧問證」，引自退輔會，〈榮光雙周刊〉，期2051（臺北：國軍退除役官兵輔導委員會，民國96年1月），頁3。

〔註153〕 「上山下海政策」正式提出，為第六任臺省主席周至柔於任內，在省議會首次施政報告即提出。

〔註154〕 宋慶雲，〈篳路籃縷‧以啟山林——梨山拓荒史〉，《興農月刊》（臺中：興農出版社，民國75年），頁10。

提出。〔註155〕而梨山農場成立時間，依退輔會《輔導工作紀要》記錄，卻較早於省政府的規劃，就時間點來看，兩者的關聯性，似乎有些落差。但若宋場長所言屬實，則政府規劃開發高山地帶，則應在民國四十六年前就開始完成規劃。此外，農場成立的時間依退輔會資料係成立於五月一日，而胡斌武所撰〈臺灣最高的農場〉一文中，則稱退役官兵係於六月到達梨山，到達目的地後，即開始闢地搭棚作為宿處。並以一塊毛筆書寫的「臺灣梨山榮民農場」的木牌懸掛在帳篷外，正式成立全省海拔最高的農場。〔註156〕而與退輔會正式文件記錄又有落差，但在看退輔會新近公布於全球資訊網的資料來看，農場成立時間為民國四十六年六月一日來看。因此筆者認為五月一日，應是輔導會內部決議成立農場的時間，是以場長人選，才會至五月四日，函調公路局段華宗擔任。

4. 設場過程

　　此外，福壽山農場的成立，依福壽山農場前場長宋慶雲撰文所述，當日退輔會先在全省軍方療養大隊中遴選適合高山地區之身心健壯待退士官兵一百人上山時中橫公路並未完成，而這批人員，每人僅攜三日乾糧。由谷關出發，沿著小徑在茅草中鑽行，歷經三天的時間方抵達今農場位置，展開梨山農場拓墾工程。然在人數上一般均稱一百人。但從宋慶雲的撰文中可發現初來人數，實際僅三十餘名榮民組成，所謂百人實際為安置榮民之編制數。農場最初的編制亦相當精簡，只設場長一人，輔導員一人，技師一人，幹事兼會計一人，醫師一人，另在山地果樹計劃及蔬菜採種試驗計劃項下，各設技術員一人。在這些人中除技術人員外餘都是榮民。之後又有榮民調撥上山，到最後場員最多時，曾達百餘人。〔註157〕在榮民人數達六十餘人時，退輔會將榮民編為五個小組，十二人為一組，所編小組，分別命為周、漢、唐、宋、明五個莊，以紀念我國五個朝代之歷史正統，每莊推選正、副莊長各一人，策劃與督導各莊之生活與生產事宜。第一年榮民就開闢了六甲多面積。而開墾期間每日所食者，多為蘿蔔乾等乾菜或鹽巴水泡飯、麥片等一些粗糙食物，而且糧食物品之補充，在公路未通時，必須徒步至二十公里外的達見（今名德基）負運，飲水也得翻越兩個山坡，生活之艱苦非常人所能忍受，故榮民

〔註155〕臺灣省新聞處，《周主席對臺灣省臨時省議會施政報告》（南投：臺灣省新聞處，民國47年），頁5。
〔註156〕胡斌武，〈臺灣最高的農場〉，《臺灣省東西橫貫公路開發紀念集》（臺北：行政院退除役官兵輔導委員會，民國61年），頁231～232。
〔註157〕胡斌武，〈臺灣最高的農場〉，《臺灣省東西橫貫公路開發紀念集》，頁231～232。

流動情形頗大。而農場名稱，至民國四十七年八月，也由「梨山農場」更名為「臺灣福壽山農場」。〔註158〕

　　退輔會早期農場安置就業方式大致分為：單身退除役士官、士兵以農莊為單位，集體安置，實施合耕合營，生產歸莊，收益歸莊，共同負責，共享成果，由政府提供土地、農舍、工具等生產設備；有眷榮民或單身軍官則自成農戶，又稱「個別農墾」，由政府配地墾耕，實施個別經營。在橫貫公路將完工之際，退輔會擬訂「橫貫公路沿線農業資源開發方案」，呈奉行政院核准以公路沿線兩側 10 公里以內為開發範圍。〔註159〕在土地利用原則上，面積較大完整土地開設農場安置榮民就業，零星土地則建設榮民村莊輔導個別農墾。為計劃建村經組隊入山勘定地點計 39 處，並於全線選定橫貫公路中心點梨山，先建示範村莊 1 處，定名「松柏村」其地理位置約位於現梨山車站上方 500 公尺處。如圖 2-10。

圖 2-10　松柏村牌坊

資料來源：翻拍自行政院國軍除役官兵輔導委員會，《榮民服務白皮書 92 年版》，頁 5。

〔註158〕胡斌武，〈臺灣最高的農場〉，《臺灣省東西橫貫公路開發紀念集》，頁 231～232。
〔註159〕臺灣省公路局，《東西橫公路工程專輯》，頁 370。

以參加築路工程之榮民志願從事山地農墾者爲優先安置對象。後又將此處作爲安置假退役軍官個別從事農墾的地方。〔註160〕除給與土地及技術指導外，並貸給房屋及生產資金，全村 4 公頃餘，建有農舍 20 戶，每戶 8.5 建坪包括臥室，起居室，廚房各 1，木壁瓦頂（如）至民國五十一年有個別農墾的墾戶 18 戶。如圖 2-11。

圖 2-11　松柏村農舍

資料來源：翻拍自不著撰人，〈發展山地〉《成功之路》，期 68，頁 10。

（二）成立武陵農場

　　隨著中橫公路通車在即，參與開路榮民的安置問題又浮現檯面，蔣經國在民國四十七年七月十一日第 16 次「橫貫公路工程會議」聽取公路局報告後裁示，特允參與築路榮民，可於公路沿線 10 公里內開墾。〔註161〕因之宜蘭支線從梨山、松茂、環山、志良、武陵至思源埡口地區均有榮民至此從事農墾工作。隸屬於「台灣榮民農墾服務所」的墾荒隊伍，也開始在這個地區設立「有勝農墾區」進行開墾的工程，初期有成根深、周啓民、黃濟川、葉思源等廿四戶個別農墾戶。〔註162〕另有嚴慶雲、劉洪倫等退伍榮民，在橫貫公路宜蘭支線志良至思源埡口一線拓墾，其間亦發生部份自謀生活之榮民因開墾

〔註160〕梁鉅榮〈橫貫公路計劃利用地區土地調查概況〉，《臺灣省東西橫貫公路開發紀念集》，頁 119～122。
〔註161〕臺灣省公路總局，《東西橫貫公路專輯》，頁 370。
〔註162〕資料提供周思源先生。

時，未經輔導徑行墾植，至被視爲濫墾。更甚者，因開墾至國有林地或林務局林地而遭興訟，後退輔會於民國五十二年在有勝墾區設立武陵農場後，在民國七十七年時專案將這些自謀生活榮民，全部納編爲農場成員予與輔導。

1. 成立經過

武陵農場的成立的原因，與福壽山農場是稍有不同，因爲武陵農場場址的發現是具有一些偶然性，武陵一地原有七戶泰雅族人在此居住，故此地原名爲七家灣，但因位處群山之間並無道路進出，後因發生森林大火延燒月餘，消防人員及退輔會森林開發處人員遂闢路而入而發覺此地，初入之時，就感到此地景緻秀麗，因而武陵美景亦因此傳開，吸引不少人，不辭跋涉之苦，前往尋幽訪勝。至民國五十二年春，蔣經國更親自率隊，翻山越嶺，前往勘查。經查勘後，蔣經國認爲，如此美麗山谷不加以利用殊爲可惜。遂指示退輔會計劃開墾，設置農場來安置退伍軍人，〔註 163〕原有之原住民住戶，則被遷往環山部落。農場於民國五十二年五月十日成立，命名爲「武陵農場」，並將原由福壽山農場兼管榮民農墾處的有勝墾區，一併納入武陵農場兼管，由林德錡擔任第一任場長，宋慶雲爲副場長，另設有輔導員、幹事、會計各一技師、副技師、技士等。第一年安置榮民場員六十二人。〔註 164〕

此外，由於武陵農場成立之時，中橫公路通車已長達五年，由此也可瞭解到武陵農場的榮民，除外圍個別農墾的墾戶外。均是在通車後才上山的，所以這些榮民純粹爲退輔會所做的就業輔導安置，而非開路人員的安置。農場成員的來處，大多由各地榮家或逦由軍中退伍之榮民所組成。如曾被武陵農場譽爲鎮場之寶的遲洪江，即是於民國六十年由軍中退伍後，追隨軍中老長官蕭仲光場長一同至武陵農場。另鄭金富亦是於民國五十八年退役後，由退輔會輔導至武陵農場農墾。在農場外圍志良、勝光、苗圃等地的榮民，則有退伍後自謀生活上山開墾者如劉洪倫、嚴慶雲等人，另有福壽山農場成立時，有勝墾區的成員如成根深、周啓民、葉思源、葉志超、雷世德、王雲清、毛雲臣、孔耀光、張宜棠、徐學光、張銘、楊在貴、楊聖泉、吳光發、張超、卓志、劉延桂、趙幹臣、沈鶴遐、張文卿、夏奇正、郎文光、黃濟川、李永財等墾戶墾員共計有二十四戶。〔註 165〕民國五十六年時墾戶數曾一度達三十戶，後黃濟川因違反

〔註 163〕王碧竣，〈現代桃源——武陵農場〉，《興農月刊》，期 17（民國 72 年），頁 46。
〔註 164〕國軍退除役官兵輔導委員會武陵農場，《武陵農場場誌》，未刊頁碼。
〔註 165〕本資料由退輔會臺中縣榮服處梨山平等村輔導員周思源先生提供。

拓墾規定遭退輔會撤墾，李永財亦因重複安置遭撤墾。〔註166〕

2. 農場開發

武陵農場成立第一年如同福壽山農場一般以墾地為主，民國五十二年開墾土地 58.8000 公頃種植果樹 10.7210 公頃。爾後面積逐年增加五十三年開墾土地 23.2516 公頃種植果樹 20,755 株，也開始種植蔬菜 46.8 公頃，開墾的工作一直持續在五十六年這五年開墾地及榮民安置狀況表 2-6。自此武陵農場開始展開高山農業發展一途，而武陵農場在發的過程，榮民收益大多時候是處於增加的狀態。榮民的收入除五十二年、五十五年稍有衰減外，逐年增加五十八年每人月平均達 2,952.30 元，至六十三年時平均月收入單身榮民最多者有 10,094 元，最低者也有 9,367 元，有眷榮民年收入最高有 210,000 元最低者有 140,000 元，六十四年時更有榮民年收入達 60 萬以上。六十五年後武陵農場榮民個人收入每人更都是在 15,000 元以上。〔註167〕然在此同時與軍中軍官薪資相比，在六十四年時中尉軍官每月薪俸尚不到萬元，榮民的收入與軍中相比已達校級以上軍官程度，故此時接受安置的榮民生活可謂是極為安定。

表 2-6　52～56 年武陵農場榮民開墾狀況

年度	52	53	54	55	56
榮民安置（人）	62	36	68	69	84
土地開墾（公頃）	58.8000	23.2516	83.5479	7.2460	73.5479
果樹種植（公頃）	10.7210	20,755	50.7247	20.7550	
蔬菜種植（公頃）	－	46.8	32.8232	25	31
榮民平均月所得(元)	918.51	796.27	1,344.35	1,158.05	1,563

資料來源：國軍退除役官兵輔導委員會武陵農場，《武陵農場場誌》，未編頁碼。

四、築路榮民安置

築路榮民的安置，乃因民國四十九年中橫正式通車後，大批參與開路榮民的工作也將隨工程完工而結束，故這批榮民的安置亦成了另一問題。是以在民國四十六年十二月二十日在蔣經國主持的「橫貫公路工程會議」第 14 次

〔註166〕95 年 5 月於武陵農場會客室，訪談武陵農場副場長李清彬。
〔註167〕國軍退除役官兵輔導委員會武陵農場，《武陵農場場誌》，未刊頁碼。

會議中就提出：

> 計自四十七年六月起即，將陸續完成，分批撤離，有關榮民今
> 後工作問題，請輔導會妥爲籌劃，以重安置案。〔註168〕

民國四十七年七月十一日第 16 次的會議中，臺灣省公路局提出榮民安置計劃，安置 900 人，會中主席蔣經國結論時即指示：〔註169〕

> 應先調查榮民志願，如願隨工程總隊歸建及由公路局安置者，
> 可留於橫貫公路，如願就地從事農墾開發事業，可予以就地併建村
> 安置，其願自謀生活者，准予辦理自謀生活手續離隊，希於一個月
> 內列冊報會以憑辦理。〔註170〕

此外又指示說：

> 各總隊長應獎勵隊員儘量留居山地，從事生產開發事業，並說
> 明以後平地工作收入，恐難與橫貫公路之收入相比，至留在山地榮
> 民所需土地，需各總隊長在十公里範圍內自行尋找，除山胞保留地
> 外均可開發，建造房屋所需之木料，可利用沿線砍伐之障礙木，其
> 他五金材料可酌予配給，並可配合個別農墾計劃辦理，其房屋格式，
> 在指定設村莊區域內者，須按統一標準修建，在離開公路其他地區
> 建造者，不予限制，個別農墾辦法，應早公佈，並可由各總隊自行
> 辦理。〔註171〕

由此可知築路榮民在山上落腳，是當時退輔會有計劃的安置。而這些被安置在中橫公路山區或個別於山區農墾的榮民，不盡然就瞭解農耕作業。故退輔會爲輔導這些在山上農墾的榮民，亦不斷延聘農技專家上山辦理農業講習，技術指導。讓榮民能夠充份習得農業技術，這些措施不斷的在山區實施。連帶著居住於榮民週邊的原住民也連帶受益，梨山地區的高山農業就於民國四十九年，中部橫貫公路通車後，如雨後春筍般發展起來。

第四節　小結

世界各國均有軍隊，但軍隊成員在歲月年摧殘下均需汰換，故在先進的

〔註168〕臺灣省公路局，《東西橫公路工程專輯》，頁 366。
〔註169〕臺灣省公路局，《東西橫公路工程專輯》，頁 369。
〔註170〕臺灣省公路局，《東西橫公路工程專輯》，頁 370。
〔註171〕臺灣省公路局，《東西橫公路工程專輯》，頁 370。

國家中均設有為退伍軍人服務的專責單位。我國的退輔制度於民國二十三年制訂，然受限於內憂外患未實施。迨八年抗戰結束，政府開始復員裁軍，卻提供了共黨擴充軍隊的機會。因此政府來臺後，財政困窘，軍隊高達五十八萬餘，其中已不適從軍之老弱傷兵甚多，在為因應反攻復國目標，及財政的壓力下，政府不得不實施整軍建軍，汰除不適任兵員，以精實軍隊。故民國四十一年起國軍開始進行除役軍人的輔導安置，然當時尚無專責單位負責該項工作，退伍軍人退伍後的安養工作，都由臺灣省政府社會處負責監督執行。就業部份則由經濟部、教育部分別規劃國營事業單位與學校來進行安置。直至民國四十二年蔣中正在軍事會談中指示，由行政院籌設專責單位後，行政院方於四十三年第 368 次院會中討論通過，並於民國四十三年十一月一日，正式成立行政院國軍退除役官兵就業輔導會。

　　民國四十一年政府開始進行退役軍人輔導安置工作，當時負責執行、監督及預算撥發單位主要為臺灣省政府，國防部總政治部則負責退除役人員意願調查。是以在民國四十三年十一月三日退輔會組織條例草案中，把主任委員一職訂為臺灣省主席兼任，故首任主任委員由臺灣省主席嚴家淦擔任、副主任委員由國防部總政治部主任張彝鼎兼任、臺灣社會處處長傅雲則兼任秘書長。其他委員則納編行政院各部會次長及省政府各局、處長可謂納全國之力，來進行退伍軍人退輔工作。退輔會於是在此背景下，由蔣中正指示成立。

　　其實我國退輔制度在民國十一年時，國父孫中山先生就提出了「化兵為工」，轉消費為生產的主張，然從未實行，故退輔制度的推動對我國言誠屬創舉。而退輔工作對象多為軍中成員，因此也是國防工作的延續，由於我國並無實際執行退輔工作的經驗，於是參考美國制度來設計我國退輔制度，初期並遴聘美國專家指導。可是我國早期退役軍人的身份背景異於他國者是彼等多是遠離家鄉的大陸籍軍人，在臺都無親人可依靠，且多數人無一技之長，故退輔會在輔導設計上，都針對我國實際景況而定。初期以輔導就業為主。後來擴及就醫、就學等計劃的執行。安養部份則早在四十二年就由臺灣省政府分別於新竹、臺南、屏東、花蓮設置榮家四所安置無就業能力老兵，故我國退輔會組織之大世界首屈一指。

　　退輔會除有本部之行政組織外，並含括有事業、生產、就養、醫療等不同性質單位。而該單位成立時間，一般官方資料均以民國四十三年十一月一日為成立的日期，但當時該單位設置並未對外發佈訊息，直至同年十二月三

日方因安置榮民才有消息見報。但其實我國退輔工作，退輔會成立過程中較特殊的是單位先成立，組織條例草案在三天後才出爐，且尚未報行政院核准，轉送立法院審查，就已掛牌運作。其次是蔣經國受命於民國四十五年四月廿八日，任副主任委員一職，但卻在就任前一日，就先以手諭令派趙聚鈺爲秘書長，並與蔣氏同日就職。蔣氏在未就副主任委員就令派秘書長的舉措上，就職權而言明顯的逾越了法律。但不可諱言的是，蔣經國在退輔會八年二月零二天的日子裏，帶領著退輔會上下，爲戰後臺灣的政經建設與發展，創下無可抹滅的功勳。而從整個退輔會的成立過程來觀察其中充斥便宜行事的現象，尤其可議者，退輔會日後卻成爲軍隊人事疏通重要管道。

中橫公路的興築，是因國防與經濟需求而開，路線也經數次勘查後定案。並向上陳報並獲蔣中正總統諭示民國四十二年動工，卻因工程經費無著而無法動工，直至政府以安置榮民爲由，獲美國榮民安置經費及美援「1955 年度軍援軍用道路計劃」經費方得以動工。而興築之路線臺中經埔里、霧社段，日治時期已完成。由東勢到達見（今德基），日治時期也是既成道路惟路寬僅3.5 公尺，餘路線多沿原住民獵道而築。而興築時所投入之人力以榮民爲主，資金來源，則如前述主要來自美援，故中橫公路的開發可謂是因榮民而成。然中橫公路整體工程自民國三十七年首次勘查，至民國四十五年七月七日開工歷十年光陰，自動工起共動用人力含括退輔會所屬榮民工程總隊隊員、陸軍步兵、軍事監犯、職訓總隊隊員、社會失業青年、暑期學生戰鬥訓練青年工程隊、公民營廠商及僱工等耗用人力 5,422,835 工天。但所用人力仍以榮民爲主。歷時三年餘，經地震、颱風等天然災害，犧牲職工人員達 212 人，最後終於在民國四十九年五月九日，完成通車典禮。

中橫公路通車後對安置榮民的問題上，按政府的官方說詞及一般人的認知都以爲，只是純粹以中橫公路週邊可作爲農墾的土地，用來安置榮民而以。從軍事的角度觀察，亦應有軍事與政治上的考量。如中橫的關築規劃之初，即有軍事上的目標。是以在公路的維護上，自必應以軍隊來維護其完整性與安全性。（如未解嚴前臺灣的主要交通橋樑均有警備部隊防護）然早期在中橫公路上軍隊的駐紮，除谷關麗陽營區、松鶴外，另就是梨山有工兵，苗圃等少數軍隊駐紮，然對橫亙於中央山脈之中，地域遼闊的中橫公路言軍隊維護能力仍屬有限。若全然以軍隊駐紮，則所需耗費兵力之大自不可言論。加上兵員的訓練、裝備運補，更爲不易，勢必成軍隊另一負擔。因此若輔以這些

甫自軍中退役，已接受過完整的軍事訓練，且歷經戰火的洗禮的沙場老兵，以屯墾方式，散於各區拓墾，除可達開闢山地資源與榮民安置之利外，亦可提供軍隊一支後備戰力。此點可由退輔會的「永安計劃」後亦納入國防部的「臺澎固安作戰計劃」中來看，榮民安置梨山實是具有軍事上的考量。

　　另在梨山以農業來安置榮民的工程上，以時間分又可分中橫通車前與通車後，兩個不同的時期，通車前的安置以福壽山一地為主，此時受安置的榮民，還肩負了提供築路工人新鮮蔬菜的任務，故此時在單位隸屬上，屬臺灣省公路局，但又受退輔會輔導。並扮有農復會研究高山農業的試驗農場角色。這一時期梨山的高山農業發展，正處於草創時期。迨至民國五十二年，設立武陵農場時，此時福壽山農場高山農業發展在蔬果的試種上已獲成功的果實，農業技術也日臻成熟，榮民上山接受安置人數也較多，原住民也普遍都從事落葉果樹的種植。

　　總而言之，梨山的高山農業從退輔會為提供築路工人新鮮蔬菜，而於民國四十六年結合安置榮民於福壽山農場起，開始了臺灣在高山地區發展溫帶落葉果與高冷蔬菜。民國五十二年再設武陵農場，更是將梨山高山農業擴及至梨山地區全境。而梨山也在中橫公路全線通車之後，在政府有計劃的推動下，榮民在農復會委派的專家學者指導下，在梨山種植溫帶落葉果樹，及高冷蔬菜等，而成為臺灣高山地區農業開路先鋒，更因輝煌的成果，使梨山地區成了溫帶水果與高山蔬菜的代名詞。而隨著高山蔬果廣大利基，梨山也成了臺灣高山農業典型的代表，而這些成果不可諱言是榮民辛勞所闢出的。

第三章　梨山地區農業開發

　　戰後臺灣山地區農業發展其肇因，始於平地農地發展已至極限，轉而向山向海爭地。而梨山地區則因中橫公路通車交通便捷，給予農業發展的條件。其次政府為安置榮民，改善原住民經濟生活的目的，在梨山地區推動山地農業，因而賦予臺灣梨山農業快速發展動力。由此可知梨山地區農業發展，實乃政府在有目的、有計劃的規劃下，所發展起來的。本章主在探討政府在梨山推動山地農業發展經過，從政府對梨山地區進行山地園藝資源調查論起，到農作物品種選定，技術輸入，到福壽山農場與武陵農場設場，榮民在梨山農業發展中所扮演之角色作一敘述。全章除小結外，區分三節，第一節，從戰後政府山地農業政策論起，然後推及山地作物調查、與發展山地農業物種的選定第二節，以農業技術引入為題，來探討梨山地區引入新種後，農業技術之來源。第三節，以梨山地區作物型態改變為題，探討梨山農業發展農業之選項，從溫帶水果、高冷蔬菜的發展，到農民農作物選種取向。第四節，以農產品產銷為題，來探討梨山地區水果與蔬菜的產銷模式。

第一節　農業政策與資源調查

一、戰後山地農業政策

　　臺灣地形四面環海，中央多高山，山地面積佔全省三分之二。耕地面積僅佔 24%強，而臺灣人口自臺灣光復起，除原來自然人口的增加，加上民國

三十八年政府遷臺後，隨著政府來臺之大批軍民，使人口增加更為快速，至民國四十七年止其人口增加率平均每年高達 3.5%以上，如表 3-1 所示。

表 3-1　1946 年～1958 年臺灣人口增加率統計表

年別	人口數（人）	年增加數（人）	年增加率（％）	年別	人口數（人）	年增加數（人）	年增加率（％）
1946	6,090,860	－	－	53	8,438,016	309,642	3.81
47	6,495,099	404,239	6.64	54	8,749,151	311,135	3.64
48	6,806,136	311,037	4.79	55	9,077,643	328,492	3.75
49	7,396,931	590,795	8.68	以上平均	8,452,486	304,649	3.74
50	7,554,399	157,468	2.13	1956	9,390,250	312,735	3.44
以上平均	6,868,685	365,885	5.56	57	9,690,250	299,869	3.19
1951	7,869,247	314,845	4.17	58	10,039,435	349,185	3.60
52	8,128,374	259,127	3.29	以上平均	9,706,689	390,597	3.41

資料來源：王益滔，〈臺灣之農業經濟〉，《臺灣銀行季刊》，卷 12 期 2（臺北：臺灣銀行經濟研究室，民國 50 年 6 月），頁 7。轉引自省政府主計處編印，《臺灣省統計要覽第 17 期》及民政廳未完稿資料。

說明：年增加率：$\frac{該年之增加數}{前年度人口數} \times 100$

人口積速增加對土地的壓力日形嚴重，民國四十六年九月十二日，臺灣省第六任省主席周志柔，在對臺灣省臨時省議會第三屆第一次大會的施政報告時提出，要開發資源，只有「上山下海」的政策。〔註 1〕在此之前農復會主任委員蔣夢麟（1886～1964）博士在民國四十六年六月六日，就曾對新聞界發表，臺灣新資源之開發及農村邊際土地的利用，以及農復會配合各有關機關所進行的當前幾項重要工作的實施與其光明遠景，在新資源的開發部份，蔣夢麟主要提出三項（1）海埔新生地的開發（2）橫貫公路山地之開發（3）大甲溪流域開發規劃。〔註 2〕民國四十八年時，蔣彥士（1915～1998）在水土保持山地農業聯合年會上演講，復以〈臺灣省山地農業資源開發〉為題時指出，當時臺灣土地每公頃農田平均負擔 12 人以上，就算以科學技術來增

〔註 1〕周志柔，《周主席對臺灣省臨時省議會施政報告》（南投：臺灣省新聞處，國 47 年），頁 5。
〔註 2〕《中央日報》，中華民國 46 年 6 月 6 日，（臺北）第一張版一。

加平地單位產量，恐亦趕不上人口增加的速度，所以認為開發高山及丘陵地帶土地利用，實急不容緩。〔註3〕由此可知，當時政府向山區發展之企圖已明白揭示。

　　臺灣山地農業在中橫公路通車前，由臺灣整體農業發展來看是屬於較落後的農業型態，其技術多數仍處於原始的火墾方式。惟山地農業的經營，端視山地之地況而有差異，如近平地之地或交通便利之處，則可能會受平地農業影響而與平地相似。而位於深山溪谷，交通不便之地區，則可能因資訊缺乏而落伍。且山地農業亦會受限於山地地理條件，致使生產量較低，此為無法否認之事實。此外，農業上可供耕種之土地坡度雖視地區而異，一般限於15度以內。然臺灣山地甚多超過此一限度，故也不適大型機具使用，加上臺灣山區農業幾無使用獸力習慣，因此山地農業需大量密集之勞力，但農作成果收成卻不多。

　　故政府為改善山地原住民之生活，遂於山地保留地，輔導原住民發展山地農業，首於民國四十年訂頒〈獎勵山地實施定耕農業辦法〉及〈獎勵山地育苗及造林實施辦法〉各一種，同時與〈山地人民生活改進辦法〉配合推行。至民國四十三年農復會又於新竹五峰鄉資助倡辦山地農業推廣教育計畫，臺灣省政府山地農牧局協助推動。至民國五十一年底止，該計畫已擴展至全省51個鄉鎮市。民國五十二年起由山地農牧局接手經辦，而農業推廣教育自施行以來，推廣工作人員都深入原住民村落，廣泛接觸原住民，輔導成立各項農民組織，辦理農業新知識新技術訓練。並規定山地保留地在10度以上未滿30度之傾斜地，應造成梯田，各戶要設置畜舍，廁所及堆肥舍，利用糞肥，並指導製造堆肥，培植綠肥，來改良土壤。此外30度以上之傾斜地及宜林地則進行造林，每村最少10公頃，這些均透過教育指導方式來推廣。民國五十八年度臺灣省農林廳更在全省二十九個山地鄉，各設一農耕示範村，以綠肥種植為重心，將田菁、太陽麻、碗豆、魯冰、琉球大豆、青皮豆、虎瓜豆、大豆、葛藤等八種綠作物普遍栽植示範。並設置輔導小組330組，成立農研班488班，舉辦講習會515班，訓練17,000人，田間方法示範1,000次，〔註4〕有效的改變了原住民傳統農耕習性。

〔註3〕蔣彥士，〈臺灣省山地農業資源開發〉，《臺灣山地之整理與開發文輯》（南投：臺灣省政府農林廳山地農牧局，民國60年2月），頁17～21。
〔註4〕洪敏麟，〈綜觀臺灣山地社會結構與文化演變之軌跡〉，《臺灣文獻》，頁52。

　　此外農復會於民國五十二年補助省農業試驗所舉辦農林邊際土地利用調查，以作為測定各塊坡地之宜林、宜牧或宜農，以及合理耕作之方法。但利用坡地，必需講求水土保持，所以農復會也自民國四十四年起與農林廳合作舉辦水土保持訓練班，培養技術人員，設計水土保持示範區，以教育農民。同年暑假開始農復會亦委請臺中農學院園藝系，開始進行山地園藝資源調查，以供加強本省山地利用的準備工作。〔註5〕由此可知政府此時對山地農業政策的發展正一步步的開始推動，範圍擴及海拔 1,000 公尺以上的山林地帶。

二、山地作物調查

　　在平地農業耕地日感短絀，轉向山地發展之際。改善高山地區原住民生活，亦是政府來臺後臺灣省政府山地施政的基調，其中改變高山地區原住民傳統農耕為定耕，更是歷任臺灣省主席施政所倡論的。然論定耕發展高山地區農業，在現實的問題上，是臺灣高山地區的土壤、氣候適合發展何種農作，我國農政單位並無擁有相關資料，以供籌畫依據。在此情況下，如何提升高山地區農業實際增產，實為一重大議題。因此為明瞭山區現有農作物及野生植物生長實況，以利籌畫為當時政府必行的作為。〔註6〕民國四十四年臺中省立農學院園藝系，計畫進行中部山地園藝資源調查，卻絀於經費遂向農復會提出申請補助，農復會植物生產組於焉提供全部經費，委由臺中農學院首於四十四年八月開始進行臺灣山地園藝資源調查。〔註7〕後復因中橫公路興築，山地資源調查遂產生多個單位多次調查的情形。

　　梨山地區作物調查，概可區分為兩部份，第一個部份為中橫公路闢築前，首於民國三十七年時由公共工程局派員所做的路線勘查，〔註8〕後民國四十年又組隊勘測但此兩次均以路線勘查為主，至民國四十一年以後組隊勘查才開始有國防、地質、森林等專家加入。〔註9〕之後為興築中橫公路與開發大甲溪資源，開始由經濟部及退輔會共同主導實施之山林資源調查，而調查內容也

〔註5〕程兆熊、黃弼臣、朱長志合編《臺灣省宜蘭山地園藝資源調查報》（臺北：中國農村復興聯合委員會，民國46年），張憲秋，〈序言〉頁1。
〔註6〕張憲秋，〈序言〉，《臺灣省中部山地園藝資源調查報告》，未編頁碼。
〔註7〕張憲秋，〈序言〉，《臺灣省中部山地園藝資源調查報告》，未編頁碼。
〔註8〕胡美璜，《中部橫貫公路定線研究與勘查雜感》，頁1。
〔註9〕臺灣省公路局，《東西橫貫公路工程專輯》，頁5。

較爲廣泛，除農作外尙包括山林、畜牧、礦產、水力、土地資源等。第二部份爲農復會於民國四十四年委請臺灣省省立臺中農學院（今國立中興大學）園藝系所作的調查，主要調查以臺灣山地園藝資源爲主要項目。其調查時間歷時三年，調查範圍則涵蓋臺中、宜蘭、南投、花蓮四縣。調查成員爲臺中農學院園藝系三、四年級之師生。而這些調查的結果，前者調查主要爲中橫公路興築而做，就目的言在提供政府開闢中橫公路路線選擇的參考。而臺中農學院的山地園藝資源調查，除臺中農學院自身的山地園藝研究外，也與農復會爲因應臺灣平地農業耕地不足而計畫向山地發展農業有關，然調查路線有三分之二係沿中橫公路路線實施，因此其調查結果除給予中橫公路興築之參考外，更給臺灣後來發展山地農業提供了發展方向參考與指引。故整體言，這些不同單位的山地調查，初看似各有其目的。然調查結果卻提供政府在山地政策施政的參考。

（一）橫貫公路資源勘查

橫貫公路勘查最早始於民國三十七年，然其時之勘查乃在查看日治時期之橫斷路線狀況，並勘查該路線能否修築。在農業資源上，則無探討。直至政府興築橫貫公路之議時起，遂再興勘查之行，自此除路線、地質勘查外，又增沿線山林資源之查察，故而在日後路線之選定上，沿線資源亦成選擇考慮項目之一。但其路線勘查時雖有農業資源的勘查，然因勘查重點仍置於道路施工部份，故農業資源非其之主要查勘項目，而屬全盤性勘查。

橫貫公路興築前，除臺中農學院於民國四十四年起接受農復會之委請暨補助實施臺灣省山地園藝資源調查外，退輔會及經濟部亦曾聯合組成了一支包括電力公司、中央農業研究所、農林廳、農業試驗所、林業試驗所、林產管理局、建設廳、地質調查所、水利局十個機關的「橫貫公路資源調查團」，並以經濟部技正兼水利司司長鄧祥雲爲團長，率專家 21 人，於民國四十四年十一月二十九日實施路線資源調查。〔註 10〕然其調查成果如第二章所述，主在提供路線選擇參考，但勘查之範圍卻擴及山林資源、農業、畜牧、蠶桑、礦產、地質、水力發電、山地灌漑等項。〔註 11〕故其調查屬於一整體性的調

〔註10〕 30～01～01～012～333，「橫貫公路資源調查檢討會紀錄」，行政院經濟安定委員會檔，中研院近史所檔案館藏。
〔註11〕 馬壽萱，〈踏破芒鞋探寶藏──調查橫貫公路經濟資源記行〉，《臺灣省東西橫貫公路開發紀念集》，頁 114～118。

查，然從其調查檢討會議紀錄內容來看，其實調查目的應爲沿線資源的開發。〔註 12〕在農業資源勘查上雖有包含農牧、蠶桑，惜調查報告在農業部份，終不及臺中農學院調查專於一項來的詳實。但在地質、山地灌漑上卻提供了發展農業參考。

從公路總局所編纂的《東西橫貫公路工程專輯》來看，農業部份的調查，其調查地域較爲廣濶，調查報告亦屬泛論性質。如在沿線資源中對農業耕地調查得悉，在全路線中可開墾定耕地與輪耕地面積爲可達 2,400.50 公頃，而所謂之耕地爲連年永續使用之土地，如水田，及村落附近之圍地，輪耕地爲間息使用之耕地，此耕地全屬旱田。而這些耕地在大甲溪流域約有 673.50 公頃。在農作發展部份，臺中縣和平鄉內發現有梨、蘋果、馬鈴薯等。而其可能栽培面積，梨 100.00 公頃，蘋果 120.00 公頃，馬鈴薯 80.00 公頃。〔註 13〕而此數據來看，土地的面積調查則含概了整個大甲溪流域，尤其水田調查，戰後水田已在梨山消失。故此調查中的水田應指谷關以降的地域。但仍提供了政府安置榮民的參考，而農作的調查也印證了，臺中農學院的山地資源調查，讓主政者更能確定梨山地區能發展山地農業與溫帶水果的事實。

（二）臺中農學院山地園藝資源調查

臺中農學院的山地園藝資源調查，共歷三年，首始於民國四十四年暑假，主要調查地區爲臺灣中部山區，橫跨兩縣三個山地鄉，包括有臺中縣和平鄉、南投縣仁愛鄉、信義鄉三個山地鄉。自八月二十五日開始至十月六日止，共計 43 天的時間。共有教授、講師 7 人學生 45 人。其中在臺中縣和平鄉調查至九月三日欲前往勝光調查時，因逢大雨，交通阻絕，而無法前往。故勝光之調查直至民國四十五年臺中農學院實施宜蘭山地園藝資源調查時，方在調查碑南村（南山）後，一併對勝光實施調查，因此整個臺中縣和平鄉的山地園藝資源調查至民國四十五年方告完成。調查路線如圖 3-1。

〔註 12〕 30～01～01～012～333，「橫貫公路資源調查檢討會紀錄」，行政院經濟安定委員會檔，中研院近史所檔案館藏。
〔註 13〕 臺灣省公路總局，《東西橫貫公路工程專輯》，頁 211～212。

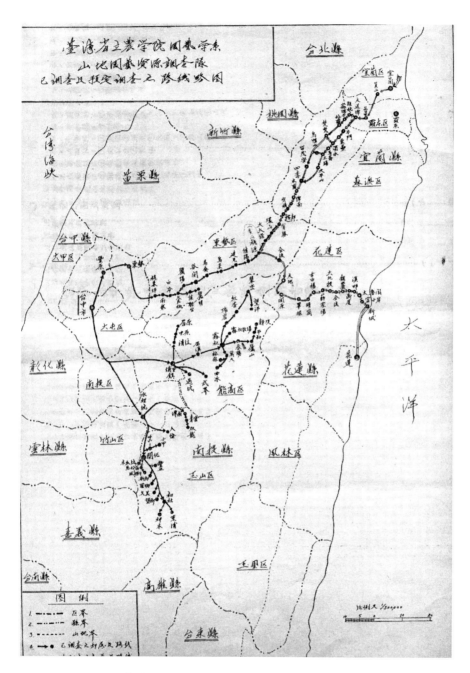

圖 3-1　臺灣省立農學院山地園藝資源調查路線圖

資料來源：程兆熊、黃弼臣、朱長志合編，《臺灣省中部山地園藝資源調查報告》
（臺北：中國農村復興聯合委員會，民國 45 年），未刊頁碼。

圖中之路線含括中部山區及宜蘭、花蓮山區調查之路線。而調查之主要目的，依農復會發行之特刊第十六號，由程兆熊、黃弼臣、朱長志三人合編之《臺灣中部山地園藝資源調查報告書》緒言所敍，其主要目的即爲發展山地園藝，並舉數事說明，其一，臺灣平原地積狹小，平坦之地將不敷使用。如合理開發山地，發展園藝，以增加民生所必需之副食物及外銷之園藝產品，改善人民生活。其二，爲增進山地原住民收入，改善其生活，而改善之方法最適者，莫如，因地制宜，發展山區園藝。其三，臺灣兼有熱帶及亞熱帶氣候，園藝作物，在臺灣已有熱帶及亞熱帶之種類，唯獨溫帶園藝物產尙不足。然臺灣高山地區具有溫帶及寒帶之氣候，此種環境正宜發展溫帶園藝，倘能高山平地相互配合，則臺灣園藝發展將更能躍進一步。其四，臺灣園藝產品缺乏，因之外來品不斷輸入，且數量可觀如能發展山地園藝，並大量生產不需仰賴外國輸入，可節省不少外匯。其五，臺灣多山而高，地勢陡峻，極易受風雨之害，是以水土保持極爲重要。政府雖竭盡心力，從事保林造林，但山地原住民迫於生計所需仍不免濫伐濫墾，利用地力以事糧食生產。而根本解決原住民濫伐濫墾之道，則爲發展山地園藝，使山地利用合理合法，原住民生活自可趨於安定，濫墾濫伐現象自可逐漸消除。〔註 14〕由調查報告書中所列上述五點來觀察可知，臺中農學院調查的目的，除在明瞭山地園藝資源狀況外，亦有爲農復會查勘臺灣山地農業發展的方向與出路。

　　是以在民國四十四年調查結束後，復又於民國四十五、四十六年，續接受農復會植物生產組之委請，對宜蘭、花蓮秀林鄉實施山地園藝資源調查，調查結果報告均由農復會編成特刊發行。〔註 15〕有趣的是臺中農學院調查路線，從《臺灣省花蓮秀林鄉山地園藝資源調查報告》中所刊載的調查路線圖來看，多與日後中橫公路開闢路線雷同。此點至四十六年山地園藝資源調查最後一份調報告中就提到：「此調查不意而配合橫貫公路之開闢。」〔註 16〕，故可知此次調查成果也提供中橫公路興築的參考。此外臺中省立農學院的調查，從調查所得資料觀看，較重於物種的調查，數量統計上則甚少顯示，實

〔註14〕程兆熊、黃弼臣、朱長志合編，《臺灣省中部山地園藝資源調查報告》，頁 1～2。

〔註15〕分別爲中國農村復興聯合委員會特刊第 16 號爲《臺灣省中部山地園藝資源調查報告》、23 號爲、《臺灣省宜蘭山地園藝資源調查報告》26 號爲《臺灣省花蓮秀林鄉山地園藝資源調查報》。

〔註16〕程兆熊、黃弼臣、朱長志合編，《臺灣省花蓮秀林鄉山地園藝資源調查報》（臺北：中國農村復興聯合委員會，民國 47 年），頁 1。

為一憾事。然在民國四十六年的調查結束後，事隔三年，復於民國四十九年七月二十七日至八月二十一日間，臺灣省立農學院園藝系又在朱長志主持下，針對臺灣中部落葉果樹試植品種生育情況做調查。以上四次調查也成為臺灣山地落葉果樹發展之基本工作，落葉果樹自此進入大量發展時期。〔註17〕

1.調查所見

（1）果樹

臺中農學院的臺灣山地園藝資源調查共歷三年始完成調查成果，而梨山地區之調查分別於民國四十四年完成平等村部份調查，第一次調查因受限天候因素未達有勝（勝光）區，至民國四十五年於宜蘭調查時方又順道完成，民國四十六年實施花蓮秀林鄉調查時則又對和平鄉實施重點調查，但其調查中也發現，早在日治時期日人即在梨山地區有種植溫帶水果，且種類繁多其引入時間種植地區數量概如第一章表1-5。然臺中農學院上山調查時，落葉果種植的情形，幾乎是有原住民的地方就有果樹。可惜的是生長狀況大多不甚理想，依據黃弼臣認為其原因，不外是缺乏施肥與管理加之交通不便無銷售致使果樹形同棄置。〔註18〕調查實況如表3-2。

表3-2　民國四十四年梨山地區溫帶落葉果分佈表

種類	梨				蘋果	胡桃	柿	紅肉李	水蜜桃	板栗	葡萄
	20世紀	長十郎	扁蒲梨	冬梨							
調查實況	佳陽、梨山松茂、環山	梨山松茂環山	佳陽、梨山松茂、環山	佳陽、梨山松茂、環山	環山	佳陽	佳陽梨山環山	佳陽松茂	佳陽梨山松茂環山	佳陽梨山	佳陽梨山環山

資料來源：依據程兆熊、黃弼臣、朱長志合編，《臺灣省中部山地園藝資源調查報告》，頁12～13，整理而成。

溫帶果樹的引進，最早是於大正八年（1919）由日警引入蘋果樹梨山，種植於警察駐在所週邊，戰後，原住民因痛恨日警，在日警離去後放火將駐在所燒燬，週邊的蘋果樹也一併遭毀。但從3-2表又可發現，民國四十四年臺

〔註17〕計畫執行人林樂健，執筆人：程兆熊、范念慈、蔣永昌、裘曙舟，《山地落葉果樹生產調查研究報告書》（臺北：中國農村復興聯合委員會，民國64年），頁3。

〔註18〕黃弼臣，〈橫貫公路沿線發展果樹栽培之展望〉，《臺灣省東西橫貫公路開發紀念集》（臺北：行政院退除役官兵輔導委員會，民國61年），頁130～138。

中農學院調查時，果樹種植範圍似乎又比日治時期所植範圍來的大。從另一角度觀察，可發現臺中農學院的調查在警察駐在所附近都無果樹，而發現果樹的地區主要集中在原住民聚落，且多數果樹並未受妥善照顧，生長及品種良莠不齊。因此筆者認為原住民在焚毀日警駐在所時，其主要目標應係駐在所的房舍，但因果樹植於屋舍四週才一併遭燒毀。

在落葉果樹的種植上，發現種植最多的是梨樹，品種共有四種，分由昭和四年（1929）起開始引入，最初引入二十世紀梨與長十郎二種品種，種於梨山，結果成果良好，次年日人又自日本引入同品種梨苗分種於佳陽、梨山、環山等三個部落，每部落分種 30 株。但七年後環山、佳陽死去泰半，獨梨山狀況良好。昭和十年（1935）又從日引入梨苗，除原有品種外又增扁蒲梨和冬梨二種。但所種之梨樹，中興大學教授黃弼臣與朱長志均認為因原住民不知修剪技術，加上交通不便，果品無法銷售致使原住民棄種，造成佳陽、環山等地之梨樹死去甚多。〔註19〕

在水蜜桃部份，臺北帝國大學田中長三郎教授等，昭和十年（1935）頃，所發表的報告中，曾指明在亞熱帶試種溫帶果樹種類有關梨的部份，曾在昭和七年（1932）結實。臺灣大學康有德教授據此認為，梨苗引入後，再由警察帶往山區試種。也因如此，梨山原住民雖種植了果樹，但卻無法擁有。結實後成果亦不屬原住民，自然無法吸引原住民培植之興趣，日本戰敗後，原住民更將之隨意棄之或破壞，〔註20〕此言與前黃弼臣教授的調查又頗為契合。至民國四十四年臺中農學院實施山地園藝資源調查時，梨山地區殘留之水蜜桃果樹數量不多的情形來看，水蜜桃與梨樹的狀況亦應是遭原住民棄置有關。

（2）蔬菜與稻米

臺中農學院的調查中，在梨山地區亦發現有若干種蔬菜的種植。但種植區域主要集中在佳陽部落，其他部落雖也有發現一些蔬菜，但總不及佳陽種類之多元。蔬菜種類及發現地區概如第一章附表 1-6 所示。由表 1-6 所列的蔬菜種類來觀察，梨山聚落僅見者剩瓜類，其餘蔬菜則難見其蹤跡。而環山部落馬鈴薯亦僅見少數栽培，松茂則在空地上栽植一些粟、黍等食糧作物，整體言梨山地區的調查在蔬菜方面以佳陽較多，但蕃茄在佳陽，依調查告報書

〔註19〕朱長志，〈臺灣山地之果樹〉，《臺灣銀行季刊》，卷 12 期 4（臺北：臺灣銀行經濟研究室，民國 50 年 12 月），頁 236～243。

〔註20〕康有德，《水果與果樹》，頁 222。

中所載也僅佳陽聚落一些警員眷屬在栽種。而為何蔬菜的種植在佳陽特別多，其他地區則較少，除人的因素外，筆者認為應與地質的因素有關。因為佳陽地區乃一沖積土地，土層深厚，腐植質頗富，又靠溪邊，較適各種作物生長，因此農作的種植也較他處為易。至於稻米在梨山種植狀況如第一章所述，然至民國四十四年調查時梨山已無稻米種植。臺中農學院程兆熊教授等人則根據平等村村長劉華貴先生的說明，〔註21〕得知日治時期，日人曾於梨山與佳陽指導原住民種植水稻，其中以日本相川44號水稻種植甚佳，在來種則成績不良，臺中65號、150號也種過，但仍不及日本品種。然實施調查時水田已無，劉村長在民國四十四年與調查隊的訪談論中，也透露希望政府能夠改善水利，恢復水田，使原住民能安住定耕。由此也可看出，日治時期日人以農業理蕃的措施，在梨山地區確實發揮了一定成效。後來政府在高山地區發展農業時，則完全未見稻米種植的規劃，臺中農學院的調查報告中也未見建議發展種植。

（3）其他

除蔬果外梨山地區尚發現有其他非園藝性作物種植生長，如香菇、番薯、花生、苧麻、粟、黍、花卉、煙草的種植。其種植地區及產量如附表3-3。

表3-3　梨山地區其他農作調查表

種類	粟			番薯		香菇		花生		苧麻		小豆	
種植地區	佳陽	松茂	環山	佳陽	環山	佳陽	環山	佳陽	環山	佳陽	環山	佳陽	環山
年產量（公斤）	12,960	—	46,656	37,800	51,840	600	720	250	1,440	300	2,160	1,600	3,600

資料來源：依據程兆熊、黃弼臣、朱長志合編，《臺灣省中部山地園藝資源調查報告》，頁14～16整理而成。

1 表列數據，為1955年地方警察派出所調查統計資料。

2 黍、花卉、煙草在佳陽均有種植，然數並未列入統計。

由表3-3中可見這些作物種植地區，主要為佳陽及環山兩聚落，其中粟米、蕃

〔註21〕劉華貴日治時期畢業於霧社農校，旋又在臺中農試場工作二年，學習嫁接等農業技術，後任警察，負責指導原住民山地園藝。引自農復會特刊第16號，程兆熊、黃弼臣、朱長志合編，《臺灣省中部山地園藝資源調查報告》，頁13。

薯均為原住民傳統之農作，花生則為平地種，顆粒較小。苧麻為青心種，主要用織布之用。香菇則為梨山特產一年可收兩次，每次相隔三個月左右。此外在梨山尚有除蟲菊的種植。〔註22〕

　　而這些農作泰半為日治時期引入，但隨著日人的離去，原住民不知果樹栽培修剪技術，蔬菜亦不明採種方法。而致使農業發展漸陷困頓。此外在農產品種植後除自給外，多餘產品受限交通困難而難以銷售，無怪乎當調查隊前來時，平等村劉華貴村長，會期望中橫公路能早日修通。〔註23〕

2. 調查結果建議

　　調查之成果，後由領隊臺中農學院園藝系系主任程兆熊教授，及此次調查兩位指揮黃弼臣、朱長志二位教授合編為《臺灣省中部山地園藝資源調查報告》送交給農復會，農復會於次年以特刊第十六號出版。而報告書內容及建議對日後政府在梨山安置榮民農墾時，提供了梨山農業發展的方向與目標。其建議主要在園藝作物部份提出三點建議：（1）該地區園藝作物之現狀及其分佈情形。（2）有希望順利種植若干蔬菜水果之地區。（3）經調查之山地區推廣園藝作物之可行性。〔註24〕

　　其中對臺中縣和平鄉在發展園藝農業部份，認為在環山、勝光一帶可發展蘋果之栽培，而梨、栗等溫帶果樹，則適植於松茂、佳陽、梨山等處，水蜜桃則未列為梨山地區培植項目。此外，亦主張在中部山區劃分為（1）為蘋果區。（2）梨、栗、胡桃區。（3）水蜜桃區。（4）梅、李、柿及金針菜區。（5）夏季蔬區。（6）甜橙區六種園藝栽培區。而在臺中縣和平鄉者為前二區。〔註25〕而劃分之取向從報告書中可看出，係以當時調查時所見實物生長狀況作為劃分標準，並未實際進行研究各種作物究竟適宜種植於何地區。但從日後的結果來看，水蜜桃亦適合在梨山地區發展。

　　另一方面在發展山地園藝有效途徑上，報告書中除主張設專業區外，並主張集中栽培，集中管理，集中運銷，以解決栽培技術、管理方法及運銷效率上之問題。因此在建議草案中，建議的事項，蘋果栽培計劃、梨、栗、胡桃栽培計劃，其目的為提高原住民生活，節省每年蘋果輸入之外匯；而發展

〔註22〕 程兆熊、黃弼臣、朱長志合編，《臺灣省中部山地園藝資源調查報告》，頁13。
〔註23〕 程兆熊、黃弼臣、朱長志合編，《臺灣省中部山地園藝資源調查報告》，頁13。
〔註24〕 中國農村復興聯合委員會，《工作報告》，期7（臺北：中國農村復興聯合委員會，民國46年），頁83。
〔註25〕 程兆熊、黃弼臣、朱長志合編，《臺灣省中部山地園藝資源調查報告》，頁52。

地區為勝光區面積約一百甲。其他梨、栗、胡桃等的栽培發展地區則以佳陽、松茂等地，面積約五十甲。而其進行步驟則稍有不同，蘋果發展計劃建議在勝光開設訓練班，訓練山地青年，並建設新村。〔註26〕然勝光日後卻成了退輔會安置榮民的墾區，故該項建議案遂未能實施。

退輔會在勝光、志良一帶所設置的有勝墾區，安置榮民開墾。而這榮民在墾出農地上大多也都以蘋果為主要種植種類，但至民國六十八年政府開放蘋果進口後，次年勝光地區農民都伐掉果樹，改種生長期較短的高冷蔬菜。以求生存，故自民國六十九年後勝光反而成了高冷蔬菜主要生產區。梨、栗、胡桃栽培計劃上則在各地區隨榮民或原住民個人意願隨意種植，並未完全依建議來做。但肯定的是，梨山地區在民國四十六年後，榮民上山設立農場起，在農復會暨臺中農學院園藝系程兆熊、黃弼臣、朱長志、林樂健等教授及臺灣省農業實驗場李伯年主任的協助下，把梨山地區發展成山地農業的天堂。

三、農業發展作物選定

梨山榮民農場的設立，開啟了梨山地區農業發展之契機。在農地闢出後的經營發展的方向上，因都為軍人出身的榮民，對於農事根本不懂，尤其軍人的特性多習以上級長官命令為依歸，一個口令一個動作。因此在農場闢墾後，蔣經國曾對於農場經營，指示兩項經營原則：

一、要作對國家外匯有幫助的。

二、農場生產之產品不得與平地農家爭利。〔註27〕

其中溫帶落葉果樹因是平地所無法生長，且自臺中農學院完成山地園藝資源調查後，就在臺北展示調查成果並鼓吹發展蘋果、梨等高級落樹以節省外匯。此建議也正契合蔣經國指示，故福壽山農場遂以落葉果樹為發展方向。然果樹的種植非一年即有成果，所以農場採取以蔬菜養人、育樹的政策，依此目標農場編定了生產計劃。在果樹方面向農發會申請美金二千元，向日本購進梨、桃、蘋果樹苗兩千株試種。〔註28〕蔬菜方面則由農復會協助選擇了十二種蔬菜，由當時的農業試驗所園藝系主任李伯年技正指導，每月初一和十五，各播種一次，來找出適合山區種植的高經濟價值蔬菜，經三年反復試種，始

〔註26〕程兆熊、黃弼臣、朱長志合編，《臺灣省中部山地園藝資源調查報告》，頁52。

〔註27〕宋慶雲，《行政院國軍退除役官兵輔導委員會福壽山農場簡介》，（臺中：福壽山農場，民國76年），未刊頁碼。

〔註28〕宋慶雲，《行政院國軍退除役官兵輔導委員會福壽山農場簡介》，未刊頁碼。

找出最適山區耕種，且能獲大眾喜好的蔬菜種類。然後在山區，推廣種植，奠定日後高山地區高冷蔬菜種植的基礎。由此可知整個梨山農業發展，主要是依蔣經國這兩項原則，及臺中農學院調查建議所定。而農場也擬定了生產計畫，第一，利用高山特殊氣候試種落葉果樹。第二，利用高山特殊氣候栽培夏季蔬菜。〔註29〕雖然農場目標已定但果苗的來源及農業技術、物種皆尚未選定。因此由退輔會出面，洽請農復會協助。而農復會於民國四十六就已在花蓮西寶農場，以技術協助榮民設立菜圃與種植，且成效顯著，故退輔會再次洽請農復會協助。農復會也遴選了許多學者專家至福壽山農場指導，除中興大學外，臺灣大學農學院園藝系，臺灣省農試所均有專家參予。

（一）高冷蔬菜

福壽山農場的設立，其目的在安置榮民，而農復會自民國四十五年起，就參與協助政府安置退除役官兵從事農墾工作。〔註30〕協助福壽山農場亦為計劃中一環，農場設立初期經費為新臺幣 496,000 元，計劃安置 100 名榮民及開墾 20 公頃土地。〔註31〕但福壽山農場的計劃依農復會民國四十六年的《工作報告》卻紀錄著，此農場設置為一試驗性質。其報告中言：

> 計劃安置 100 名退除役官兵及開墾 20 公頃土地，此項計劃純屬試驗性質，蓋在氣候、土壤及其他相關事項均無詳細記載之情況下，探求在如此高度地區之農業前途，實有必要。〔註32〕

若由此觀察，農復會似乎也把福壽山農場視為高山地區農業試驗農場，且是一個無需花費人力僅提供經費、技術支援即可獲致成果的試驗農場。

另外，由於戰後臺灣蔬菜種子多由國外進口，臺灣早有人竭力倡議種子自給，研究採種方法與獎勵民間留種。然大批需要之冷涼性蔬菜種子，仍無法解決。至民國四十六年中橫公路開始興築後，臺灣省農業試驗所乃於民國四十七年，在橫貫公路沿線重要地段以十二種品種進行試驗。而福壽山農場適逢向農復會洽請協助試種蔬菜，且農復會亦計劃於高山地區進行採種試驗，因此由臺灣省農業試驗所園藝系主任李伯年前往指導，並一併於福壽山農場進行採種試驗，福壽山農場因而成為其中一採種試驗一重要地區，依據

〔註29〕宋慶雲，《行政院國軍退除役官兵輔導委員會福壽山農場簡介》，未刊頁碼。
〔註30〕中國農村復興聯合委員會，《工作報告》，期9（臺北：中國農村復興聯合委員會，民國47年），頁104。
〔註31〕中國農村復興聯合委員會，《工作報告》，期9，頁104。
〔註32〕中國農村復興聯合委員會，《工作報告》，期9，頁105。

福壽山前場長宋慶雲在福壽山成立三十週年的專刊中撰文說：

> 不論刮風下雨，每逢初一、十五日，我們準時重複播種，期能
> 找出適合高山種植的高經濟價值蔬菜暨其最佳播種時間，歷經三年
> 從無間斷的重複試驗比較，終於找到普為廣大消費者需要，可於夏
> 季栽培的甘藍、山東白菜、結球萵苣、菠菜、洋芹菜等蔬菜。〔註33〕

由此可知農場初期蔬菜的種植，並未依臺中農學山地調查成果，來大量種植
蔬菜，而是以一面協助採種試驗，一面試驗尋找適宜之蔬菜。而試驗的十二
種品種為（1）三池甘藍、（2）成功甘藍（Succession）、（3）胡蘿蔔（Chantenay）、
（4）金澤晚生球莖甘藍、（5）半結球山東白菜、（6）丸葉山東白菜、（7）青
梗白菜、（8）京都三號包心白菜、（9）晚生菠菜（Minsterland）、（10）紅皮洋
蔥（Red Creole）、（11）黃皮洋蔥（Early Crano）、（12）馬鈴薯（男爵）等。
〔註34〕由此再觀察可發現，農場試種出之蔬菜除試驗之品種外，應也有自選
之物種，如結球萵苣、洋芹菜等，其中甘藍及山東白菜，〔註35〕因高山地區
種植出的口感品質甚佳，而廣獲消費大眾的喜愛，而造成日後在梨山地區及
其他高山地區種植蔬菜時，莫不以甘藍或山東白菜為主要選項。

（二）溫帶水果

　　臺灣高山地區氣候環境特殊，雖在同一高度，也常因四週的地形開闊與
否，氣溫常有很大的差異；故在種植溫帶落葉果樹時必須根據年氣溫平均數，
來決定適合種植之種類與品種。雖言梨山溫帶水果種植始於日治時期，當時
主要種植之種類，根據調查有梨、蘋果、水蜜桃、紅肉李、板栗、柿、胡桃、
櫻桃、葡萄等然多數品種並未能有效掌握其種植狀況。至民國四十年時，農
復會引進一批果樹，有桃、梨、蘋果、柿、無花果等6種，計果樹苗8,125株，
草莓3,000株。民國四十五年春農復會再由美國引進扁桃5品種、胡桃7品種、
棗2品種，及每品種各20株；栗2品種，各40株。而這些果樹苗進入臺灣
後，均由農復會送至適當的海拔高度地區試種，分植適當海拔地區。〔註36〕

〔註33〕宋慶雲，《行政院國軍退除役官兵輔導委員會福壽山農場簡介》，無頁碼。

〔註34〕李伯年，〈臺灣山地之蔬菜〉，《臺灣銀行季刊》，（臺北：臺灣銀行經濟研究室，
民國50年12月），頁245～273。

〔註35〕宋慶雲，《行政院國軍退除役官兵輔導委員會福壽山農場簡介》，無頁碼。

〔註36〕朱長志，〈臺灣山地之果樹〉，《臺灣銀行季刊》，卷12期4，頁237～243。中
國農村復興聯合委員會，《工作報告》，期7，頁83所載上述苗木運到後即交
臺中農學院及國立臺灣大學在高地農場試種。

民國四十四年臺中農學院在梨山地區實施山地園藝資源調查時，發現日治時期所栽種之落葉果，因而認為臺灣也可於高山地區發展溫帶落葉果，但持異議者亦有之，臺中農學院園藝系也因此向農復會提出補助申請，於該校南投仁愛鄉北大東眼山試驗林場成立山地落葉果樹實驗園，進行溫帶落葉果的試種實驗。並引進世界各地蘋果品種 58 種，梨品種 46 種，桃品種 30 種，板栗品種 12 種，及其他落葉果樹品種多種進行試種。〔註37〕

民國四十六年年六月福壽山農場成立，次年農場農地開闢已粗具規模，並決定種植溫帶水果，且又適逢當年農復會自日本引進一批果樹苗計 1,170 株。而此批苗木亦多用於試植，試種單位，計有臺中農學院能高林場北東眼山落葉果樹試驗場、臺灣大學竹山林場溪頭、臺中區農林改良信義分場，及梨山福壽山農場試植，同時將梨 4 品種、栗 4 品種、蘋果 1 品種，分別在臺中縣和平鄉及南投縣仁愛鄉各部落選出山地居民 33 戶，作區域性試種。同年，國立臺灣大學亦由美國引進一批，計 11 種，40 品種，每品種 10～20 株，除臺灣大學試植於溪頭外，一部份送臺中農學院落葉果樹試驗場試植。〔註38〕由此可知溫帶落葉果在梨山種植起於民國四十七年在，然屬試種性質，直至民國四十八年春，退輔會方又自日本輸入苗木一批，計梨 4 品種（二十世紀、長十郎、巴梨、法蘭西）各 360 株，蘋果 4 品種（黃元帥、紅玉、國光、旭）各 360 株，水蜜桃 4 品種（大和早生、大久保、高陽、白鳳）各 120 株栗 3 品種（中國栗、銀寄、大丹坡）共 180 株，胡桃 360 株，枇杷 2 品種（田中、茂木）各 120 株，棗 420 株，櫻桃 2 品種（拿破崙、黃玉）各 360 株共計 7,20 株，分植除福壽山、勝光外另也植於花蓮西寶農場等三地區。而最初所植之果苗皆由日本進口。〔註39〕

當政府決定於梨山地區發展溫帶落葉果時，梨山並無足夠苗木供種植。故必須自國外進口，當時退輔會並無足夠資金，進口苗木因而向農復會提出補助申請，金額二千美元來採購果苗。但當時卻遭時論評擊，論者皆以臺灣為亞熱帶地區不適發展溫帶水果為由，評擊退輔會與農復會在浪費國家外匯資源。種植果苗的榮民也同樣質疑自己能否看到果樹的收成，鄰近的原住民也譏諷說日人在臺五十年無成的事，又怎可能由年歲半百的老榮民完成，在各方交相譏評

〔註37〕 程兆熊，《高山行與憶鵝湖》，（臺北：大林出版社，未列出版年），頁 8。

〔註38〕 朱長志，〈臺灣山地之果樹〉，《臺灣銀行季刊》，卷 12 期 4，頁 237～243。

〔註39〕 宋慶雲，〈篳路藍縷‧以啟山林——梨山拓荒史〉，《興農雜誌》，期 169（臺中：興農雜誌社，民國 72 年 4 月），頁 6～13。

下也曾讓榮民為之氣餒。幸在蔣經國的鼓勵支持下而持續發展下去。除民國四十七年由日進口 1,000 餘果苗外，次年又自日本進口梨、桃、蘋果、胡桃、板栗、李、棗等七類一百餘品種種植於福壽山農場。由上述可知梨山果樹的品種，主要來自日本如早期梨有二十世紀、長十郎等，後來又引進菊水、幸水、新世紀等品種，而蘋果先後引進有富士、陸奧、旭、黃元帥、元帥等美日品種。〔註40〕水蜜桃中則有中津白桃、大久保、高陽、大和早生、白鳳等品種。

　　政府選擇溫帶水果為梨山主要發展的項目，除臺中農學院山地資源調查報告建議，暨蔣經國指示外。戰後初期落葉果每年自國外進口造成外滙大量流失亦應是原因之一，如民國四十七年時臺灣貿易商，多數都將外銷香蕉所得外滙半數申請易回蘋果。〔註41〕且進口之蘋果價格高昂，非一般民眾有能力購買，臺灣如能自產除可減少外滙流失外，亦寄望能降低價格讓國人有能力購買。此應是政府決定發展溫帶水果，尤其是蘋果的原因。

（三）其他

　　除了蔬菜及溫帶水果外，政府同時也引進各種不同的植物，種類之多令人側目。如民國四十五年福壽山農場曾在農場試驗種植人參、當歸等中藥材，還有花卉、香菇等等。〔註42〕然此等作物多屬實驗性質，必竟梨山地區土地幅員不大，若大肆多樣的種植各種不同的植物，就成本言根本不符經濟效益。但在民國五十年代中橫通車後，政府為宣揚中橫公路曾數度招待媒體參訪報導，結果把梨山一地渲染成種植任何植物均可成活的山林寶地。實際上歷經時間及消費市場的汰擇後，在梨山除蔬果外，多數的作物均已退離梨山地區不復再見。

第二節　山地農業技術引入

　　福壽山農場開闢完成後，旋即面對的就是農產品種植的問題，農場榮民，都為軍中退役的老兵，雖言其出身背景多數為農家子弟，但半生戎馬，多數時光均耗費在軍中戰場，農耕之事早已生疏。更何況在梨山這種高海拔山區進行山地農業，故必然需要向外尋求協助；而農復會自民國四十五年起肩負有退伍

〔註40〕康有德，《水果與果樹》，頁 189～228。
〔註41〕50～142～009，行政院外滙貿易審議委員會，「關於東榮貿易行 4 家申請援例以省產香蕉輸韓以所得外滙半數易回蘋果一案」，中研院近史所檔案館藏。
〔註42〕35～25～523，行政院國軍退除役官兵就業輔導委員會，「第五次擴大業務會報業務報告」，中研院近史所檔案館藏。

軍人農業安置之責，因此農復會自然成爲退輔會求助的單位。此外，由於臺中農學院園藝系在山地園藝資源調查後，曾辦理調查成果展，該系教授程兆熊、黃弼臣、朱長志等人自然也成爲技術諮詢的對象。而臺灣在地理位置上屬亞熱帶氣候區，但高山地區氣候卻不似亞熱帶氣候，可從事何種農作種植，農復會亦無相關資料可資參考運用。故在臺中農學院的山地資源調查成果出爐後，政府即以此調查成果作爲參考依據，在梨山推動溫帶落葉果的種植。在日治時期雖言曾在梨山試種落葉果及蔬菜，然日人撤離後技術也隨之而去。故國人在梨山重啓這些農作的種植，只得重新摸索，並向外國學者專家求助，來輸入各種新的農業技術，而農復會就成了最佳媒合與指導單位。從歷史角來看梨山農業發展，農復會不但是推手更是高山地區農業發展的創造者。

一、農業技術輸入

（一）農復會指導

臺灣高山地區農業發展，農復會在其中可說是扮演了推手及催生的角色。從早期認爲臺灣人口的急遽增加將會造成臺灣耕地不足的論點，而衍生出因應臺灣未來耕地不足，擬訂向臺灣山地發展及開發海埔新生地的計劃，其中大甲溪的開發即是其中之一。大甲溪開發計劃緣自日治時期，臺灣總督府就訂有大甲溪的綜合開發計劃並投注有 31,00 萬日圓建設達見高壩，後因太平洋戰爭而停止。〔註 43〕戰後政府來臺亦計劃開發，民國四十六年農復會主任委員蔣夢麟，即亦曾對記者倡言大甲溪上游的開發計畫，〔註 44〕加之農復會也參與國軍退除官兵安置計畫。此外在美援〈軍協計畫〉中，的〈退除役官兵農墾計劃〉，原由喬治富瑞公司所提供有關技術服務，從民國四十六年二月起也移交農復會主持。〔註 45〕由此可知在梨山整體農業的發展上，農復會幾乎是居於主導的地位。

當福壽山農場開始從事落葉果及高冷蔬菜種植等高山農業發展時，因農

〔註43〕 30～01～01～010～571，「大甲溪綜合開發促進建議書」，行政院經濟安定委員會檔中研院近史所檔案館藏。

〔註44〕 農復會主任委員蔣夢麟於 1957 年 6 月曾對新聞界發表，臺灣新資源之開發及農村邊際土地的利用，以及農復會配合各有關機關所進行的當前幾項重要工作的實施與其光明遠景，在新資源的開發部份，蔣主任委員談到（1）海埔新生地的開發（2）橫貫公路山地之開發（3）大甲溪流域開發規劃。引自《中央日報》，中華民國 46 年 6 月 6 日，第一張版 1。

〔註45〕 周琇環，《臺灣光復後美援史料》，第一冊軍協計畫（一），頁 126。

復會尚未建立臺灣高山農業適合發展何種農作之資料，如氣候、土壤諸因素適合何種作物品種生長均無，一切均須從頭建立，因此從調查開始著手。所以農復會介入梨山地區高山農業發展，應始於民國四十四年間，首舉則爲委請並補助臺中省立農學院園藝系師生，實施臺灣省山地園藝調查工作，且時間長達三年。後來退輔會於民國四十六年六月設立農場，輔導榮民上山墾地，並開始發展從事農作物的種植，農復會亦不斷提供資源與技術，開始在梨山開啓高山地區農業發展之路。

臺灣高山雖在日治時期有種植蔬果的前例，但戰後政府接收臺灣並無從日人手中取得高山地區農業相關技術與資料。更遑論退輔會或榮民能夠擁有高山地區農業發展的資訊與技術了，農復會自民國四十五年起參與退役軍人的輔導就業計畫，在安置榮民於梨山從事農墾上，自然也肩負起部份輔導之責，其中農復會就參與設立計劃與美援申請事宜。〔註 46〕且如前文所述，果樹苗購買的資金即由農復會所協助。蔬菜種植，及採種技術，也都是在農復會協助支援下，遴聘的臺灣省農業試驗所李伯年技正，在福壽山農場及梨山村設置蔬菜採種試驗場，也提供當地人及榮民蔬菜種植的知識。這些都爲梨山日後的高山農業發展，奠定發展的基礎。

民國四十八年起農復會開始山地資源開發計劃，細分爲五類：1. 開發草原及飼養牛畜。2. 落葉果樹之推廣。3. 森林副產物。4. 山地手工業訓練。5. 東西橫貫公路邊坡穩定。〔註 47〕這些項目主要集中於臺灣中部山區。尤其是在落葉果的推展上，由於臺灣中部高山地區氣候與地理環境，對落葉果樹之種植，甚爲有利，因此在農復會經費與技術支援協助之下，沿東西橫貫公路種植梨、桃、蘋果、板栗、櫻桃、枇杷及棗子等落葉果樹共 20,966 株。且大多均能適合天然環境生長良好，在民國四十八年種植之梨、桃及蘋果已都能順利結實。〔註 48〕由此則可知農復會在橫貫公路通車後次年，就開始大舉對東西橫貫公路沿線之高山農業進行直接的輔導。其中除資金經費的協助外，更有農業技術的指導。

在農復會所運用的技術支援人才部份，除了美籍專家外，臺中農學院師資

〔註 46〕　中國農村復興聯合委員會，《中國農村復興聯合委員會工作報告》，期 9（臺北：中國農村復興聯合委員會，民國 47 年），頁 105～106。
〔註 47〕　中國農村復興聯合委員會，《工作輯要》，第 13 輯（臺北：中國農村復興聯合委員會，民國 51 年），頁 112～113。
〔註 48〕　中國農村復興聯合委員會，《工作輯要》，第 13 輯，頁 112。

亦為主要指導單位。因自民國四十四年臺中農學院對臺中縣和平鄉的山地園藝資源調查後，該校園藝系主任程兆熊教授，即倡議在梨山與勝光設蘋果及梨的專業生產區，並經由農復會補助經費，於南投縣仁愛鄉北大東眼山該校能高林場第 17 林班內海拔 900 至 2,000 公尺之土地上，設立臺灣省第一所溫帶果樹實驗場，〔註49〕此農場日後成為臺灣驗證具備溫帶落果生產條件的地方。而該校園藝系教授黃弼臣、朱長志、林樂健及病蟲害系貢穀紳、韓又新、孫守恭教授等，均為農復會委請上梨山指導農業主要的學者專家；此外農復會山地聯絡室張廉駿，植物生產組陸子琳等亦給予梨山福壽山農場諸多協助。圖 3-2 中即為農復會至福壽山農場指導落葉果剪枝，其中亦不乏有美籍人士。

圖 3-2　農復會人員指導修剪新種蘋果

資料來源：翻拍自中國農村復興聯合委員會，《中國農村復興聯合委員會工作報告第 11 期》，未刊頁碼。

　　民國五十二年武陵農場成立，同樣農復會的農業技術輔導，也至武陵農場對榮民進行輔導。根據當時參與拓墾的榮民嚴慶雲及劉洪倫二位先生表示，當時在農墾後種植農作時，主要農業技術上的問題，除農場設有技師、技士給予解決與指導外，另就是由農復會委請一些學有專精的教授專家，來辦理講習會，指導榮民。如圖 3-3。

〔註49〕張憲秋，〈序言〉，《中國農村復興聯合委員會特刊第 23 號──臺灣省宜蘭山地園藝資源調查報告》，（臺北：中國農村復興聯合委員會，民國 46 年），頁 1。

圖 3-3　農復會為梨山地區辦理山地農業講習會

資料來源：翻拍自中國農村復興聯合委員會，《中國農村復興聯合委員會工作報
告第 10 期》，頁 110。

此外農復會的大力介入除協助退輔會安置榮民，提供資金暨技術的支援外。從
目的來觀察，亦具有探求高山地區從事農業的可行性。〔註50〕故福壽山農場設
置就農復會言，除是安置榮民的農場外，實際上也是農復會作為試驗高山地區
能否發展農業的實驗性農場。而其中試驗主要的項目有二，一為溫帶落葉果，
二為高冷蔬菜，除此之外，在臺中農學院的調查建議或宋慶雲在福壽山農場三
十週年慶的農場簡介中，都可發現當時臺灣，由外國進口水果的項目中蘋果為
一大宗。在從中研院近史所檔案館所藏經安會資料中，亦可驗證此論。〔註51〕
故若政府為減少外匯的流失，而在梨山推動落葉果樹是應有此可能性，因此這
恐怕也是農復會會大力資助，並遴派學者專家不斷上山協助的主要因素。

（二）國內外大學指導

　　其次在本國的學術單位中，中興大學與臺灣大學也都有學者參與落葉果
樹與蔬菜發展上農業技術指導，其中尤以臺中中興大學（前身為臺中省立農

〔註50〕中國農村復興聯合委員會，《工作報告》，期 9（臺北：中國農村復興聯合委員
　　　　會，民國 47 年），頁 105。
〔註51〕50～142～009，行政院外匯貿易審議委員會，「關於東榮貿易行 4 家申請援例
　　　　以省產香蕉輸韓以所得外匯半數易回蘋果一案」，中研院近史所檔案館藏。

學院）的教授上梨山指導最多，如園藝系之黃弼臣、朱長志、林樂健，病蟲害系貢穀紳、韓又新、孫守恭等人，同時退輔會之武陵農場也數度和中興大學農學院植病系合作辦理果樹根朽病防治試驗。〔註 52〕民國七十六年又請中興大學謝之瑞教授指導榮民做甘藍菜根瘤病處理等等作為，來研究改善高山農業發展新技術。〔註 53〕臺灣大學則有農學院諶克終教授，諶教授曾數度親至福壽山農場指導落葉果樹病蟲害的防治，並在《臺灣農村》月刊中發表專文指導農民防治果樹病蟲害〔註 54〕。民國五十三年十月十五日，農復會邀請日本東京農工大學教授岩垣馴夫來臺參加「臺灣省落葉果樹發展問題研討會」，岩垣馴夫原任福島園藝試驗場場長為日本知名果樹學者，且具有豐富實際經驗。來臺停留 45 天，其中於十一月二十七日至二十九日三天在福壽山農場實地指導各種果樹修剪。〔註 55〕

（三）榮民農場自力研發

　　退輔會所屬之農場，在編制上設有技師、副技師、與技士之編制人員，這些人員的責任主要在指導榮民，農耕技術。或負責農場一些病蟲害防治，故農場本身在農業技術上，也會經由這些人員自力研發改進農業技術。但也會邀請專家前來指導，同時也會向農復會爭取經費與國內大學合作，進行果樹與蔬菜病蟲害防治試驗，如前所述武陵農場與中興大學的合作。在肥料部份武陵農場，也曾於民國五十九年與臺灣肥料公司合作訂立四年計劃，從事桃、梨複合肥料試驗來改進果樹培肥管理，並於六月開始。又為提昇水果品質，減少病蟲害與山地農牧局合作，利用日製雙層塗藥紙袋，進行桃、梨、蘋果套袋試驗。〔註 56〕民國七十一年八月七日，武陵農場還請日本農技專家小山田來臺至農場指導果樹培育及管理。〔註 57〕另一方面農場本身也會自行研究改進農耕的技術與方法，如武陵農場為提高產量，自民國五十九年起推行輪作，改進施肥噴藥等技術，同時也推行農業機械化，購置耕耘機、與

〔註 52〕行政院國軍退除役官兵輔導委員會，《武陵農場場誌》，未刊行，未刊頁碼。
〔註 53〕行政院國軍退除役官兵輔導委員會，《武陵農場場誌》，未刊行，未刊頁碼。
〔註 54〕諶克終，〈梨山果樹三大病害之防除方法〉，《臺灣農村》，卷 1 期 11（臺北：臺灣農村雜誌社，民國 55 年 1 月），頁 19。
〔註 55〕劉富文，〈怎樣發展臺灣的落葉果樹事業？〉，《豐年》，卷 15 期 1（臺中：豐年雜誌社，民國 54 年 1 月），頁 10～11。
〔註 56〕行政院國軍退除役官兵輔導委員會，《武陵農場場誌》，未刊行，未刊頁碼。
〔註 57〕行政院國軍退除役官兵輔導委員會，《武陵農場場誌》，未刊行，未刊頁碼。

割草機，使得各農莊平均所得較民國五十八年提高百分之廿五以上。〔註58〕

（四）其他團體技術引進

除了農復會技術指導外，民國五十年臺灣省政府農林廳成立山地農牧局，主管山地各項業務，因而委託有關大學及機構繁殖優良品種的苗木，也開始對高山地區的農業進行推廣和輔導栽培。〔註59〕而其介入輔導之對象，主要為山地原住民及農民，山地農牧局也曾在武陵農場舉辦「高冷山區落葉果樹生產技術計畫檢討會」，這點筆者以為山地農牧局服務的農民，其中應有一部是同時具有榮民身份的農民，在農場舉辦活動除有較佳場地外，農場的技術亦可提供觀摩參考之處。

種植落葉果豐厚的利潤，吸引了山地原住民的種植，也讓一些平地農民上山種植，但因苗木不足，因此造成農民們自行繁殖苗木，可是農民所用接穗，並未經母樹調查和選擇，如此將會危及落葉果的未來發展，農牧局遂支持中興大學繁殖苗木，來供應種植果樹之農民。〔註60〕以避免因任意的繁殖接穗，而誤植劣品而傷及整體果樹發展。同時農牧局也邀聘一些專家上山指導，如植保中心呂理燊博士、農試所羅幹成技正、山地農牧局曾逢星等均曾受邀上山，這些專家也帶入了一些新的技術與經營理念，給梨山地區的農民。

此外，農藥商為推廣其肥料及農藥銷售，亦以辦理農業講習及說明會的手段，聘請專家上山講授相關知識，並於會前在相關農訊雜誌透露訊息告知農民，以便讓農民知悉講習時間地點，然後於會中講述農作物的病蟲害防治方法上，告知農民以何種藥劑來防治效果較佳，借機推銷販售其自產之產品。如興農公司就曾於民國七十二年在梨山、松茂、環山，辦理梨樹剪枝研習會邀請日本（株）星野洋紙店鹽原昭夫技師來指導。也邀請國內專家如前所述植保中心呂理燊博士等人均曾受邀。〔註61〕

梨山地區溫帶落果與高冷蔬菜的利潤，在民國五十九年後，吸引了大批平地人上山，這些來自平地的新移民，有許多人來自產梨的鄉鎮如臺中縣東勢鎮、苗栗縣卓蘭鎮等地。這些人本身對落葉果培植原本就相當熟悉，上山

〔註58〕行政院國軍退除役官兵輔導委員會，《武陵農場場誌》，未刊行，未刊頁碼。
〔註59〕康有德，《水果與果樹》，頁222。
〔註60〕朱長志，〈臺灣山地發展落葉果樹的途徑〉，《豐年》，卷15期1（臺中：豐年雜誌社，民國54年1月），頁15。
〔註61〕劉顯修，〈梨山巡迴訪問記〉，《興農月刊》，期169（臺中：興農雜誌社，民國72年4月）頁14～22。

後對農業訊息傳遞與技術的獲得亦較原住民與榮民更爲靈活，組織力亦強，對自我權利的意識日甚爲強烈，產銷班的組織因而在梨山開始成立，彼此間也互相進行技術交流。此外，臺中縣政府與和平鄉的農政單位，地方農會也介入梨山地區的輔導，也提供了農業技術另一管道。

另一方面，臺灣省政府出版之《豐年》雜誌，亦提供讀者投書，由中興大學園藝系李信芳教授於雜誌上予與解答，梨山溫帶落葉果樹在各方學者專家指導及榮民齊心戮力下，終於發展出臺灣的山地農業。梨山地區的榮民與原住民，在高冷蔬菜與溫帶落葉果的種植栽培技術因此日臻成熟。所栽培的水果甚至發展出較原產地爲佳的果品，如蘋果中旭、紅玉、國光等品種甜度均較日本生產者爲高。〔註62〕

（五）技術來源

由上述來看梨山地區，梨山地區農業發展技術的來源，在民國五十三年以前技術來源主要是透過美援所獲致。然從民國五十三年十月十五日，日本東京農工大學教授岩垣駛夫抵臺後。〔註63〕開始有日本專家學者，受邀來臺指導落葉果樹栽培技術，故日本技術輸入係自民國五十三年起，而非源自日治時期之餘蔭。而技術改由日本輸入，筆者以爲可能和以下二點有關，第一臺灣所引入的落葉果樹大多來自日本，由日本專家應較瞭解日本品種果樹物種特性。第二日人曾在梨山種植過落葉果樹，可能較瞭解落葉果樹的發展狀況，因此開始借重日本技術。

此外，是源自中國的技術，此一部份可分爲二，一是榮民中有少數人，在大陸時即是從事落葉果樹種植，本身即擁有種植落葉果樹的技術，如福壽山農場前場長宋慶雲即是生於大陸種植蘋果樹的世家。〔註64〕其次爲來自大陸的學者，如黃弼臣教授早期曾於桂林研究荔枝，林樂健則爲美密西根大學碩士，程兆熊則爲法國巴黎大學博士。故整體言梨山在高山農業發展上技術來源，在初期主以農復會所提供之美國技術爲主。但民國五十三年後技術來

〔註62〕岩垣駛夫，〈對臺灣落葉果樹的觀感及建議〉，《臺灣省落葉果樹發展問題研討會及考察報告》（臺北：中國農村復興聯合委員會，民國54年），頁20。朱長志，〈臺灣山區梨、蘋果栽培管理之研討〉，《臺灣省落葉果樹發展問題研討會及考察報告》，（臺北：中國農村復興聯合委員會，民國54年），頁23。

〔註63〕中國農村復興聯合委員會編印，《臺灣省落葉果樹發展問題研討會及考察報告》，前言，頁1。

〔註64〕宋慶雲，〈筆路藍縷‧以啓山林──梨山拓荒史〉，《興農月刊》，頁8。

源則以日本為主，如前述呂理燊、曾逢星、宋慶雲等均曾至日本觀摩日本技術，返國後至各地指導落葉果樹種植。

（六）取得技術方式與類別

在這些農業技術指導方式，由圖 3-2、3-3 可以明確的瞭解到，農復會的指導除課堂上講解座談外，也到果園實地講解指導剪枝技術。由於梨山地質屬酸性，地力貧瘠，榮民在指導下利用石灰改變地質酸鹼質，以雞糞及有機肥來提昇地力。另因梨山夏季多雨病菌容易孳生，蘋果、水梨易罹黑星病與黑斑病，水蜜桃則易得縮果，故經常有學者親至指導噴藥防治。水蜜桃、梨、蘋果在花開前後須施予與剪枝、授粉、疏果等工作，然而這些農業技術的指導初期亦賴專家學者指導，方能提高農產產能與品質。而榮民在專家學者指導下產能漸增，收入日豐，也吸引了原住民種植與平民上山淘金。

二、建教合作與技術輸出

（一）建教合作

當落葉果樹在梨山開花結果後，退輔會農場的農業技術也開始獲得肯定，也因此一些學校開始與此地榮民農場合作，進行實地教學實習，如中興大學園藝系、宜蘭農專等大專院校園藝系學生，利用寒、暑假至農場實習。民國六十三年時更有彰化二林農工、臺中霧峰農工、大甲農工等校學生 171名，分批至農場協助疏果套袋的工作，以培養溫帶果樹栽培管理人才。〔註65〕這種建教合作的關係，讓學生有實際的實習機會，對農場言也提供了部份的人力資源。此種合作的關係也讓兩方都獲得實質上的利益。

（二）技術輸出

退輔會福壽山農場，除奉蔣中正總統指示，負責指導梨山地區原住民及自謀生活榮民農業生產技術外。自民國六十年起，又負責執行我國援助泰國「泰王山地農業計畫」的任務。而此任務乃起因於民國五十九年，泰國為改善泰北地區人民生活，及消滅種植罌粟問題，在求助日、韓兩國試種果樹失敗後，轉向我國尋求支援，由於當時退輔會所屬農場所種植的蔬果均極為成功，因此外交部將此任務協請退輔會負責，退輔會遂指派時任福壽山農場副場長之宋慶雲負責，宋氏旋赴泰了解並挑選泰國安康、大浦、清萊等三處設立試驗場，經一

〔註65〕行政院國軍退除役官兵輔導委員會，《武陵農場場誌》，未刊行，未刊頁碼。

年觀察氣候與植物生長狀況，回臺選出廿多種果苗試種，結果所植梅、柿、梨、蘋果等果樹均順利生長。民國六十二年泰國畢沙迪親王來臺訪問，並親訪退輔會高山農場，返泰後邀請時任退輔會主委之趙聚鈺訪泰簽訂「援泰開發山地農業計畫」。〔註66〕並由福壽山農場每年指派二員技術人員，長駐泰北山區指導。由於工作人員的努力，績效卓著，甚獲泰國朝野、皇室、國會暨農業人士讚譽。〔註67〕而宋慶雲更於民國七十九年退休後赴泰長駐，並在泰國獲泰王蒲美蓬親自頒發「皇家國際顧問證」，為我國做了實質的外交工作。〔註68〕

第三節　作物型態改變

梨山地區農業發展，最具代表性者，為落葉果的發展，戰後落葉果樹種植則始於民國四十七年梨山福壽山農場試植，然至蘋果樹開花結果，也歷時五年的時光。至民國五十年退輔會在梨山開始經濟栽培，正式大量種植在梨山發展落葉果樹，並推廣至梨山地區的原住民，自此開始臺灣落葉果的發展進而推及各山地鄉。佳陽、梨山、松茂、環山等原住民生活區域也因果樹取代了原有林木。使得在梨山的榮民與原住民，在農復會及農政單位輔助指導下，因落葉樹的發展而成為全臺最富有的原住民聚落群，榮民也成了富有的一群老兵。

梨山地區農業的發展，起因中橫闢建與榮民安置設立福壽山農場，引進落葉果樹並種植成功，進而推及改善原住民經濟生活，造成今梨山遍地果園茶地之景況。故戰後落葉果的發展是由福壽山農場起步，此一事實即可由福壽山農場擁有全臺最大落葉果樹的基因庫來證明。

一、溫帶落葉果

梨山落葉果的種植始於日治時期，是臺灣最早種植蘋果，水梨、水蜜桃的地區。戰後政府安置一部榮民於此地區從事農墾，亦以種植溫帶落葉果樹為主。因此梨山在中橫公路通車後，接受安置在梨山的榮民主以落葉果樹為發展的項目，其中尤以蘋果、水梨、水蜜桃為大宗。是以梨山不論戰前亦或是戰後，均是臺灣最早種植發展蘋果、水梨、水蜜桃的地區。

〔註66〕國軍除役官兵輔導委員會，《榮光雙週刊》，期2051，頁3。
〔註67〕宋慶雲，〈行政院國軍退除役官兵導委員會福壽山農場業務簡介〉，《行政院國軍退除役官兵輔導委員會福壽山農場簡介》，未刊頁碼。
〔註68〕國軍除役官兵輔導委員會，《榮光雙週刊》，期2051，頁3。

梨山為人所熟知之溫帶落葉果，大多是中橫公路通車後所植，日治時期所植者多數因原住民棄種而荒廢於山野間。戰後落葉果樹的引入依中興大學園藝系李信芳教授所言，首於民國四十年春，由農復會引進，計有桃、梨、柿、蘋果、無花果、草莓等 6 種，果樹苗 8,125 株，草莓 3,000 株。所引進之苗木都分送各地試植，惜並無確實記錄。〔註 69〕民國四十五年又自美輸入扁桃（杏）、胡桃（核桃）棗、栗等亦均用於試植，因此梨山地區溫帶落葉果樹的種植多數於民國四十七年後種植。然梨山在發展落葉果時並非一開始就獲各界認同，退輔會根據臺中農學院園藝系調查的結果，認為梨山地區具備種植溫帶落葉果的條件後；決意在梨山種植溫帶落葉果樹時，卻遭美國一些專家的反對，認為臺灣為亞熱帶地區不宜種蘋果。〔註 70〕但是臺中農業學院程兆熊、黃弼臣、朱長志等園藝系教授，依調查結深信臺灣高山地區可種植，遂於該校位於南投縣仁愛鄉北東眼大山之山地農場進行實驗試種，終獲成功，使人相信梨山地區可以種植蘋果等溫帶水果，因此程兆熊等人也成了臺灣種植蘋果的催生者。〔註 71〕

福壽山農場在執行溫帶果樹種植計劃時，曾遭多方反對意見，尤其在當時政府經濟情況不佳，外滙資金缺乏的情況下，動用外滙購買梨、桃、蘋果苗試種，更遭諸多批評說退輔會、農復會在浪費國家寶貴外滙。此外，榮民也認為自身均已是半百以上老人，種植這些筷子般粗的果苗，種植後能否存活？活了那一年才能結果？等問題，均充滿懷疑是以種植意願並不高。附近原住民亦訕笑農場的榮民年歲已高，怎可能種出蘋果？且說日本人在臺五十多年，都沒成功，而這一群老兵怎會成功？〔註 72〕在三方面的衝擊下曾給農場榮民帶來一定程度的困擾。後來蔣經國指示農場，成敗之責由他來負。於是在民國四十七年春天，由日本進口了 2,000 株果苗，開始了梨山落葉果種植。至民國四十八年退輔會，又自日本輸入苗木一批，計有梨、蘋果、桃、栗、胡桃、枇杷、棗、櫻桃，分植於福壽山農場、勝光及花蓮西寶農場。〔註 73〕此次退輔會所輸入之

〔註 69〕 李信芳，〈梨梅之栽培〉，《臺灣農村》，卷 1 期 4（臺北：臺灣農村雜誌社，民國 54 年 2 月），頁 13。
〔註 70〕 程兆熊，《高山行》（臺北：大林出版社，民國 62），前言頁 9。宋慶雲〈篳路藍縷‧以啓山林──梨山拓荒史〉收錄於《興農》月刊（臺中：興農出版社），頁 10。
〔註 71〕 程兆熊，《高山行》，頁 10。
〔註 72〕 宋慶雲，〈篳路藍縷‧以啓山林──梨山拓荒史〉，《興農》，頁 10。
〔註 73〕 朱長志，〈臺灣山地之果樹〉，《臺灣銀行季刊》，卷 12 期 4，頁 237～243。

苗木則以果樹苗爲主，而其中之梨、蘋果、桃更成日後臺灣高山農業的要角。

落葉果樹引進之品種高達 10 餘種，然隨著種植的成果，及日後市場利基的導向，造成日後的發展以蘋果，梨，桃爲重點。其他落葉樹種如李、杏、柿、板栗、櫻桃、梅等隨著消費者的接受度及利潤不及蘋果、梨、桃的情況而在梨山地區的種植逐日漸萎縮。反之蘋果、梨、桃在梨山成爲較優勢的果樹，其他落葉果在梨山則淪爲陪襯的地位。故筆者在果樹部份主述蘋果、梨及桃三類。

民國四十六年臺中農學院山地園藝資源調查結束後，在三本調查報告中，提出建議在臺灣高山地區發展溫帶落葉果，而所提理由則爲：

> 如能在山地發展果樹，不但可使山地居民定耕，以消除濫墾濫伐，且可以因果樹之發展而增進水土保持，減輕平地水災旱災；因能生產價值高的果實，使山地居民的生活也可逐步改善；同時更可杜絕水果的進口，以節省外匯。故發展山地果樹，無論對山地及平地人民之經濟與國家經濟的發展，均具有極重大的意義。〔註74〕

此外，當時臺灣溫帶落葉果主賴進口，價格高昂非一般平民大眾所能消費，尤以蘋果爲最。因而力主種植落葉果，以節約外匯。而落葉果初期種植之品種，主要經由日本獲得，然雖有日治時期成功之例，但無實際種植成功實例，引進後爲能確實瞭解掌握這些果苗成長狀況，與能否適應臺灣高山地區之氣候，因而先由臺中農學院、臺灣大學先行試種。後農復會自日本引進果苗一批方在梨山福壽山農場試種，爾後退輔會即自行由日輸入苗木種植，且隨著在中橫公路沿線陸續成立農場，輸入之苗木亦分植於退輔會所屬之福壽山、見晴（今清境農場）、西寶等三個農場。

從民國四十七年首先試植的苗木在榮民細心的照顧下，歷經 3～5 年的時光後，開始生產水蜜桃，隔年梨樹亦結果，五年後蘋果也開花結果。〔註75〕而民國五十年退輔會再次輸入種植之苗木，也成爲臺灣發展落葉果上首次的經濟栽培。因爲臺灣的落葉果生產，在民國五十年前沒有經濟栽培，而這次所植之9,200 株均爲經濟栽培，也正式開創臺灣落葉果樹經濟栽培之始。〔註76〕

溫帶落葉果樹由農復會引進，並分送至各適當海拔山區種植，然試種的結果均以梨山地區爲最佳。究其原因在於梨山氣候提供了落葉果生長的環

〔註74〕朱長志，〈臺灣山地之果樹〉，《臺灣銀行季刊》，卷 12 期 4，頁 237～243。
〔註75〕宋慶雲，〈篳路藍縷‧以啓山林──梨山拓荒史〉，《興農月刊》，頁 12。
〔註76〕康有德，《水果與果樹》，頁 222。

境，因為全年氣溫 7℃ 以下總時數須達 1,000 小時以上始可種植蘋果，超過 800 小時以上始可種植梨，600 小時以上始可種植水蜜桃。〔註 77〕故在臺灣蘋果發展的地區，高度限於 800～2,600 公尺之間，再高則夏季高溫不足，萌芽時嫩芽葉會凍傷及妨礙昆蟲傳粉，再低則冬季低溫不足影響果樹休眠。〔註 78〕由這些條件來看梨山地區福壽山、武陵兩個農場，福壽山農場全場標高 1,450～2,575 公尺之間，武陵則 1,740 公尺。而氣溫夏季高溫達 27℃，冬季最低溫零下 8℃，全年度 7℃ 以下之總時數達 1,000 小時以上故適於溫帶落葉果樹之生長。當福壽山農場溫帶果樹種植成功後，蔣中正總統即指示農場，將技術轉移梨山地區之原住民，並提供苗木以改善梨山地區原住民之經濟生活。因此梨山地區原住民放棄原有的農作，也開始轉植溫帶落葉果樹，從而大幅的改善了經濟生活。

　　民國五十二年退輔會成立武陵農場，也如同福壽山農場一般，以種植溫帶果樹及高冷蔬菜為發展方向。且為有利推動，特調動對溫帶果樹有深入研究之福壽山農場宋慶雲，至武陵農場任首任副場長職，以指導榮民種植果樹，暨培育技術人才。武陵農場海拔高度不及福壽山農場，但因武陵農場場區濱臨七家灣溪，在溪谷幅射效應下日夜溫差大，因之亦適合溫帶落葉果樹種植。〔註 79〕除此之外因武陵農場隱於群山之間，為一河谷地形，冬季寒風不易吹入，較福壽山更易發展農業。故武陵農場也繼福壽山農場之後，成為溫帶水果另一聖地。

　　農作物原為經濟作物，農民辛苦上山種植果樹，其目的原就是追求豐厚之利潤。故隨著果品消售的情況及果樹的生長照護情形，諸多落葉果的發展在梨山地區產生此消彼長的效應。利潤高、照顧方便，省事之物種受農民歡迎而大肆種植；反之利潤低之作物，栽植面積則日漸萎縮，甚或不再種植。而農民選種果樹種類所憑藉者均以利潤為導向，依民國六十三年中興大學在梨山所做的調查即可發現此一現象。如圖 3-4、3-5、3-6。

〔註 77〕宋慶雲，〈篳路籃縷‧以啟山林——梨山拓荒史〉，《興農月刊》，頁 11。

〔註 78〕康有德，《水果與果樹》，頁 220～221。朱長志，〈臺灣山地之果樹〉，《臺灣銀行季刊》，卷 12 期 4，頁 237～243。宋慶雲，〈篳路籃縷‧以啟山林——梨山拓荒史〉，《興農月刊》，頁 11。則言冬季沒有適當低溫，花芽不能於秋冬蓄積適當養分，春季無法開花，低溫對花芽分化積為重要，早春開花後，果實肥大成長所用之水分，溫度不足亦不能生長良質之果實。

〔註 79〕宋慶雲，〈篳路籃縷‧以啟山林——梨山拓荒史〉，《興農月刊》，頁 11。

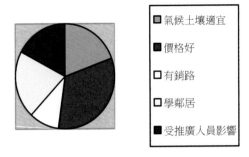

圖 3-4　梨山果農選種水蜜桃動機分析圖

林樂健，執筆人：程兆熊、范念慈、蔣永昌、裘曙舟，《山地落葉果樹生產調查研究報告書》，頁 60。

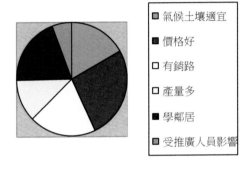

圖 3-5　梨山果農選種水梨動機分析圖

林樂健，執筆人：程兆熊、范念慈、蔣永昌、裘曙舟，《山地落葉果樹生產調查研究報告書》，頁 59。

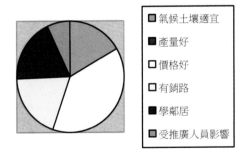

圖 3-6　梨山果農選種蘋果動機分析圖

林樂健，執筆人：程兆熊、范念慈、蔣永昌、裘曙舟，《山地落葉果樹生產調查研究報告書》，頁 59。

由圖 3-4～圖 3-6 中可看出，梨山農民在種植果樹多是以利益為導向，做為選擇物種的主要考量。故至民國七十九年，第一批上山拓墾成員之一的宋慶雲場長退休時，梨山地區溫帶落葉果市場僅見梨、水蜜桃、蘋果、柿等水果而已，其他如胡桃、扁桃、栗、櫻桃、李等不是無人種植，就是成為果園中點綴的果品，甚至從消費市場中消失。

二、高冷蔬菜

　　梨山位大甲溪上游，由達見經佳陽至梨山山勢開展，在由梨山轉松茂、環山、勝光、至思源多為肥沃之山腹及山麓地，海拔多在 1,500 公尺至 2,200 公尺之間氣候與平地迥然有異，冬季嚴寒季節，可見霜雪與冰凍，適宜高冷蔬菜的種植。故自民國四十六年至民國四十八年間，臺灣省農業試驗場，即在梨山村及福壽山農場進行蔬菜採種試驗，且成效斐然。其中有多種在平地無法開花結實之蔬菜，均能在梨山等高山地區豐滿結實，這種成果，也奠定日後在梨山地區發展高冷蔬菜之基礎。福壽山農場成立時之目的，除安置榮民外，另一目的為提供中橫公路開路工人新鮮蔬菜而設，故蔬菜種植原亦為在梨山農業發展中項目之一。高冷蔬菜的種植在梨山發展初期，主要還是以退輔會之榮民為主，而種植區域主要集中於農場區內。種植之蔬菜種類，除如前文所述，由臺灣省農業試驗場所李伯年技正指導及採種實驗的 12 種蔬菜外，另也植一些生長期較短之葉菜類蔬菜以供食用。待實驗成功後，選擇出適於梨山地區種植的蔬菜，供榮民在梨山所從事的蔬菜種植。榮民所種植的蔬菜除自食用外，則以甘藍、山東大白菜為經濟作物，大批種植。其他如馬鈴薯後來因平地也有農民種植且品質亦佳，故後並未繼續在梨山發展。

　　初期蔬菜的種植較多樣化，但以甘藍菜為最多，結球萵苣次之，結球白菜、甜椒、蕃茄、西洋芹菜、馬鈴薯亦產，惟產量較少。越戰時期，美軍為縮短後勤補勤線，在蔬菜部份曾於民國五十六年在臺採購蔬菜供應越南戰場美軍需求。因此福壽山、武陵農場基於利基與美軍需求亦曾種植結球萵苣、西洋芹菜、青椒、蕃茄等蔬菜出口販售。民國六十三年以後又轉以供應國內夏季蔬菜如甘藍、結球白菜、青花菜等蔬菜。另在多季時平地生產供應無虞，然至夏季平地氣溫過高生產不足，因此橫貫公路沿線各山地農場高冷蔬菜栽植因而擴大。民國五十七年福壽山農場榮民種植蔬菜面積達 76.5 公頃，武陵

農場則達 28.8 公頃，這些面積尚不含在農場外圍個別農墾的種植面積。〔註80〕至民國七十三年時武陵農場蔬菜栽培面積達 55 公頃，〔註81〕福壽山農場亦有 150 公頃。

　　蔬菜種植園區，一般都選擇較平坦地形或緩坡地帶，因高山地區地質如第一章所述肥力不足，且多屬酸性地質，故種植蔬菜必須大量施肥及洒石灰來改變土質，選擇平坦地形對所施洒肥料也較不易流失。然山區施肥多以雞糞等有機肥為主，故山區菜園附近常是蒼蠅橫生，異味雜陳。此外因蔬菜種植需大量以水分，而山區地質多數為頁片岩所構成，故無法涵養水分。而需每日早晚洒水一次，提供菜苗所需水分，初期是以大批人力接水管來澆洒，故初期大批種植高冷蔬菜多以榮民為主；直至有洒水器出現方有一般農民種植。是以在梨山蔬菜種植園區另有一特殊景觀就是水管管線特別的多。

　　由於梨山地區海拔高早晚溫差太，入夜後氣溫陡降，晨間室外均結霜，因此梨山所種植之蔬菜烹食後不但口感清脆，甜度亦高，故甚獲消費者喜好。因之平地菜販盤商上山批菜日眾，尤其是民國六十八年以後受蘋果開放進口的影響，許多果農為求生計砍掉果樹改種生長期較短的蔬菜，造成種高冷蔬菜的種植熱潮。尤其在夏季因平地氣溫較高，一些蔬菜無法生長，而高山地區涼冷的氣候則提供了高冷蔬菜良好的生長環境。且夏季平地多雨及颱風，往往會給平地蔬菜帶來重大損失，然山區因菜地排水容易，對蔬菜危害較小，是以夏季常是梨山地區菜農豐收之期。其次是受到政府開放蘋果進口政策影響，梨山地區許多種植蘋果的果農在砍掉蘋果樹後，為求生計開始改種其他的果樹或蔬菜，以致於民國七十六年後上山租地種植高冷蔬菜之平地人日眾。在種植的種類上亦漸趨單純化的趨勢，以種植甘藍菜為大宗，間雜菠菜、大白菜、大蒜等作物。馬鈴薯、青椒、青花菜、蕃茄等，平地也可發展的作物則漸次消失在山際。

三、香菇

　　香菇為寄生於樹木之擔子菌類隱化植物，在亞熱帶山地氣候溫和樹木繁茂之地區，極宜繁殖。日治時期梨山地區即有香菇生產，惟品質不一，產量亦微，故價格極昂。戰後在梨山山林間仍可發現野生香菇生長，故常有原住民入山採取晒乾後販售，但因生長區多為山林較隱密處，故不為警政人員允

〔註80〕陳憲明，《梨山霧社地區落葉果樹與高冷地蔬菜栽培的發展》，頁 102。
〔註81〕陳憲明，《梨山霧社地區落葉果樹與高冷地蔬菜栽培的發展》，頁 103。

許而遭禁止。而戰後初期本省食用香菇全賴國外輸入，每公斤價格高達新臺幣五百元以上，尤以從日本輸入最多。且據統計每年全臺消費香菇約為 200,000 臺斤，致耗費外滙可謂不貲。〔註 82〕然臺灣並非無香菇出產，惟數量不足，品質亦甚低劣。〔註 83〕民國四十七年年春，退輔會為安置榮民於梨山及橫貫公路沿線發展農業，曾邀請農復會、臺灣省農林廳及有關單位專家組隊勘察橫貫公路沿線時，就發現甚多地區，頗適宜香菇栽培，也因而決定在福壽山及西寶兩農場進行試栽。

　　福壽山農場是在民國四十七年，由曾赴日研究香菇多年的施性忠先生指導下，在農場內分別擇定培養香菇五處，共種植原木 30,000 支（每支菇木為宜徑 4 臺寸、長度 4 臺尺）。〔註 84〕如圖 3-7。

圖 3-7　退除役官兵在山地栽培香菇

資料來源：翻拍自中國農村復興聯合委員會，《中國農村復興聯合委員會工作報
　　　　　告第 13 期》，未刊頁碼。

到民國四十八年秋天香菇原木開始漸次發出香菇，初期產量並不多，但味香肉厚，品質優良，較進口產品毫無差別。而每支原木可供採菇七年，但年生產量，每年均不同，其產量以第五年為盛產期，每千支原木年生產量概約如

〔註82〕施性忠，〈香菇〉，《臺灣省東西橫貫公路開發紀念集》，頁 142～144。
〔註83〕中國農村復興聯合委員會，《工作報告》，期 13，頁 112。
〔註84〕施性忠，〈香菇〉，《臺灣省東西橫貫公路開發紀念集》，頁 142～144。

下：第二年 32 臺斤，第 3 年 96 臺斤，第 4 年 184 臺斤，第 5 年 259.6 臺斤，第 6 年 198.8 臺斤，第 7 年 38.6 臺斤，總計 800 臺斤。〔註85〕此外，民國五十二年，武陵農場成立後，於民國六十年取締違規濫墾的墾戶黃濟川非法租與桃園籍的王姓夫婦經營的香菇園後，武陵農場遂收回自營，並於當年十月研究種植香菇原木二千根，所生產之香菇曾於民國六十二年獲評為三等獎。〔註86〕而此香菇培養寮位於該場百福橋下方溪流畔。後香菇的種植，因榮民配地後，工作重點均置於農地上，香菇培養因而乏人照顧，加上香菇的種植技術不斷改進，低海拔山地及平地也可生產香菇，而且生產的方式也由種植於原木的方式，轉為較進步的太空包後，產量更增。梨山地區傳統式的香菇種植，因而逐漸的沒落消失。

四、茶

茶為梨山地區戰後新興經濟作物，日治時期在梨山地區並無種植。梨山茶葉的種植一直到民國六十九年方開始，在福壽山農場種植 5 公頃，但然這年所植之茶樹除少部份生長尚可外，大部發育欠佳，次年又栽種 12 公頃，成活率不足 20％。〔註87〕民國七十一年度開始試做茶葉，然品質並未獲好評，究其原因，經檢討為 1. 種植地區風力太強，2. 缺水，3. 土質瘠薄，4. 霜害嚴重等問題。〔註88〕這些問題解決之法，在退輔會督考紀錄中之檢討與建議項的記錄中記載，建議以集約耕作，種植防風林或防風草來防風。冬季覆蓋茶樹，防止霜害。夏季試種綠肥以供肥培。設置手工製茶工具自行製茶等措施來改良茶葉生產。故至民國七十六年時茶園種植面積已達 8,6680 公頃，同年度時茶樹尚屬幼齡已採收茶菁 885 公斤，製成茶葉名為「福壽長春茶」213 公斤。而此茶也成為全臺海拔最高之茶。

武陵農場則至民國七十三年考量水果價格低落，人工、物料等本增加，為保持農場收益，開始試種軟枝武夷茶 0.1 公頃，民國七十五年又在該場果四區試種 0.1 公頃次年時因見民國七十三年所種之茶樹，經三年管理，生長狀況

〔註85〕 施性忠，〈香菇〉，《臺灣省東西橫貫公路開發紀念集》，頁 142～144。上述 800 臺斤為乾菇量。

〔註86〕 行政院國軍退除役官兵輔導委員會，《武陵農場場誌》，未刊行，未刊頁碼。

〔註87〕 行政院國軍退除役官兵輔導委員會，《行政院國軍退除役官兵輔導委員會農林漁業機構 73 年終業務評鑑報告書》，未刊行，頁 28。

〔註88〕 行政院國軍退除役官兵輔導委會，《71 年度農林漁牧督考檢討報告》，未刊行，頁 28。

良好，品質亦佳，又於果四區廢棄的蘋果園開墾平臺，續種茶樹。〔註 89〕武陵農場也因此繼福壽農場之後開始生產茶葉。現農場茶葉生產採外包方式，租地供平地茶農生產經營，所產之茶名為「武陵茶」。這兩個農場所種之茶皆為烏龍茶系列，然就種植面積言，福壽山農場所植之面積遠較武陵農場為廣，尤其福壽山農場往天池的路上至華崗延至南投縣境內都可見茶樹種植。至於在銷售管道上，福壽長春茶每年僅於六月採收一次，生產總類茶葉有烏龍、鐵觀音、武夷茶三種，販售方式除於農場販售給遊客外亦提供郵購。武陵農場所產則有金萱、烏龍二種，販售方式也同福壽山農場。

　　然原以落葉果及高冷蔬菜為主要農作的福壽山農場為何開始種植茶樹，就試植茶樹的時間點言是在民國六十九年，而民國六十八年時政府開放蘋果進口，梨山地區生產之蘋果價格隨即慘跌。此外，再看茶樹種植地區不論是福壽山農場亦或武陵農場原多為蘋果園區。若由此判斷，福壽山農場及武陵農場開始種植茶樹，實是為因應蘋果價格低落，而採取之融通之策。結果也因國人偏好高山茶之故，梨山地區首先生產之福壽長春茶也因品質絕佳深獲消費者歡迎，甚至登上國宴款待國賓。也因此吸引另一波平地人上山租買土地種茶樹、產茶。此景又同昔日種植果樹般。如筆者在臺中縣大里市即識一茶商盧儷升女士，即在梨山租地種植茶樹並自製茶販售。〔註 90〕一般較普通高山茶售價約為一臺斤約千元上下，然梨山福壽山茶價格多在每臺兩 400 元上下之普，價格可謂不低。因此梨山之高山茶業發展，恐繼落葉果及高冷蔬之後，成為梨山農業發展另一走向。

第四節　農產品的產銷

　　梨山因為處中央山脈中，雖言有臺 7 甲線，臺 8 線二條公路橫貫臺中、花蓮、宜蘭等地。但榮民及原住民在七○年代時，大都未擁有交通工具，故在農作物產期均無法採收後自行運送下山販售。因此農產品的產銷，遂因各自所需，建立滿足自我的產銷方式。此外因果樹與蔬菜銷售管道不同，尤其梨山初期種植蔬菜者多為農場榮民種植產銷多由公家統一標售，較無研究價值，而一般農民或原住民則多種植果樹，產銷管道較為多元化，故本節對農

〔註89〕行政院國軍退除役官兵輔導委員會，《武陵農場場誌》，未刊行，未刊頁碼。
〔註90〕盧女士在梨山以租地方式種植茶葉，茶葉採摘後自製然後在自己開設的茶行販售。

產品產銷之研究區隔爲果品及高冷蔬菜來論述。

一、落葉果

落葉果的銷售主要爲水蜜桃、水梨、蘋果三類。其果實銷售方式隨種植果農不同而有差異。福壽山農場的果樹種植區分有農場直營與榮民種植二種，武陵農場其經營制度在民國五十七年時，由於退輔會鑒於農場地區種植果樹與蔬菜均有前途，乃將果樹收爲直營生產事業。果樹管理採僱工管理方式，榮民種植果樹則以農場僱工身份來管理，民國五十四年時果樹管理工資每人每月僅四〇元，另有績效獎金 85%。故產銷上完全由農場主導，榮民完全不參與。〔註91〕也因如此在廖士毅研究中，自然發現在水果的銷售中，以退輔會所屬農場生產，並直接管理產銷的水果，由單位來運銷者較有秩序。其他榮民與一般果農所生產之產品運銷，則相當凌亂，無一定的制度。〔註92〕

（一）運銷過程

梨山地區所生產之落葉果與平地生產之青果一樣是容易腐爛，不堪經歷較多次的搬動，尤其水蜜桃更不耐踫撞，不似其他大豆、穀類等運銷較爲容易簡單。而梨山地區的蘋果和梨的運銷，依廖士毅的研究其過程如圖 3-8。

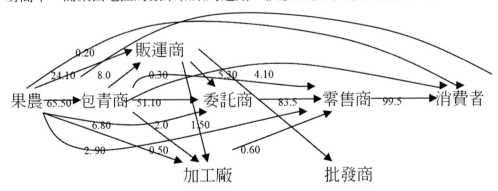

圖 3-8　民國 60 年代梨山蘋果、梨運銷過程

資料來源：廖士毅〈臺灣高冷地區青果產銷之經濟研究〉《臺灣銀行季刊》卷 25
　　　　　期 2，（臺北：臺灣銀行經濟研究室，民國 62 年 6 月），頁 242。

〔註91〕行政院國軍退除役官兵輔導委員會，《武陵農場場誌》，未刊行，未刊頁碼。
〔註92〕廖士毅〈臺灣高冷地區青果產銷之經濟研究〉，《臺灣銀行季刊》，卷 25 期 2，
　　　　頁 233～258。

從其中可觀察出這裡果農用以運銷出售蘋果、梨的通路有六條之多，其中「包青」商人所佔比例最多，約 65.50%；其次為出售地方販運商，計佔 24.1%；再次為僱用卡車運至消費地區委託青果商代售的佔 6.80%；果農直接運售給零售商及零售商親向果農購買佔 2.90%；果農售給加工廠佔 0.5%；直接售給消費者佔或 0.2%。〔註93〕其中包青商向果農所包期限，長者五年，短者一年。在所包的期間一切管理如施肥、噴藥、除草、澆水……等等均由包商負責，果農僅每年收取包青的費用不過問其經營與收獲狀況，此情形在原住民的果園頗為普遍。而包青商大多也都是販運商，其收獲之果實都是自行僱工分級包裝，然後再運送到消費地區委託委託商代為拍賣或議價出售。運至加工廠或經批發商轉售給零售商數量較少，但這些水果的運銷總量大多還是到零售商銷售，直接由果商或包青商直接銷售給消費者的還是少數。〔註94〕

至於水蜜桃的運銷與蘋果、梨一樣，但因水蜜桃較蘋果、梨更易腐爛，故在透過委託商銷售的數量上則減少許多，相對的其他通路的運銷量就增加。而這三種果品一般人的認知都以為僅在於內銷，但從退輔會所發行的刊物中卻可發現其內文中刊載了，退輔會所屬之山地農場所種之水蜜桃，在民國五十八年起就有外銷香港、九龍、新加坡並大受好評，每次運抵銷售地即遭搶購一空的報導。〔註95〕由此觀察除上述之產銷管道外，退輔會亦有介入其中來主導水蜜桃的產銷，且是外銷至國外。但令人質疑的是，這段時間在臺灣青果市場上，卻甚難見到水蜜桃展售。

（二）產地市場

除上述的運銷方式外，梨山地區的水果產地一樣擁有自己的產地市場，但由於當地位處高山地區在民國六十年以前，此地果農主要以榮民與原住民為主體，因而在產地市場的交易上稍與他地不同。其交易以包青主，其次為販運商收購，再次為加工廠或零售商直接至產地收購。〔註96〕根據廖士毅的

〔註93〕廖士毅，〈臺灣高冷地區青果產銷之經濟研究〉，《臺灣銀行季刊》，卷 25 期 2，頁 233～258。

〔註94〕廖士毅，〈臺灣高冷地區青果產銷之經濟研究〉，《臺灣銀行季刊》，卷 25 期 2，頁 243。

〔註95〕行政院國軍退除役官兵輔導委員會，《成功之路》，期 158（臺北：行政院國軍退除役官兵輔導委員會，民國 58 年 8 月），頁 7。

〔註96〕廖士毅，〈臺灣高冷地區青果產銷之經濟研究〉，《臺灣銀行季刊》，卷 25 期 2，頁 244。

研究，68%以上的果農都以青果包青方式包給商人，退輔會所屬兩個農場直營生產的水果大部自己運銷外，福壽山農場榮民生產的水果也平均有 44%以包青方式售給商人。〔註97〕

　　而此地的果農不論榮民或原住民，之所以會以包青方式為主，主要在地理因素上，因為梨山距平地都市的消費市場太遠交通不便，又時常發生交通中斷，若以包青方式處理可省去青果運輸的困擾。其次在人的方面，梨山地區的果園，多數是原住民所有，由於過去經營農業勉能溫飽，今將所種植的果園、果樹交與包青商人，除可獲豐碩利潤外又可免冒經營損失風險故也樂於取得鉅額金額後遷居平地。〔註98〕

　　產地市場除果農以包青方式出售外，其次是將產品售給地方販運商，販運商有的親自到產地收購產品，或在適當的地點等待果農將產品送來收購，收購之價格自然是雙方自行議定。販運商所購的果品在當地僱工分級後，待達到一經濟的運銷單位後，即僱車運往消費地批發市場出售或拍賣，也有直接售給零售商販賣的。

　　在零售商部份，也有零售商會直接向果農與榮民購買青果後設攤販售的，在梨山販售的零售商中，有的則是兼具果農身份。這些人一般多是收成後直接在果園附近或帶至梨山販賣，但因常在風吹日曬雨淋之下叫賣，蔣中正總統有見於此，憫其奔波之苦，還曾指示興築梨山零售市場供果農販賣水果。〔註99〕至於公營單位的產銷，如退輔會武陵農場其銷售方式則是採以下三種方式銷售：1. 在農場場部直接賣給觀光客約佔 17～20%。2. 自行採收後，雇用卡車運送下山賣給青果商約佔 20～30%。3. 以包青方式標售給青果商人約 50%。而這種包青方式均是在採收前，招集青果商人至果園，論重量或面積議價標售，訂定買賣契約，採收工作則由青果商自行負責。〔註100〕就兩者來看公營單位銷售似較優越，一般果農的包青則較似將果園經營權出租。然筆者在梨山訪問當地果農時，發現也有農會產銷體系，但也有一些果農未加入農會產銷班，這此人中以榮民或榮民第二代較多，筆者詢問一周姓果農其

〔註97〕廖士毅，〈臺灣高冷地區青果產銷之經濟研究〉，《臺灣銀行季刊》，卷25期2，頁244。

〔註98〕廖士毅，〈臺灣高冷地區青果產銷之經濟研究〉，《臺灣銀行季刊》，卷25期2，頁245。

〔註99〕臺灣省政府梨山建設管理局，〈梨山地區綜合開發計劃草案〉，頁27。

〔註100〕陳憲明，《梨山霧社地區落葉果樹與高冷地蔬菜栽培的發展》，頁71。

原誘時彼等認爲，農業銷售獲益並不如自己銷售有利，因此未參予農會的產銷體系。而近年來隨著網路的發達，在梨山也有一些果農利用網路、宅急便、電話、傳眞的方式來銷售其果品。

（三）農場的產銷

福壽山與武陵兩個公營農場在果品的販售上，在水果產期此二農場，均有在農場場部販售水果給觀光客。福壽山農場的販賣量，約佔全產量的五分之一，武陵農場則佔 17～20%。而自行採收用貨車運往各都市賣給青果商的武陵農場有 20～30%，福壽山農場也有自行採收雇車運下山販售但數量不詳。此外就是以包青、包園方式把果園標售給青果商。〔註 101〕除此之外，武陵農場爲減免颱風損失，對一些受損傷無法分級包裝出售的水果，則設置加工廠，加工製造成果汁罐頭銷售。〔註 102〕

（四）水果分級

在水果的銷售分級上，主要以人工實施分級，尤其水蜜桃由於成熟後極易受損，故更須由人力小心挑撿，以免傷及果品。一般水蜜桃採摘時程把握亦會影響到分級。而採摘的時程可區分二類，第一類是爲求賣相佳者。都在八、九成熟時才採收，然此時果品極易受損不耐運輸。第二類是果農爲求採摘後易於運輸者，都在果品七、八成熟時即行採摘。〔註 103〕此外水果在價格上平地果物盛產時常有果賤傷農之議，然水蜜桃恰與之相反，產量多價格高，產量少價格低的現象，原因乃在於水蜜桃產量如少品質必定差，產量多則品質必佳的緣故。〔註 104〕除此之外，當地果農也曾說，有時農場水果量不足時亦會向附近榮民果農蒐購水果，以滿足其銷售量，然價格並不會高於市價，故有許多果農供應一次後都拒絕提供。〔註 105〕

二、高冷蔬菜

（一）產銷方式

梨山地區高冷蔬菜種植在中橫興築時，是以提供築路工人飲食所需，迨

〔註 101〕陳憲明，《梨山霧社地區落葉果樹與高冷地蔬菜栽培的發展》，頁 50～55。
〔註 102〕行政院國軍退除役官兵輔導委員會，《武陵農場場誌》，未刊行，未刊頁碼。
〔註 103〕民國 96 年 5 月 2 日訪問梨山果農黃明順先生口述。
〔註 104〕民國 96 年 5 月 2 日訪問梨山果農黃明順先生口述。
〔註 105〕96 年 5 月 2 日於志良周思源口述。

中橫通車後蔬菜種植則以營利為目標。但梨山地區高冷蔬菜種植主要為退輔會所屬的二座農場，但在種植上又區分為農場墾員與在農場外圍個別農墾榮民二部份，是以在高冷蔬菜的銷售上也有所差異。農場墾員在未獲國家配地前，由農場提供一切設施資源如農具、肥料、菜苗及農地等。種植之蔬菜亦由公家統一決定，其模式系採集體共同經營的方式，蔬菜採收前，由農場本部負責招集菜商，依單位重量標售，採收亦由商人雇工採收、包裝、運輸。售後所得除扣除一部作為機械、肥料等生產材料的基金外，依榮民工作日數平均分攤利益。〔註106〕

　　根據武陵農場場誌記載，武陵農場在種植蔬菜時，在產銷上也曾發生若干問題，造成產銷上的損失，如其蔬菜種植曾因同時種植，同時收獲，造成產品無法控制，導致市場滯銷，甚致因同時種植，同時成熟，供銷不及，發生腐爛，造成農場與包商之虧損，而引發債務糾紛。所以在民國六十年時，澈底實施計劃生產，配合全省內外各市場需要，確定種類品種，嚴分季節播種，並將已往招商承包的方式改為產銷配合，直接與全省各市場菜商訂約運銷。消除商人從中剝削，虧欠倒賬，並議定各市場經銷所有菜款，於每週二、五全部逕滙雙方共同設立於臺中彰化銀行東勢分行之專戶。然在民國七十一年第二期蔬菜生產時，仍遭遇到菜商倒閉虧損的情事發生。〔註107〕

（二）配地後銷售

　　各農場實施榮民配地後，因所使用之工具肥料菜苗，均改為榮民自行負責籌措，盈虧亦自負。故榮民所種之蔬菜，多改由菜商自行與榮民議價。但價格的議定並無一定之標準，完全由榮民與菜商，就蔬菜當時生產狀況、品質和市場需求、市價來議價。筆者在武陵農場，曾親見民莊莊民黃志學與來平地的菜商議價經過，黃氏認為其所種之甘藍菜較其他人所種之品質都佳，價格不容菜商喊價，而菜商細看其菜園甘藍菜生長狀況後，隨即同意付下訂金，約定收成之日即離去。而這些菜商並非單一地區的菜商，有的來自臺北，也有來自雲林縣西螺鎮的菜商，故可說全臺的菜商至蔬菜收成季節時均會至梨山地區收購，而一般梨山地區的蔬菜運送下山後之價格，均較平地所種之蔬菜在價格上，均會高上一成以上，如遇颱風蔬菜運送至平地價格更高。

〔註106〕陳憲明，《梨山霧社地區落葉果樹與高冷地蔬菜栽培的發展》，頁103。
〔註107〕行政院國軍退除役官兵輔導委員會，《武陵農場場誌》，未刊行，未刊頁碼。

　　而蔬菜到採收之日，都由菜商自行僱用大卡車自備竹簍與人力來採收。而此時榮民的收益，都屬自己所得，無須再與農場共分。至於居於農場外圍個別農墾的榮民，早期蔬菜採收後，墾員需自行雇用貨車到各大市場批售，民國五十六年後，開始有菜商上山採購，因此自行採收與僱用貨車至市場批售的情形就不再了。但隨著農墾榮民年事高，在梨山地區已難見這些榮民在田間的身影，除少數第二代榮民子弟有心承繼父業外，多數人都將土地租予平地人種植，自己和家人定居於中部或北部的城市。然這二農場中之福壽山農場的墾區因位於德基水庫集水區範圍內，因此至民國六十八年後，除位於南投縣境之華崗墾區外，大多遭禁止生產的命運。〔註108〕武陵農場勝光菜園地，因游錫堃任行政院長時，認為該地種植蔬菜會影響宜蘭民生用水，而規定民國九十五年後停止種植。〔註109〕

　　其次溫帶水果在民國五十年後就成經濟作物，但臺灣有產水蜜桃為一般消費者所普遍知悉卻是近二十年的事。根據早期榮民轉述乃因農場所種之果樹多數為農場所擁有，在六十年代以前收成後的水蜜桃除外銷港九及星馬等地外。其他大部運至臺北後成為官場的禮品，〔註110〕青果市場根本難見其蹤跡。此外，自中橫通車水蜜桃開始生產後，蔣中正總統幾乎每年夏季在水蜜桃產期都會親至梨山避暑，每次到梨山時都會至福壽山或武陵這二座農場，而農場都會準備白鳳桃供其食用。甚至武陵農場在總統賓館前，於民國六十四年以前還曾植有一批白鳳水蜜桃，專供其食用。而白鳳品種水蜜桃，至蔣中正總統逝世後，也開始在梨山地區大肆的種植，並深獲消費者的喜好。

第五節　小結

　　整體言梨山地區農業發展，從農復會早期的資料來觀察，並未能看出政府有在梨山地區大肆發展的目標與企圖。但是農復會是計畫在高山地區建立一具試驗性質的高山地區農場。可是隨著中橫興築，在中橫公路沿線的山地資源調查後，發現沿線多處具發展農業的條件，加上後來因為要提供新鮮蔬菜供築路人員食用，而決定在梨山設置農場同時做為安置榮民的地方。農場設置後除蔬菜種植外，其他農作物則因臺中省立農學院山地園藝資調查，發現梨

〔註108〕陳憲明，《梨山霧社地區落葉果樹與高冷地蔬菜栽培的發展》，頁105。
〔註109〕95年5月16日嚴慶雲先生口述。
〔註110〕94年11月16日劉洪倫先生口述。

山具有生長溫帶落葉果條件，建議政府在中部山區發展溫帶落葉果樹。而退輔會以農墾安置榮民於梨山時，蔣經國指示福壽山農場要發展平地無法種植的農作，避免與平地農民爭利，促使福壽山農場開啓了落葉果樹種植緣由。

在蔬菜種植上，先是爲滿足中橫公路工人需求設農場種菜，然又因戰後臺灣蔬菜種子不敷需求，臺灣省農試所在各地設置採種試驗時，在梨山地區又設置福壽山農場、梨山部落二處，從事育種試驗。在試驗與蔬菜種植指導併進之下，爲梨山奠定蔬菜生產基礎。爾後在蔬菜種植歷程中，民國五十七年又因越戰的關係，美軍就近向臺灣採購甘藍、結球萵苣、西洋芹、青椒等蔬菜，來供應越南戰場美軍新鮮蔬菜的需求，在利基的考量下。蔬菜種植面積不斷擴增，此種無心又無意的發展，都築基於利基的獲取上。而民國六十八年的開放蘋果進口，斬斷梨山蘋果發展生機，迫使果農轉向高冷蔬菜種植，而掀起蔬菜種植熱潮。

梨山地區在農業技術與資源的獲取上，主要得力於農復會的協助，而農復會大力投入人力資源協助榮民，除是因單位身肩負安置退除役軍人的任務外，其次則在想瞭解並建立臺灣高山地區農業發展資料。故除提供經費協助外，在農業技術上也頃全力協助，除臺灣大學、中興大學二所大學農學院，協助指導外。農復會會內一些專家、學者亦多次上山指導，更聘請日籍專家來臺，並親上梨山福壽山農場指導果樹剪枝示範。之後臺灣省政府農牧局、退輔會等亦經常辦理農業講習會，指導傳授各種農業新知，提昇梨山地區農民與榮民農業技能。

當梨山地區溫帶落葉果發展到一成功階段後，退輔會的榮民除依照層峰指示，把技術與果苗提供原住民外，更在外交部的要求下，將在梨山發展出的溫帶落葉果樹種植經驗，遠傳至東南亞的泰國，爲我國進行實質的外交工作。由此也可觀察出榮民種植果樹非僅只是一昧的接受，在吸收新知中也能創造出個人的經驗知識。

在梨山整體的農業發展中，也可看出，梨山果農在果樹的發展過程中，物種種植的選擇上，多以利益爲導向，地形、天候條件適合與否反而不是考慮的主要因素。也是因爲如此，也導致福壽山農場華崗地區的果農，只因氣溫條件的合適而廣種蘋果，後又因植物病害而伐去果樹改種蔬菜。此外蘋果樹減少種植另一因素，筆者認爲就如陳中教授的研究，是在於價格的問題上，民國六十八年八月政府開放蘋果進口，造成國內果價應聲滑落，蘋果栽培面積

也大幅縮減，由高峰期 2,500 公頃降至 1,000 公頃以下。而取以代之的卻是高冷蔬菜與茶樹，也因此福壽山農場與武陵農場在落葉果漸失競爭力後，改以生長茶葉來塡補果品的營利，一般果農在地形環境條件允許下，也都改種高冷蔬菜。由此也可知，公營的農場在經營策略上，同樣是以追求利基爲目的。

其次在農作物的產銷上，公營農場因有公家機關統一辦理銷售，在銷售上一般學者均認爲較無問題。然從筆者的研究中發現，水果的銷售除了一般人所知在臺灣內部銷售外，外銷的部份一般人皆視之不可能。尤其是最不易保存之水蜜桃，光運送下山就是一大困擾，更何況是外銷。然從退輔會民國五十八年、六十年，所發行的刊物中，卻可看到水蜜桃銷售至港、九與新加坡的事實。由此可知水蜜桃遠距離運輸，非不能也，而是不爲也。此外在一般果農或榮民的產銷上，受限於運輸故大多以包青、包園的方式來銷售，以減少分級運銷上的困擾。蔬菜產銷上，初期曾因農場的大批種植，同時採收，造成市場供需失調，也造成農場榮民與包商無謂的損失。然後來雖經檢討採產銷配合，契約生產的方式來改進，確保了農場與榮民的收益，至民國七十二年時又曾以包商議價方式經營菜園，以提高蔬菜的售價。

在梨山地區整體農業發展的歷程中，無法磨滅的是半生執干戈衛國的退伍軍人，在卸甲後旋即歸於山林田野，並再拾鋤具開山闢土，在這後半生的日子裏，眾人所面對的將來，存在諸多變數，成功與否皆爲未定之數。但在軍人誓死達成任務習性的驅使下，這些年近半百的老弱殘兵卻完成了，被原住民譏爲不可能完成的任務。不但如此，更將種成功心得與技術無償的轉教當地原住民，讓梨山地區的原住民因種植落葉果之利，成爲全臺最富裕的一個族群。

不可諱言的是，在榮民的辛勞中農復會大力支助，中興大學、臺灣大學二校農學院園藝系教授不辭辛勞的指導，亦是梨山地區農業能夠克服艱難的主要因素，而退輔會的自力更生，在困境中尋求生機的努力，更透露出這些退伍軍人不屈不撓的意志，由此可看出梨山高山農業發展，實爲多方群策群力努力的成果。此外在落果樹的發展過程中，也可看出果農在選擇果樹種類時，其考量的基調，多數以價格好爲首要考慮事項，對於是否適宜當地土質氣候並非主要事項，也因此在不適宜的地點強植果樹，得到的結果就是病蟲害的肆虐及水果品質的下滑。

第四章　農業發展與梨山社會變遷

　　隨著農業的發展，梨山由一原住民聚落，變爲山地農業區。尤其是梨山農業發展的利益，吸引無數上山淘金人口。臺灣省政府、臺中縣政府、退輔會、觀光局、林務局等單位共同介入到梨山地區的建設發展。而梨山在整體的農業發展過程中，深切影響到梨山地區人文社會與生態發展。在人的部份受影響最鉅者是退輔會所安置的榮民，及本地的泰雅族原住民。退輔會除在此地安置的榮民外，也因溫帶落葉果樹及高冷蔬菜的發展。使一個原本孤立於中央山脈的原住民部落，搖身變爲一個富裕的山地原住民聚落，與山地農業區，因而改變梨山地區的社會文化。

　　梨山地區社會文化的急遽改變，始於退輔會安置榮民，與發展高山蔬果，再加上中橫公路通車後，交通便捷，帶給梨山農業發展的有利條件。又因層峰決策，將落葉果樹種植與技術推及原住民，因而徹底改變梨山地區的傳統農業生態。更因如此讓榮民與原住民獲得絕佳的經濟利益，吸引無數平地人口上山追求利益。

　　本章從土地開發爲起點，探討榮民、原住民、平地人的土地開發、經營與土地如何獲取爲主。其次分析梨山地區在高山農業發展後人口的變遷狀況，與當地醫療、教育，宗教信仰的情形。最後論述整個梨山地區觀光產業的發展。

第一節　土地經營與糾紛

一、土地開墾

　　中橫公路的通車，除代表臺灣在戰後完成一項重大公路工程外，其實也宣告臺灣高山地區農業正式發展。在中橫通車前，榮民即在梨山展開農地開墾工程，通車後參與築路的榮民，雖然蔣經國在民國四十七年七月十一日中橫公路第十六次會中，要求各工程總隊總隊長鼓勵隊員儘量留居山地，從事生產開發事業。〔註1〕且蔣經國在中橫公路第十六次會議結論中也指示，如果願意留下的人所需土地，要求由各總隊長在 10 公里的範圍內自行尋找，供這些人從事農墾。〔註2〕這 10 公里的範圍究竟指何處，在會議資料中則無明確指示。隨著工程的結束，參與工程的榮民泰半都跟隨工程總隊離開山區。留在山上從事農墾人數，若就福壽山農場參與實際農墾的人 100 人中，依退輔會民國七十六年時的調查統計，在梨山達 30 年以上的榮民僅有 5.2%，由此觀察實際留下人員應屬有限。〔註3〕

　　榮民除在梨山地區開墾二座農場外，其他個別農墾與自謀生活的榮民則分散於松柏村、合流、梨山、松茂、環山、苗圃、志良、勝光、思源等處。在梨山村個別農墾有 18 戶，平等村則有 24 戶。而當時志良、勝光、苗圃、思源等地。在武陵設置農場前，已設有一武陵墾區，隸屬臺灣榮民農墾服務所，參與開墾人員也是都接受安置的個別農墾人員。〔註4〕而此地在日治時期時曾設有日警駐在所，在日警撤離後，此地旋即成荒野漫草一片的蠻荒地。經榮民辛勞開墾，才把這地區闢成蔬果園地。退輔會榮民所墾之地，多為山林野地，但經榮民的開墾下，所墾之地不是成為果園，就是變為菜地。一般言留在山上開墾的榮民，都已有在梨山安身立命的打算，故開墾時都以為自己未來努力工作。〔註5〕土地的開發，直隸農場的單身墾員，都在農場統一規劃指導下逐日開闢出農地。而兩座農場所開闢之地根據退輔會每年年終業務

〔註1〕臺灣省公路總局，《東西橫貫公路專輯》，頁 370。
〔註2〕臺灣省公路總局，《東西橫貫公路專輯》，頁 370。
〔註3〕行政院國軍退除役官兵輔導委員會統計處編印，《行政院國軍退除役官兵輔導委員會農場場員調查報告》，頁 70。
〔註4〕行政院國軍退除役官兵輔導委員會，《行政院國軍退除役官兵輔導委員會組織沿革》（臺北：行政院國軍退除役官兵輔導委員，民國 94 年），頁 80。
〔註5〕筆者在 95 年 5 月 16 日於勝光訪談嚴慶雲老先生時，嚴老先生即表示，退伍時就已認為不可能回大陸老家，已作好在梨山發展的打算。

評鑑資料所載如表 4-1。

表 4-1　福壽山、武陵農場民國 61～75 年土地開闢統計表

年代（年）	福壽山農場	武陵農場
	已開闢土地面積（公頃）	已開闢土地面積（公頃）
61	286.66	265.10
69	597.90	335.45
71	597.90	348.14
73	597.90	525.91
75	512.27	349.73

資料來源：依據行政院國軍退除役官兵輔導委員會，《農林漁業機構 61～75 年度年終業務評鑑報告書》，整理而成（臺北：行政院國軍退除役官兵輔導委員會，內部評鑑報告未出版時間），未刊頁碼。

表 4-1 所列之土地面積，為兩農場所開闢的面積，而兩座農場，實際擁有之土地面積在民國七十五年時分別為福壽山農場 803.57 公頃，而武陵農場在民國五十七年，委由地政局測量總隊實施全場土地測量，總面積約 695.27 公頃，〔註6〕然至民國七十五年時擁有 722.77 公頃。〔註7〕由表 4-1 中可看出兩農場的土地面積，在民國七十五年時土地面積明顯的變少。其原因兩農場各有不同，武陵農場乃因原七家灣溪旁的果園因櫻花鉤吻鮭生態維護全部休耕，另由萬壽橋至農場場部間兩側果園亦休耕改植花卉，或露營區，農用土地因而變少。福壽山農場則是部份農地屬德基水庫集水區，故原有土地面積 803.57 公頃土地因受水源涵養，景觀維護，及國土保安等因素無法開發或利用，面積達 241.31 公頃，造成農地變少。〔註8〕

二、土地分配與經營

（一）配地

榮民部份，在梨山開墾的榮民依安置性質可區分為三類。第一類為農場場員，此類型多數為單身者為眾。第二類則為個別農墾人員，其身份依〈國

〔註6〕行政院國軍退除役官兵輔導委員會武陵農場，《武陵農場場誌》，未刊頁碼。
〔註7〕行政院國軍退除役官兵輔導委員會，《農林漁業機構 75 年度年終業務評鑑報告書》，未刊頁碼。
〔註8〕宋慶雲，《行政院國軍退除役官兵輔導委員會福壽山農場簡介》，未刊頁碼。

軍退除役軍官個別農墾輔導辦法〉規定，係指退除役待命就業有眷軍官，向退輔會提出申請所安置的人員。第三類則爲自謀生活榮民，之後又接受退輔會就地安置人員。〔註9〕

第一類農場場員在配地上較爲單純，場員自接受安置在農場服務滿三年以上資深榮民即可獲配耕土地。〔註10〕但在配地上，福壽山與武陵兩農場，所配之面積則有所不同。依筆者在民國九十六年四月二十日在退輔會第四處請教劉美蓉技正時，其告知筆者福壽山農場單身榮民每人配耕 0.5 公頃，有眷者依眷口數計可配至 0.75 公頃。〔註11〕武陵農場單身榮民每人可配耕 0.3 公頃，有眷者以 0.5 公頃爲上限。〔註12〕然根據《武陵墾誌》六十九年施政概要所載，發現武陵農場在配地上，仍同福壽山農場一樣，每戶以 0.5 公頃爲原則並無不同。〔註13〕

第二類個別農墾的榮民在土地取得上，退輔會對個別農墾均有規劃區域配墾，並發給配墾證明書，讓墾戶自行拓墾，且規定旱田以 1 公頃爲基數。每戶以不超過 2 公頃爲限。且須自墾，故退輔會在配地上都以每戶 2 公頃爲上限。〔註14〕然一般個別農墾榮民在開墾時都以兩公頃爲目標來開墾，初期開墾時因土地面積都未經丈量，故一般開墾多會超過規定。但也有部份不肖人員，肆意無限上綱的拓墾。甚至花錢僱工來墾，所墾之地範圍也嚴重超過退輔會規定上限，形成超墾、濫墾。造成此現象的因素，除是墾戶貪婪外，農場注意力集中於農場內部的發展，而對兼管這些退伍軍、士官的個別農墾，未加以嚴加監管也是造成這些個別農墾超墾、濫墾的原因所在。如武陵農場墾戶黃濟川除在勝光拓墾土地 2.69 公頃外，另於志良段墾地達 4.15 公頃，房屋八棟，並將濫墾之地非法租與他人種植香菇。〔註15〕到民國六十九年時，武陵農場統計濫墾積案共計有五十九戶之多。〔註16〕

〔註 9〕引自退輔會第四處提供之各農場歷年執行不同類型農業安置之特性對照表。
〔註10〕王碧竣，〈現代桃源──武陵農場〉，《興農月刊》，179 期（臺中：興農出版社，民國 72 年 9 月），頁 64。
〔註11〕宋慶雲，《行政院國軍退除役官兵輔導委員會福壽山農場簡介》，未刊頁碼。
〔註12〕民國 96 年 4 月 20 日，退輔會第四處提供。
〔註13〕行政院國軍退除役官兵輔導委員會武陵農場，《武陵農場場誌》，未刊頁碼。
〔註14〕引自退輔會第四處提供之，〈國軍退除役軍官個別農墾輔導辦法〉民國 60 年 8 月 4 日行政院國軍退除役官兵輔導委（60）輔肆字第 4063 號令發布。
〔註15〕行政院國軍退除役官兵輔導委員會武陵農場，《武陵農場場誌》，未刊頁碼。
〔註16〕行政院國軍退除役官兵輔導委員會武陵農場，《武陵農場場誌》，未刊頁碼。

　　至於第三種類型自謀生活之榮民，這些榮民是在退役時一次領取退伍金離開部隊的人員，但多數人員並無謀生技能。故在退伍金花費殆盡後，有的人就到梨山來，跟隨個別農墾人員在農墾區開墾起來，但因非退輔會所安置人員，故其開墾的行為都被視為濫墾。甚至有些人還墾到林務局林地，而遭興訟，後經向退輔會視察專員提出陳情。轉陳退輔會辦理，退輔會基於彼等皆為軍中退伍袍襗，且退輔會設置之本衷即為照護榮民，遂以專案方式，就地安置這些榮民，並將這批人員納入農場體系中管制。〔註17〕而這些就地安置榮民土地配耕面積，退輔會採按其自行陳報開墾面積核配耕地，但亦以旱田2公頃為上限。〔註18〕然有一些人員，恐己所墾之地過大遭充公，而採以多報少的方式陳報。然政府實施配地時，則以自報登記有案之土地面積為配地標準，多餘之地則充公，因此這些以多報少之榮民因而造成耕地面積銳減的窘境。〔註19〕

　　除此之外，從退輔會民國七十六年對各農場場員的調查報告中又發現一事實，有部份單身農場場員在配地後又放棄耕地的情形。探究其原因乃在這些場員在授田後，依土地法規定須繳交田賦及地價稅，但因無力負擔，遂將土地歸還退輔會，而退輔會對歸還土地的榮民就改發給一筆土地改良費12,000元至18,000元不等做為補償，並重新調整安置。〔註20〕這些放棄耕地接受退輔會重新安置榮民人數從民國五十八至六十年，這三年間福壽山暨武陵農場調整安置就達76人。〔註21〕

（二）耕地經營

　　農場內部參與農耕的單身榮民，從其所來的單位看，有的是由軍中退伍後直接安置而來，有的由榮家申請就業安置而來。而個別農墾成員都為早期拓墾時，退輔會所安置有意從事農業的退役軍官或眷退役士官，這些墾戶農地，一般均在農場外圍。如福壽山農場的個別農墾墾戶集中在松柏村，武陵農場的個別農墾墾戶則分別在苗圃、志良、勝光、思源一帶，從事農墾。各戶土地面積，依拓墾狀況而有所不同。在經濟的收益上也各異，但若就梨

〔註17〕民國95年5月16日，嚴慶雲先生口述。

〔註18〕民國96年4月20日，退輔會第四處劉美蓉技正口述。

〔註19〕筆者在勝光訪視之嚴慶雲先生，墾了四甲多地但僅報三分多地，故配地時僅配得三分多的耕地。

〔註20〕行政院國軍退除役官兵輔導委員會統計處編印，《行政院國軍退除役官兵輔導委員會農場場員調查報告》，頁9。

〔註21〕行政院國軍退除役官兵輔導委員會，《農林漁業機構58～60年度年終業務評鑑報告書》，所統計，未刊頁碼。

山這兩座農場相比較，武陵農場之農耕收益上遠較福壽山農場為佳，表 4-2，由表 4-2 可發現武陵農場的榮民的收益較福壽山農場佳，而此現象一直延續到民國九十六年時仍是如此。

表 4-2　福壽山、武陵農場榮民從事農業平均月所得

年度（年）	福壽山農場 （單位：元）	武陵農場 （單位：元）
56	456.59	1,298.00
57	2,023.35	1,339.00
58	1,181.00	2,937.10
59	2,096.39	3,755.60
60	4,830.41	3,382.90
69	14,611.00	22,368.00
71	12,436.00	20,730.00
73	12,321.00	26,995.00
75	13,387.00	26,337.00

資料來源：依據行政院國軍退除役官兵輔導委員會，《農林漁業機構61～75年度年終業務評鑑報告書》，整理而成。

　　而這些榮民接受退輔會安置在梨山地區從事農耕歷數十年的光陰後，大多垂垂老矣，耕種能力大不如前。雖然，在民國九十五年三月間，曾在武陵農場民莊親見被武陵農場視為農場之寶的遲洪江老先生，年高八十四歲高齡仍在田間種植甘藍菜。〔註 22〕但多數榮民多遷居平地不在山上從事農耕，而第二代子女願承繼農耕者亦寥寥無幾。此外，又因在思源、勝光一帶農地，政府以此農地會影響宜蘭民生用水為由而限耕，因此配地於此的榮民，以換地方式改配，而改配地點有兩處由地主自選一處至福壽山農場，一處至宜蘭三星鄉（民國八十七年原宜蘭農場）武陵分場，改配地點都由榮民自選。根據實地走訪發現，個別農墾的墾戶都選擇福壽山農場，而農場場員則以宜蘭三星較多。其原因是農場內場員若願配合放棄場內耕地改配至武陵分場，則耕地可依現有耕地面積加配一倍。而退輔會會採取此措施主要原因，是因為分場耕地獲益不及山上的耕地，因此退輔會以擴大耕地面積為誘因來增加場員意願。然位於勝光、思源之個別農墾墾戶，則無此優惠，反而是依〈國軍退除役軍官個別農墾輔導辦法〉第六條水田不得超過 1 公頃旱田不得超過 2

〔註22〕遲洪江先生於95 年 5 月 11 日因胃癌病逝臺北榮民總醫院。

頃的規定。若換至三星鄉最多只能換取 1 公頃土地。然個別農墾墾戶一般所擁有的旱田都是 2 公頃以上，若換至平地則土地面積勢必減少，且產值也不如山上為優，故而都選擇改配至福壽山農場。〔註23〕

而榮民在獲得土地所有權後，雖仍是榮民，但不再受退輔會監督管理，而成為一個擁有榮民身份的農民，故在雪霸國家公園內的榮民取得土地所有權後，公園管理處基於生態保育，希望農場能將榮民耕地收回，但因耕地所有權已屬榮民所有，退輔會已無權置喙，故只能居中協調而已，其中土地爭議另節探討。

此外，在耕作能力上，一般榮民在六十五歲前耕作能力尚能應付。但隨著年齡增長體力衰退耕作亦日感吃力，據退輔會民國七十六年的調查統計福壽山農場 350 名場員中由 50 歲至 79 歲的場員中有耕作能力達 41.1%，尚能應付有 50.3%，無耕能力者僅 8.6%。武陵農場同樣的年齡層調查 109 人中有耕作能力者有 76.1%，尚能應付者 15.9% 無能力者 8.0%。〔註24〕而無能力耕種者其土地處理方式有一、交二代眷屬續耕，二、轉租平地人耕種，自己每年僅收租金。第二種方式一般都是因為第二代子女不願接手從事耕種，所產生的結果。如志良劉洪倫先生因其子無意願務農，因此也將果園轉租他人。武陵農場民莊莊民黃志學先生也因子不願接手，而將菜園租與平地人耕種。但也有人土地改配至宜蘭三星鄉，但無能力耕種子女又不願接手，租與他人金額又不多，賣了又不甘心逐每年報休耕，如嚴慶雲先生即是如此。

這些墾戶耕作期間，也有發生病故或意外往生的情形，而其耕地由配偶或子女續耕的情形亦有之，如在民國七十六年退輔會調查時，福壽山農場 35 員往生榮民中由配偶續耕者佔 45.7%、子女續耕有 40.0%、養子女續耕有 14.3%。武陵農場 10 名往生者中由配偶續耕者有 70.0%、子女有 30.0%。〔註25〕然亦有舉家遷居平地，將耕地或果園包租給平地人耕種的情事。

此外也有墾戶在開墾時，未依政府規定拓墾，肆意的濫墾、超墾，迫使農場依規定執行公權力註銷墾戶資格，並將其所墾之地收回。如武陵農場在民國六十二年就取締 20 案收回土地 11.22 公頃，民國六十七、六十八年又收

〔註23〕96 年 5 月 2 日，於福壽山農場成湘南先生口述。
〔註24〕行政院國軍退除役官兵輔導委員會統計處編印，《行政院國軍退除役官兵輔導委員會農場場員調查報告》，頁 70。
〔註25〕行政院國軍退除役官兵輔導委員會統計處編印，《行政院國軍退除役官兵輔導委員會農場場員調查報告》，頁 70。

回遭撤墾黃濟川及張文卿、劉厚連等三人之土地、房屋、果樹等。〔註 26〕屬於兩農場農地，福壽山農場橫跨臺中、南投兩縣，武陵農場則由臺中縣平等村延至宜蘭縣境內。兩農場土地均與梨山地區泰雅族聚落為鄰，故在土地開墾上，亦曾發生有退伍軍人捲入與原住民土地的紛爭。〔註 27〕

三、泰雅人保留地開發

　　梨山地區原住民的農業活動，從戰前到中橫開闢，農業活動雖經日治時期的推動，然一般言原住民的農業活動仍停滯在較落後的狀態，直至民國四十五年中橫公路開築，民國四十六年六月榮民上山農墾，平地的農業技術與資源才開始隨著交通的便捷，逐步傳到山上。

（一）發展溫帶水果

　　當政府決心發展高山農業後，並在梨山試植落葉果樹成功後，退輔會也開始採購蘋果、水梨、水蜜桃苗木供榮民種植。同時在榮民種植成功後也鼓勵原住民種植。然福壽山農場榮民開始種植時，曾遭當地原住民訕笑，譏笑榮民說「日本人在臺灣五十多年都沒作成的事，你們這些老弱殘兵還想成功？」〔註 28〕但當農復會提供的資金外匯，由日本和美國所購之數千株溫帶水果苗木運送上山後，當晚卻遭竊千餘株。後榮民尋跡追至原住民部落，要求送回，原住民則稱已種植於山地，榮民經查看後，發現原住民已隨意種植於山林間遂作罷。〔註 29〕原住民取得果苗種植後，福壽山農場人員不但未追討，後來還派人前往指導他們施肥和修枝技術，使這些果樹不但成為原住民合法財產，更增加原住民收益。

　　此外，在梨山及環山一帶可發現另一現象，即是這一帶的原住民，在農業的經營上多以種植果樹為主，以蔬菜為經濟作物則甚難見到。但梨山地區的原住民在果園的經營上，根據余光弘的研究論文，曾提及梨山地區溫帶水果的發展，據稱是在民國三十八年和平鄉公所就已宣導，當時家家戶戶也都有買果苗來種，但都長不好。惟有一環山的原住民泰雅族名為瓦鐵‧馬累（Watan-Malai）的人因無力買果苗，自己收集砧木，再至梨山剪日人早先種

〔註 26〕行政院國軍退除役官兵輔導委員會武陵農場，《武陵農場場誌》，未刊頁碼。
〔註 27〕余光弘，〈環山泰雅人的社會文化變遷與青少年調適〉，臺北：臺灣大學考古人類研究所論文，民國 65 年，頁 85。
〔註 28〕宋慶雲，《行政院國軍退除役官兵輔導委員會福壽山農場簡介》，未刊頁碼。
〔註 29〕焦毅夫，《寶島紀遊》（香港：香港中國筆會，1970 年），頁 137。

植的梨，蘋果枝嫁接到砧木上，反而生長良好而獲利。〔註 30〕另一方面政府也積極的鼓勵原住民定耕，但梨山地區海拔動則 1,500 公尺以上，溪流水源雖然豐沛但深藏溪谷之中。且地質貧瘠不適稻作，故鼓勵原住民種植溫帶水果，但果苗須購買，又造成原住民的卻步。因此政府在原住民部落推廣落葉果樹種植中，也曾採用購買果樹苗木附贈日用品的策略來推銷。〔註 31〕因為當時梨山對外交通，中橫公路雖然已通但班車極少，一天班車由宜蘭往梨山的一天只有三班，臺中往返花蓮經梨山的班車一天四班，且由住處至車站除佳陽新村或梨山較近外，一般均需步行一段距離。所以路途仍屬遙遠，日常用品的販售，在價錢上一般均含有運費的成本，價格一般較平地貴 6%。〔註 32〕而買果樹苗木種植日後可有收益，且當下就有免費的日用品可得，以致於吸引不少原住民採購的興趣。在原住民種植落葉果的區域來看，主要是在佳陽、梨山、松茂、環山一帶，因當地形多為坡地，較不適蔬菜種植，故多以種植果樹為主。原住民所植的範圍，僅於其保留地上種植，所種之果樹則因所居地區不同而稍有些差異。如梨山地區則以種植蘋果、梨為主，佳陽、松茂、環山則以梨為主要種植項目。水蜜桃則以佳陽地區所植較多。

（二）果園的經營

1. 勞動力取得方式

此外由於果樹所帶來的可觀財富，讓他們在經營果園時，可以雇用其他地區的原住民或平地大學生來自己的果園打工。〔註 33〕如南投縣仁愛鄉卡母界及道澤二地之原住民大批勞力，就不分男女地投入到梨山及環山工作，以換取一人一日三至五棵果苗的酬勞。〔註 34〕而梨山地區原住民種植果樹，雖是政府在當時刻意推動下實施的，然不可諱言的是，福壽山農場的榮民因果樹種植而獲益，也是造成原住民投入落葉果樹栽培的誘因。但是原住民在種植果樹尚未收成的過渡時期，原住民仍會種一些粟、甘藷、蔬菜的作物維生。在種植果樹時勞力供應上，有的是以自家勞力種植，這些人一般都是擁有較多的勞動力。另

〔註 30〕余光弘，〈環山泰雅人的社會文化變遷與青少年調適〉，頁 41。

〔註 31〕93 年 11 月 23 日劉洪倫先生口述。

〔註 32〕王文欽，〈梨山梨子千千萬，梨山風情萬萬千〉，《興農月刊》，期 157（臺中：興農雜誌社，1982 年 4 月），頁 26。

〔註 33〕陳憲明，《梨山霧社地區落葉果樹與高冷地蔬菜栽培的發展》，頁 86。

〔註 34〕陳茂泰，〈從旱田到果園—道澤與卡母界農業經濟變遷的調適—〉，《中央研究院民族學研究所集刊》，期 36（臺北：中央研究院民族學研究所，1973 年），頁 11～33。

外也有在農忙時，採親友互相交換勞力的方式。或者勞力不足，但具有較佳經濟能力者則僱工協助。而勞動力充足之原住民在山地保留地與果園維護上，也比較能維護，不會出售或出租他人。反之勞動力或資金不足的原住民，則易發生將多的山地保留地經營權出租或出售的情形。但一般果園包租出去通常是地主經營到五、六年才包出去。〔註35〕在自己管理期間，每年果實的收獲多經由包青或自行採收後，再稱斤論兩賣給中間商的方式銷售。

2. 資金來源

戰後，政府延續日治時期作法，先於民國三十七年元月七日公佈〈臺灣省各縣山地保留地管理辦法〉，復於民國四十二年四月十二日修正公佈〈臺灣省山地保留地管理辦法〉，〔註36〕並歷經民國五十五年、五十九年、六十四年及七十九年等多次修訂。其中規定每人使用保留地最高限額，以不超高水田0.4公頃或旱田0.8公頃及林地1公頃。其目的原爲維護農地資源，並促使原住民從事農耕。〔註37〕且設限保留地所有權不得售予平地人，原住民僅有耕種權，土地的所有權需自耕滿十年後方能取得。而梨山地區泰雅族人的居住地區，爲溫帶果樹與高冷蔬菜適作區，而在榮民溫帶果樹及高冷蔬菜種植成功後，政府便在原住民部落開始推動高山農業。但農業的推動如前所述，須耗費一筆資金，然原住民長期以來交易活動均採以物易物的方式，根本無貨幣的觀念。在此種狀況下，原住民多數無資金可供運用。故原住民雖擁有土地卻無資金，加上這些保留地屬國有，因此不能買賣也無法向銀行質押貸款。不似榮民在開墾時，如資金不足的話，還有退輔會予與輔導提供資金的補助。而此資金的來源係由退輔會編列預算提供榮民貸款應用，而所貸之款項再由榮民退伍金內扣還。〔註38〕因此原住民在對資金急切需求的情形下，保留地租賣給平地人就成換取資金最快速與便捷的方法了。

三、平地人爭取經營權

（一）經營權取得

當梨山落葉果樹種植經政府推廣後，梨山地區土地價格突昇，成了寸土寸

〔註35〕余光弘，〈環山泰雅人的社會文化變遷與青少年調適〉，頁45。

〔註36〕臺灣省新聞處編印，《臺灣山地行政的改進》（南投：臺灣省新聞處，民國52年），頁10。

〔註37〕余光弘，瓦歷斯・諾幹，《臺灣原住民史──泰雅族史篇》（南投：國史館臺灣文獻館，民國91年）頁174。

〔註38〕退輔會第四處提供，各農場歷年來執行不同類型農業安置之特性對照表。

金的地方。尤其是在民國五十年至五十九年間，吸引了無數平地人及退伍軍人上山購地。但梨山整個地區除退輔會用以安置榮民的地外，其餘多為山地保留地。而山地保留地係政府基於保障山地原住民生計，配與原住民的國有土地，土地所有權的買賣在法律上是不予承認，但原住民為發展農業，在缺乏資金且又求貸無門的狀況下，遂私自與平地漢人交易以換取資金。此舉雖然不合法，但由其普遍的程度觀察，可看出當時政府管理的態度消極。加之在利字當頭下，雙方仍用盡手段來滿足自身的需求，平地人也因而取得土地經營權與耕種權。此現象直至民國五十九年，政府才辦理梨山地區土地買賣清理，然此時已有不少平地人，在擁有賣方交付買方土地的權利證明，及原地主的拋棄書的情況下，只須繳交地租，就可輕易取得土地耕種權。〔註39〕惟自此之後這種土地經營權與耕種權私售的狀況就較少見，加之原住民接受外來的資訊日廣，也認知到土地為其生活重要憑藉，土地果園經營權方不再輕易轉讓。

民國七十年代後，此時平地人上山租地的對象不再是原住民，而是年歲已長的榮民，這些榮民因年齡已大，工作能力不再，無法如以前一樣在田間耕種，且子女都已長大成人經濟壓力不在，遂將所擁有之田地或果園租賃與平地人耕種，自己每年按時收取租金。平日榮民自己有的在山上居住，有的下山與妻兒頤養天年。此種情形，大多是因第二代子女不願承繼父業所致。因此至民國七十六年以後，榮民也逐漸由梨山的田園退出，繼之而取的是來自宜蘭、臺中地區的農民。

（二）取得方式

平地人所取得之山地保留地僅是購得土地的經營權利而已。其取得方式一般以「包青」、「包園」、「轉包」等三種方式來取得山地保留地果園經營權。〔註40〕所謂的「包青」，乃是果園主人自行管理果園，至果實成熟採收前，再論面積或株數，出賣果園的採收權與青果商。「包園」就是原住民自行栽種果樹後，將果園的經營權出租給平地人，雙方訂定契約 3～9 年不等。將果園的經營管理完全交由承包商負責。「轉包」指包商承包果園後，再以更高之價格轉租給其他的承包商，係一種投機的行為。〔註41〕

根據民國六十七年梨山管理局調查「梨山地區山地保留地土地利用現況調

〔註39〕余光弘，〈環山泰雅人的社會文化變遷與青少年調適〉，頁83。
〔註40〕陳明憲，《梨山霧社地區落葉果樹與高冷地蔬菜栽培的發展》，頁70。轉引自
　　　　梨山管理局，《梨山地區山地保留地土地利用現況調查清冊》，未刊頁碼。
〔註41〕陳憲明，《梨山霧社地區落葉果樹與高冷地蔬菜栽培的發展》，頁70。

查清冊」所載，在環山段的山地保留地，包括環山部落山胞經營的果園和平地人經營的果園有 1,319 筆，計 650.9 公頃，每筆土地平均 0.493 公頃。且每筆土地栽種二種以上果樹者佔 70.5％以上，其中以同時栽種蘋果、梨者最多。而平地人所取得經營權的地方，依梨山管理局調查可發現一有趣現象，都是距部落較遠，交通條件較差，果園坡度也較陡。此外在環山地區購買經營權之平地人數中，依清冊記載達 310 人，其中以臺中縣市 164 人最多。〔註 42〕由此也可瞭解平地人到梨山經營果園的人口，仍以鄰近地區人口為主。而這些購買果園經營權人的身份，則以青果批發商、退休公務人員、退伍軍人為最多。這些人中，青果商自是以本身行業營利為目的來取得經營權，而退休公務人員與退伍軍人除是營利的目的外，其次還有開創事業第二春的人生目標。

（三）土地糾紛

1. 果園租約爭議

此外，整個梨山地區的原住民在果園經營早期多在管理五、六年後包租出去，而在環山一地在民國六十五年時，幾乎每一戶都有計劃將其果園所有權轉讓。在環山合作農場 53 戶中（該部落共有 98 戶），僅有一戶未曾將其所有的山地保留地違法轉賣。〔註 43〕原住民在果園的出租或者說果園經營權出售，雖然是違反山地保留地管理辦法八條中的規定「土地不得轉租」，但衡諸梨山、環山一帶，原住民將土地出租平地人者甚為普遍，故當時梨山建設管理局，〔註 44〕對此遂採取不告不理的放任態度。在這種租賃的相對關係中，時有糾紛傳出，這些糾紛多數是平地包商，利用原住民對合約及價格不瞭解與個性單純，而利用合約的漏洞來獲利所引發的紛爭。〔註 45〕

在經營權的取得上除上述以「包青」、「包園」、「轉包」等以金錢方式取得經營權外，也有一些被當地泰雅族人視為巧取豪奪手段方式取得經營權的。筆者在梨山田調時所遇之梨山文物館解說員楊文龍，以及瓦歷斯・諾幹

〔註 42〕陳憲明，《梨山霧社地區落葉果樹與高冷地蔬菜栽培的發展》，頁 75。
〔註 43〕余光弘，〈環山泰雅人的社會文化變遷與青少年調適〉，頁 83。
〔註 44〕民國 60 年 5 月 15 日，臺灣省政府將原本之梨山地區建設委員會改為梨山建設管理局，由省政府指揮監督，61 年 5 月 1 日行政院核定通過，62 年 2 月 19 日臺灣省政府發文，劃臺中縣和平鄉梨山村、平等村（包含青山、德基、佳陽、福壽山、梨山、松茂、環山、志良、武陵、勝光等地），由梨山建設管理局，負責該區域內的建設及行政管理事宜，並於六月七日正式成立。
〔註 45〕在余光弘，及瓦歷斯・諾幹的論著中均可見平地人以酒、金錢、毀約、欺騙等手段詐取果園經營權而致興訟的紛爭。

在《臺灣原住民史——泰雅族史篇》中所言：

> 用酒灌醉泰雅人，利用其喪失正常思考能力時簽約賣地，最
> 常用的方法是誘惑泰雅人借高利貸，至其無力償還時即可取得土
> 地。〔註46〕

此種狀況自然造成原住民重大的損失，也造成當地泰雅族人普遍對平地人不
信任。但之所以會如此，探其原因正如前述，原住民在發展落葉果的過程中，
因受資金問題困擾所致。因為栽植溫帶果樹及高冷蔬菜必須先投入相當資
本，而山地保留地不能合買賣、租賃，也無法向銀行質押貸款。造成原住民
私下與平地人進行交易，來換取資金，而少數不肖平地人利用原住民重然諾
不瞭解法令，來訛詐原住民所致。

2. 榮民與國家公園的紛爭

土地的糾紛除原住民外，在榮民部份也掀起另一個戰場。武陵農場的場員
自進場開墾後農場先指定一墾區供榮民開墾，榮民旋即努力的展開墾荒的工
程，然墾好地後農場則依規定，配耕土地多墾之地則由農場收回為公有地。故
有些榮民對此甚為不平總感有被訛詐之感，但此事尚小，直至雪霸國家公園成
立，公園以維護櫻花鉤吻鮭名義企圖徵收榮民耕地，則引發榮民反彈。尤以榮
民從事農業會破壞櫻花鉤吻鮭棲息地為由，最為榮民及農民的反感。主要原因
經由在武陵農場場區內有農地的榮民口中透露，第一，從人與魚的對等地位來
看，榮民認為公園把魚的生存重要性置於人類的生存之上，讓他們有著人不如
魚的感受。第二，公園把魚的棲息地遭破壞的原罪加諸於榮民身上，讓榮民有
著熟可忍熟不可忍的感受。因為七家灣溪的櫻花鉤吻鮭，在民國六十一年以前
溪中魚群到處多是，且體型也大。〔註47〕甚至也有人捕食但魚群仍四處可見。
然在德基水庫完工後，政府為防範上游砂石沖入水庫減短水庫壽命，遂於上游
遍築攔砂壩，結果在攔砂壩完工後魚群驟減，因為櫻花鉤吻鮭為迴游性魚類，
每至產卵期必會逆流而上至出生地產卵，但攔砂壩興築後阻擋了其繁殖之路。
但公園卻以榮民農耕為由來論斷，而未探討攔砂之事，讓榮民難以接受。梨山
地區的住民也謔稱，政府歷年來投注於照顧那些魚的經費，遠較於投資在照顧
人的經費為多。迫使這些榮民，對國家公園極度不滿。

〔註46〕余光弘，瓦歷斯‧諾幹，《臺灣原住民史——泰雅族史篇》，頁175。
〔註47〕96年5月1日於東勢訪問黃志學先生口述；96年5月2日於梨山訪問周思源
　　　先生口述。

（四）水土保持

平地人在取得果園的經營權後爲能獲利，除「包青」的模式外，在「包園」與「轉包」的果園上，往往會有一些現象出現，即包商除原本的果園外，有許多包商會不斷的把果園向四週擴植，除「宜農地」早已闢爲果園外，「宜林地」被闢爲果園者亦不在少數，筆者在環山一帶就親見許多果園的果樹，植在坡度超 60 度以上的山坡地上。但在水土保持上，包商爲節省成本，大多未作好處理，更甚者則完全未做水土保持，此種情形也就成爲環保團體所垢病的地方。而果樹擴植的情形，由思源一路延至梨山觸目所及不是茶園就是果園，每至秋冬梨山望去童山濯濯，山上難見一絲綠意。

由於果樹栽植成功後，平地人在上山經營果園時，除爲追求利益，肆意擴張果園耕種面積外，也爲節省資金而甚少在水土保持工程上作投資，以致於許多宜林地也變成了果園，對環境生態言無異是一大戕害。相對的榮民所耕之果園或農地在農場輔導之下，均能加強水土保持，並由農場委請臺灣省政府山地農牧局做整體規劃。所需經費依兩農場狀況不同經費額度亦不一，如福壽山農場在總工程經費民國七十六年度時的農場簡介資料中載概算 7,222 萬餘元，分由國防部、臺灣省政府、退輔會、德基水庫分攤辦理。〔註 48〕

第二節　農業與觀光發展

從中橫公路通車起，梨山最爲人所稱道的除山地農業發展的成果外，就是秀麗的風光。日治時期梨山亦是日人登山活動的重要地區。且梨山地理位置，位在中橫公路中繼站，觀光資源亦豐，附近有臺灣第一高壩德基水庫，還有臺灣國寶魚櫻花鉤吻鮭的棲息地武陵農場與擁有臺灣最完整的溫帶落葉果樹基因庫的福壽山農場等豐富觀光資源。故就其觀光產能言是極其豐厚的。

一、景觀變化

自民國四十六年退輔會在梨山安置榮民開墾農場發展農業起，隨著農業的快速發展，梨山地區山林間的林木一片片的被伐掉，取而代之的是一棵棵的落葉果樹，從思源至梨山、佳陽 3,000 餘公頃的山地保留地全部被墾植爲溫帶果樹區，遍植蘋果、水蜜桃、梨。〔註 49〕溪谷河畔除落葉果樹外更植上高

〔註 48〕宋慶雲，《行政院國軍退除役官兵輔導委員會福壽山農場簡介》，未刊頁碼。
〔註 49〕張致遠，〈產梨的山〉《臺中縣和平鄉泰雅族專輯》，頁 47。

冷蔬菜。果園在初春之際，是花團錦簇佈滿群山間。但果樹採收後入冬則因果樹樹葉落盡，群山觸目所及則是童山濯濯，光禿一片，令人不忍卒睹。

　　梨山自中橫公路通車之後，壯麗的風光吸引無數遊客旅遊中橫公路，而梨山位居臺 7、8 號道交接處，為中橫全線之中繼站，且為溫帶落葉果樹主要產區，故溫帶水果的採購也成為旅遊重點，是以梨山遂成為旅遊中橫必到之地。由此也可知梨山的觀光產業，是結合地方農業生產的產業。而據梨山管理局的統計最盛時期梨山旅遊人數，曾達一日至 6,000 餘人。當時梨山賓館前車水馬龍農民推著所種植的水果沿街叫喊，一片欣榮景象。

　　此外，梨山地區觀光資源豐富如：德基水庫（原名達見水庫）為全臺第一高壩、梨山賓館、梨山文物陳列館、武陵農場與福壽山農場、天池、煙聲瀑布等皆為風景秀麗之地，故蔣經國曾稱譽：「梨山風景甲臺灣，武陵風景甲梨山。」〔註50〕如此豐富的觀光資源，是足以梨山發展觀光產業。惜後來因種植落葉果樹的高利潤，吸引無數平地青果包商及農民至梨山淘金。在為求投資還本並賺取高利的目標下，這些平地人多數漫無止境的伐林墾地種植果樹其結果，是3,000 多公頃的果園或菜園取代了林木，且面積之廣連政府單位亦無從查勘。〔註51〕改變了整個梨山地區景觀。但自政府民國六十八年開放蘋果進口後，蘋果果農慘遭打擊，落葉果樹的風光不在。在蘋果無利可圖的情況下，梨山地區境內兩家退輔會所屬農場開始尋求轉型之替代方案，除在景觀上著手改進外，亦尋求交通部觀光局協助轉型發展觀光事業，如民國七十七年起由退輔會函請交通部觀光局指導福壽山農場發展觀光事業即為一例。〔註52〕

二、觀光

（一）觀光產業推動沿革

　　梨山地區觀光產業推動，就沿革言，在民國五十四年時由政府公告梨山風景特定區計畫 141.25 公頃，為「省級」風景特定區，接著於民國五十六年成立「臺灣省梨山地區建設委員會」隸屬臺灣省政府，兼管梨山地區觀光旅

〔註50〕張致遠，〈產梨的山〉《臺中縣和平鄉泰雅族專輯》，頁 40。
〔註51〕93 年 12 月筆者曾至和平鄉鄉公所詢問農業課，農業課承辦人員坦言其中許多農地隱藏於林間，由外觀查看為林地然從空中鳥瞰則多為菜園。故實際面積和平鄉公所亦無法得知，鄉公所擁有資料多為委請當地農民為調查員所填報之資料，故數據並不確實。
〔註52〕77/327～3126/1/1，〈本會福壽山農場為發展觀光旅遊事業，擬辦理全盤性之規劃工作〉，《福壽山農場開發》檔，交通部觀光局檔案室藏。

遊之建設與管理。〔註53〕民國六十二年改制「臺灣省政府梨山建設管理局」，民國七十年再改制為「臺灣省政府交通處梨山風景特定區管理所」，民國八十三年復改隸臺灣省政府交通處旅遊事業管理局，並成立「梨山風景區管理所」負責和平鄉平等、梨山、博愛三村風景據點觀光事業規劃及觀光資源維護、建設、管理及協調等事項，至民國八十八年時因精省作業，梨山風景區管理所改隸交通部觀光局。而政府在梨山地區的觀光產業推動，對退輔會所屬單位的輔導，由於分屬兩個不同行政體系的單位，因此從交通部觀光局所藏的檔案資料顯示多為被動式輔導。多係退輔會提出需求補助後，觀光局方依需求提供經費或技術上的輔導。

（二）旅遊資源

梨山風景區發展旅遊其範圍含概區域，北從思源埡口南至南投仁愛鄉，西起天冷，東至大禹嶺全區面積達 31,300 公頃。其中梨山地區，為全區主要觀光資源區，在植物資源上在梨山、天池、佳陽地區有 132 科 565 種。動物部份大甲溪流域鳥類分布有 111 種，蝶類有馳名世界的曙鳳蝶、雙環鳳蝶與高山粉蝶等，魚類中則以已公告為珍貴稀有之保育魚類，分布於武陵農場七家灣溪的櫻花鉤吻鮭最為知名。〔註54〕在人文部份則有原住民文化及榮民屯墾二大類，梨山地區的原住民都係為泰雅族，分布地區主要在梨山、佳陽、松茂、環山等區，分布範圍極為廣泛。可惜的是此地傳統泰雅族文化已不多見，雖政府在推動梨山觀光產時，也將泰雅族傳統文化納入其中。可惜的是此地泰雅族人，因高山農業收益甚高，受文明浸染的程度遠較其他地區為深，原有的泰雅族傳統文化在梨山已不復再見。現在唯有的泰雅族文化展示，可見者一在梨山文物陳列館二樓所陳列的泰雅族日常生活文物，但此僅為一部且多為靜態的陳列。另在環山部落也有詹秀美女士收藏一些泰雅文物，但在泰雅族人的身上已難嗅到一絲傳統泰雅人的氣息。幸現已有部份有識之士，在梨山開始逐步的推動傳統泰雅文化，如在小學中從事傳統母語、舞蹈等教學。

（三）旅遊景點

冬季南投縣境之合歡山為臺灣賞雪最佳之處，而梨山正位於鄰近之地，

〔註53〕陳溪圍，〈梨山風景區原住民對觀光衝擊及發展策略認知之研究〉，臺北：世新大學觀光研究所碩士論文，頁9。

〔註54〕陳溪圍，〈梨山風景區原住民對觀光衝擊及發展策略認知之研究〉，臺北：世新大學觀光研究所碩士論文，頁10。

是往合歡山賞雪前最佳休憩之地。故冬季旅人由宜蘭、臺中東勢或花蓮至合歡山時除在大禹嶺休憩外，梨山亦是多人前來之地。另福壽山農場在雪季，南投通往花蓮，臺中道路封閉時，也是替代道路力行產業道必經之地。因此梨山此地區一年四季各有不同景緻，如冬有梅，春有桃、櫻、杏、李等花爭春，夏有梨、蘋果、山杜鵑等爭豔，秋有楓、槭等樹木渲染山谷。加之山林間野花與各農場栽培波斯菊，把各農場點綴成小型花海。

除此之外，原本梨山有一座建於民國五十四年，全臺海拔最高的宮殿式建築「梨山賓館」，原內部設有游泳池、電影院、咖啡館、保齡球館等設施，惜民國七十九年梨山地層滑動後營運開始下坡，民國八十八年「九二一大地震」後賓館也成危險建築，無法營運。另梨山地區的觀光景點尚有德基水庫和退輔會所屬福壽山、武陵兩座農場，等觀光景點，再加上梨山的特產溫帶落葉果及高冷蔬菜。這兩座農場在發展觀光上，武陵農場先於民國七十三年十月二十四日時開始動工興建國民賓館，以因應觀光客需求。民國七十五年三月八日國民賓館完工，並於同年六月廿一日營業。〔註55〕民國七十六年又獲觀光局補助八十萬元的經費。〔註56〕成爲梨山地區最早轉型爲觀光型態的農場，至民國七十七年福壽山農場也開始朝觀光發展，由退輔會向交通部觀光局行文，辦理全盤性規劃工作，尋求交通部觀光局經費奧援，〔註57〕並於民國七十九年指導完成計劃。〔註58〕但在民國八十七年審計部抽查福壽山農場財務收支情形時，卻發現福壽山農場住房率偏低，涉有浪費而提出糾正。〔註59〕由此也可瞭解到一事，福壽山農場與武陵農場在發展觀光事業的歷程中，均曾獲交通部觀光局的經費補助及技術性的指導。

但這兩座農場發展歷程中，就其成立的先後來看福壽山農場最早設置，但在經營的成效上，從榮民個人收益來觀察卻不如武陵農場。在自然景觀上福壽山農場地理位置因海拔較高，視野景觀較爲遼闊，入夜後亦較冷涼，景觀植物較爲單純，然該場因爲全臺戰後最早從事落葉果樹種植的農場，故也

〔註55〕行政院國軍退除役官兵輔導委員會武陵農場，《武陵農場場誌》，未刊頁碼。

〔註56〕行政院國軍退除役官兵輔導委員會武陵農場，《武陵農場場誌》，未刊頁碼。

〔註57〕77～327～3126～1～1～1，〈本會福壽山農場爲發展觀光旅遊事業，擬辦理全盤性規劃〉，《福壽山農場開發》檔，交通部觀光局檔案室藏。

〔註58〕77～327～3126～2～27，〈79年指導完成計劃〉，《福壽山農場開發》檔，交通部觀光局檔案室藏。

〔註59〕77～327～3126～2～32，〈審計部抽查福壽山農場財務收支，住房率偏低，涉有浪費〉，《福壽山農場開發》檔交通部觀光局檔案室藏。

擁有全臺最完整的落葉果基因資料庫，惜因多年來未能整理部份資料恐有散佚的情形。此外農場上方蔣中正總統賓館處有一天池，爲宗教人士視爲靈氣旺盛之地，故常有宗教人士至天池朝拜進香。而武陵農場則因位處七家灣溪畔，四週爲群山包圍，強風較不易侵襲，在動、植物生態上較福壽山爲豐富。且武陵農場場區爲登雪山、桃山等山登山起點。在桃山有煙聲瀑布一座，其中七家灣溪爲櫻花鉤吻鮭主要棲息地，山光水色景緻秀麗，武陵農場在發展觀光產業大興土木時，也在場區挖掘出古時泰雅族人之文物，現陳列於武陵國民賓館二樓七家灣文物室內。

（四）農業與觀光產業

福壽山農場是臺灣在高山地區發展農業重要起點，從民國四十六年設場起，就是臺灣高山地區農業發展重鎮。從國外進口的溫帶落葉果樹蘋果、梨、水蜜桃多數都在福壽山農場試植過，至今農場場部仍植有蘋果王、梨王、水蜜桃王、櫻桃王等果樹，並擁有全臺最多的落葉果樹基因資料庫。除此之外福壽山農場也擁有全臺最高海拔的茶園，爲臺灣福壽山茶之原產地。此外福壽山農場位於天池畔的蔣公行館，如前所述，近年來更成宗教界朝聖的地方。但此觀光資源對身爲退輔會事業生產單位的福壽山農場或武陵農場言，觀光的收益並非其主要的收入。而其主要收入仍是在農場農作產銷收入上。

同樣的對梨山的農民言，觀光對其最主要的幫助，是爲當地農產品銷售帶來消費的客源。從梨山建設管理局的檔案資料中也可明顯的發現，當觀光的人口增加時，當地農民的收益也相對的提高，上山從事高山農業的人口也跟著增加。故自民國八十八年「九二一大地震」震斷了中橫公路後，觀光人數銳減，農民所種植的農作在山上銷售量隨之而降。農產品只得運送下山銷售，相對的，成本就必然提高，而這在高冷蔬菜的銷售上影響不大，但對從事果樹的果農言，運輸成本相對就提高了許多，故梨山在觀光發展與高山農業其共同的問題癥結一言蔽之就在交通上。

第三節　人口變遷

梨山地區人口，長期以來，係以泰雅族原住民爲主，來自從中橫公路興築開始帶來大批的築路工人，這些人中自然是以外省籍的榮民爲主，迨自通車後，落葉果樹種植的利益廣爲人知，外來人口大批湧入。除榮民外，上山

淘金的平地人隨之日增。而梨山的人口變遷因素正如陳紹馨所論，人口增加原因中的第二種類型屬於移民的遷入。〔註 60〕民國六十五年時，根據梨山建設管理局檔案資料統計梨山地區居民，設有戶籍者計達 3,454 人，其中山胞 1,263 人，平地山胞 59 人，平地人 2,132 人，流動戶口 1,040 人，總計約 4,494 人。平地人口已超過原住民人口數。而觀光客每年更有 2162,071 人，平均每天有 6,000 人過境梨山。〔註61〕扣除觀光客外，其他非原住民的人口已成了梨山地區人口的主要結構，這種變遷過程即為本節探討主題。

一、數量變遷

（一）新移民遷入

梨山在中橫興築前為一閉塞的泰雅族人聚落，外來人口甚少，直至中橫動工，福壽山農場設立，榮民大舉進駐山區。梨山開始除原住民外又多了許多榮民，而梨山開墾初期一般生活條件甚差，就連現梨山賓館址都僅是一些鐵皮搭建的房舍而已，如圖 4-1。

圖 4-1　梨山賓館舊址

資料來源：翻攝於，《中國農村復興聯合委員會工作報告》，期 12，無頁碼。

〔註60〕陳紹馨，《臺灣的人口變遷與社會變遷》（臺北：聯經出版事業公司，1979 年），頁 101。

〔註61〕梨山建設管理局，〈梨山地區綜合開發計劃草案〉，頁 17，檔號 0067/A4.1/4，梨山地區綜合開發計畫檔，南投，臺灣省政府經建組藏。

到民國四十七年中橫公路雖已通車，然此時公路只是碎石路面，且班車也少，榮民生活仍然極為清苦。是以榮民在山上人數一直是時增時減。直至落葉果樹試植成功，榮民收入漸增，生活方逐漸改善，榮民在山上農墾人數方有逐年增加的趨勢。此時期人口增加主要人口，乃是移民的遷入人口，其主要為榮民。根據退輔會，〈農林漁業機構年度年終業務評鑑報告書〉的紀錄，福壽山農場及武陵農場二個農場的榮民異動統計表中可瞭解到，榮民人數，一直處是呈起伏的狀態。〔註 62〕其中榮民的變化除死亡外，最大的變化因素就是調整安置到榮家就養，其次為脫離輔導不知去向。但另一方面軍中退伍人員，每年仍不斷有人接受退輔會安置進入梨山，這些退伍軍人都是同早期安置的榮民一樣，都是來自大陸的老兵，是以梨山這兩座農場榮民數並未隨著上述榮民離去而減少，尤其民國六十九年時榮民總人數最多，如表4-3。

表4-3　福壽山、武陵農場墾員人數統計表

年度	福壽山農場（人）	武陵農場（人）	合計（人）
58	188	94	282
59	228	100	328
60	195	70	265
61	223	71	294
69	415	105	520
70	376	65	441
71	373	66	439
72	387	108	495
73	386	116	502
74	355	102	457
75	383	126	509
76	387	128	515

資料來源：整理行政院國軍退除役官兵輔導委員會，《農林漁業機構58～76年度年終業務評鑑報告書》，未刊頁碼。

但這些變化到民國七十七年退輔會停止在梨山安置榮民後，〔註63〕梨山榮民人

〔註62〕行政國軍退除役官兵輔導委員會，〈農林漁業機構 58～76 年度年終業務評鑑報告書〉，未刊頁碼。

〔註63〕退輔會第四處提供資料。

數開始減少。根據實地走訪不難發覺，榮民在年歲日增耕作能力不再的情形下，不得不從農田中退出返回家庭，而多數榮民早年在山上辛勤工作，經濟改善後均會在平地城鎮置產，妻兒也均在平地，故榮民最後逐漸自梨山農地中退出。

　　在人口的數量上，另一移民的遷入人口就是平地漢人，這些平地漢人中，有原本就在平地務農的農民，也有退休的公務人員，或是退輔會停止安置計劃後才退伍的退伍軍人（這些退伍軍人一般也俱有榮民身份）。平地農民上山，早期是受落葉果高利潤吸引至梨山淘金，退休的公務員或退伍軍人，有的是為追求事業的第二春來梨山，但也有人是喜好梨山山光景致環境而選擇至此落腳，過起山野園林的退休生活。而這些人雖然所追求的目標不同，但卻齊聚於此，因而改變了梨山地區的人口結構，把一個原本以泰雅族為主的區域，演化成以平地人為主的小型商業圈。

　　從落葉果樹種植成功後，福壽山農場將成功的果實呈獻給當時的蔣中正總統，蔣中正即指示福壽山農場，要將溫帶落葉果種植技術與成果，一併推廣給當地的原住民，讓原住民也種植落葉果以改善經濟生活。〔註64〕梨山地區榮民與原住民由於落葉果的種植，經濟生活大為提昇，因而引起國人的注意。加之自中橫正式通車之後，政府便大肆宣傳中橫工程之浩大，與興築之不易以求振奮國家民心士氣，也透過各媒體及作家來協助宣傳。〔註65〕尤其是梨山福壽山農場的溫帶落葉果，自試植成功起，福壽山農場就被渲染成一洞天福地般的地方，不但是溫帶落葉果，連中藥中的當歸、人參等高貴中藥僅在試植階段，也被渲染成福壽山農場栽植成功的物種。〔註66〕眾多的利基透過媒體大肆報導，吸引了許多追求利益人的目光。平地人口遂開始尋求各種管道，進入當時仍受管制之山區，新進的平地人口，因而繼榮民之後開始進入梨山這一區域。

　　在梨山地區早期接受政府安置之榮民，一般皆如前章所述都與中橫公路之興築脫不了關係。而這些榮民多數人，自上山以來大都已接受了一個還鄉無期的事實。也多做了在梨山安身立命的打算，因此上山接受安置後，就把僅餘黃金歲月用在梨山的農墾上。為將來的人生打拼，所以從民國七十六年

〔註64〕宋慶雲，《行政院國軍退除役官兵輔導委員會福壽山農場簡介》，未刊頁碼。
〔註65〕中國廣播公司曾開設一節目即以松柏村為節目名稱，老報人曾虛白、馬壽萱及香港中國筆會均曾撰文報導梨山。
〔註66〕張憲秋，〈臺灣山地之農業〉，《臺灣銀行季刊》，卷12期4，頁182。

時退輔會對所屬農場所做的調查資料中就可發現，榮民在農場待 15 年以上者佔了各農場 50%以上，而這些人多數都有家眷。由此可看出，榮民在接受安置時，基本上，可能已準備於此安身立命，因此榮民自此之後，也成了梨山地區一個族群。〔註67〕但是這群人中來的大陸各省，可是就如胡台麗所說的，都以大陸人自居，沒有人會去特別強調自己是那一省的人。〔註68〕

自中橫公路通車後，梨山農業發展日逾迅速，首先第一個受益者就是受退輔會安置的榮民。在榮民安置人數上，至民國七十六年時，退輔會調查統計梨山福壽山農場所屬之榮民已達 387 人，武陵農場有 128 人。〔註69〕這些農場場員多數爲榮民場員，個別農墾人員爲少數，平均年齡此時多達 60 歲以上，根據退輔會調查福壽山農場榮民平均年齡達 63.7 歲，武陵農場則爲 64.4 歲，平均進農場接受安置時間二個農場場員平均達 17.4 年，如表 4-4。

表4-4　民國 76 年福壽山農場、武陵農場場員進場時間調查統表

農場別	平均進場時間（年）	合計		未滿5年%	5～9年%	10～14年%	15～19年%	20～24年%	25～30年%	30年以上%
		填答人數（人）	百分比（％）							
福壽山農場	17.4	351	100	1.7	6.6	40.7	12.5	11.4	21.9	5.2
武陵農場	17.4	109	100	9.2	8.3	6.4	21.1	23.9	16.5	14.7

資料來源：行政院國軍退除役官兵輔導委員會統計處，《行政院國軍退除役官兵輔導委員會農場場員調查報告》，頁 70。

表 4-4 中有關武陵農場部份，也出現有 25 年以上的場員，但武陵農場成立時間是在民國五十二年。爲何有 25 年以上的場員，其原因乃如前所述武陵農場未設場前，在勝光已有臺灣榮民農墾服務所所隸轄之武陵墾區的設置，故這

〔註67〕榮民人數約五百餘人，引自張致遠，〈產梨的山〉，《臺中縣和平鄉泰雅族專輯》，頁 45。退輔會資料統計二個農場合計爲 515 人。

〔註68〕胡台麗，〈芋仔與蕃薯──台灣「榮民」的族群關係與認同〉，《中央研究院民族學研究所集刊》，期 69（臺北：中央研究院民族學研究所，民國 79 年 6 月），頁 113。

〔註69〕行政院國軍退除役官兵輔導委員會統計處編印，《行政院國軍退除役官兵輔導委員會農場場員調查報告》，頁 10。

些進場 25 年以上之場員都爲當初墾區之榮民。由此也可觀察出，福壽山農場早期第一批上山拓墾之榮民留下來之人員，似乎並不多，然退役 15 年以內接受安置之榮民，則佔了近五成。而這些人中已婚者更佔了近 80%，因此讓筆者聯想到，是否在有家庭後，而讓這些榮民有了留在山上以奮鬥的目標。不似一些單身榮民，一人在山上農墾，辛苦努力又無目標，就算政府依〈反共抗俄戰士授田條例〉授田，等到年齡大後，工作能力不再，無法工作，配得之土地恐也會成爲負擔，所以一些榮民乾脆放棄土地，換領一筆錢，再到榮譽國民之家就養接受政府的照顧，則上述問題就全然不存在了。故退輔會對歸還土地之榮民，就改發給土地改良費 12,000 元至 18,000 元不等做爲補償。已婚者則因需照顧家庭，農耕時又有人手幫忙，故能全力投注在農耕上，經濟狀況亦較佳。也因此可看出爲何民國七十六年時，榮民婚姻狀況調查時，福壽山農場會達 78.9%，〔註70〕武陵農場亦高達 73.5%，農墾榮民已婚人數會遠高於未婚者人數。〔註71〕

（二）原住民人口變化

　　原住民經輔導種植果樹後，收益日增生活水準大大提昇。〔註72〕人口也隨之增加，若以余光弘的論文中所舉光以環山一地爲例，昭和四年時僅有 45 戶，民國四十三年遷出 22 戶至松茂後人口陡減，但至民國五十六年增至 86 戶，民國六十三年 92 戶，民國六十四年 97 戶，民國六十五年時卻增至 98 戶，民國七十二年時又增至 117 戶。〔註73〕由上述資料來可發現一點，環山部落戶口開始增加時間點，適逢落葉果在梨山發展邁入正軌的時候。而筆者從臺中縣和平鄉戶政事務所所收藏民國四十二年到民國四十六年平等村的原住民鄉戶及人口數的統計表中發現民國四十二年時整個梨山地區原住民也僅有117 戶，民國四十三年增加到 125 戶，民國四十四年及四十五年，卻減少 2 戶成爲 123 戶，但民國四十六年中橫動工福壽山農場成立原住民增加成 133 戶。

〔註70〕宋慶雲，《行政院國軍退除役官兵輔導委員會福壽山農場簡介》，中記載福壽山農場墾員成家數達81％。未刊頁碼。

〔註71〕行政院國軍退除役官兵輔導委員會統計處編印，《行政院國軍退除役官兵輔導委員會農場場員調查報告》，頁 75。

〔註72〕民國 62 年時梨山地區國民所得超過四萬元臺幣，引自臺灣元氣村 http://www.ylib.com/class/topic3，96 年 4 月 20 日。

〔註73〕余光弘，〈環山泰雅人的社會文化變遷與青少年調適〉，臺北：臺灣大學考古人類研究所，民國 65 年，頁 27。

到民國五十七年梨山開始邁入落葉果樹的黃金期時原住民更增至 228 戶。

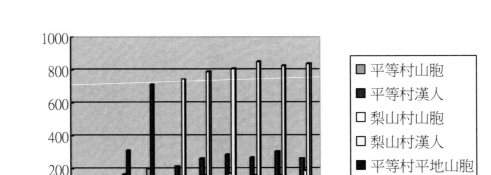

圖 4-2　民國 42 年～80 年梨山地區居住戶口數

資料來源：臺中縣和平鄉戶政事務所，〈臺中縣山地鄉村鄰戶及人口數統計表〉，
　　　　　未刊頁碼。

由圖 4-2 可看出原住民人口增加情形，到民國六十四年梨山整個地區山地山胞
高達 258 戶，還有平地山胞 10 戶。在這些住戶的變化中，較大者是梨山地區
原本僅有一平等村下設 15 鄰，但隨著人口的增加在民國五十八年三月時，梨
山地區多了一個梨山村轄 10 鄰，原本的平等村則由 15 鄰縮減爲 5 鄰。此改變
乃因梨山平地人口大增，地方政府遂增設一村。此外由於農業在梨山的推動，
除吸引大量平地漢人湧入外，亦帶動了原住民人口的變化。惟較特別的是梨山
地區原住民戶口數雖然增加，但人口卻有高低起伏現象，並非保持成長，此一
矛盾的現象，根據余光弘研究認爲與原住民財富增加有關。〔註74〕其原因爲原
住民在經營落葉果園後，財富增加，因而經常往返於平地城鎮，平地的繁華對
原住民產生一定的吸引力，讓一些人留住在平地而甚少返鄉。其次是一些做父
母的人，在家庭經濟好轉後，也希望能讓自己子女受較高的教育，而將子女戶
籍遷到城鎮，造成人口由山區流入平地的現象。〔註75〕故筆者也針對此現象審
視了平等國小與梨山國小的學生數狀況，平等國小教務主任則直言該校學生數

〔註74〕余光弘，〈環山泰雅人的社會文化變遷與青少年調適〉，頁29。
〔註75〕余光弘，〈環山泰雅人的社會文化變遷與青少年調適〉，頁29。

長期以來並未隨經濟好轉而有增加，反而有減少的現象，探討其原因也認為經濟生活變好後，原住民反而都遷居至平地居住，而造成學生數銳減。〔註76〕

二、結構變遷

　　梨山人口在民國四十五年中橫公路興築前，幾乎都是原住民，其人口數達六、七百人，平地人在當時在梨山人口多僅是個位數，最多時在民國四十五年十二月才達 10 人，至民國四十六年時中橫興築，在梨山設工務段榮民大舉上山，平地人口才開始大增，至同年十二月時戶政人員清查時平地人方增加到 107 人，其人口變化如如圖 4-3。

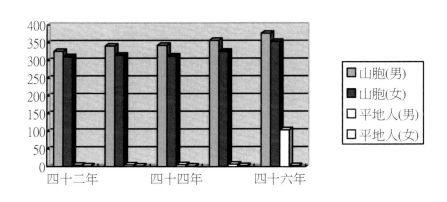

圖 4-3　民國四十二年～四十六年梨山人口統計分類圖

資料來源：臺中縣和平鄉戶政事務所，〈臺中縣和平鄉 42～46 年現在戶口登記統計月報表〉，整理而成，未刊頁碼。

自此之後平地人口在梨山地區年年增加，甚至超越原住民人口，成為梨山地區最多的人口數。但與平地人增加之同時，同年退輔會也在梨山福壽山農場安置榮民，其中個別農墾人員多為有眷榮民，依〈國軍退役軍官個別農墾輔導辦法〉第三章第八條規定這些榮民榮眷都納入戶政體系中登記，故平地人口數中實際上也包括了榮民。但在場內之單身榮民與自謀生活榮民則多數未在當地戶政機關落籍，但整體言此時梨山的人口結構，自中橫動工起除泰雅族人外，也增添了外來的移入人口，且自此後移入性人口逐年增加如圖 4-4。

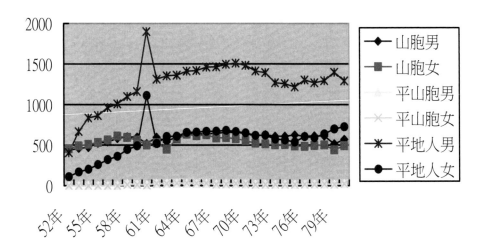

圖 4-4　民國五十二年至八十年臺中縣和平鄉平等、梨山村人口分析圖

資料來源：據臺中縣和平鄉戶政事務所，〈臺中縣山地鄉村鄰戶及人口數統計
表〉，52～81 年資料繪製。

由圖 4-4 中可發現，平地人口數從民國五十三年超越原住民後人口數，自此未
再少於原住民，此外由表中人口數的變化，與梨山產業發展也有著密切的關
係，平地人口的高幅度成長時適逢落葉果利潤最好的時候，因而吸引大批平
地人上山。

（一）性別

梨山的人口在性別的統計上，在原住民的部份一般男女人數差異多在數
十人之間，大多時候是男多於女，但民國五十二年至五十七年間，梨山的原
住民人口則是女多於男的現象，如圖 4-4 所示。但至民國五十八年起，開始呈
現男多於女的情形，這種性別數的改變原因，除女嬰減少外，另一原因是原
住民女性與榮民及平地人通婚而遷出本籍減少。

平地人女性部份，從民國四十二年起，在和平鄉戶政調查資料中平地人
戶政紀錄，女性的人數一直就是少於男性，這些女性一般多是隨夫上山的家
庭主婦，或平地人的女兒，如民國四十二年時平地人戶口數有四戶，而平地
男性也僅四人而女性只有二人，〔註 77〕故可知此二名女性必為家眷。而在梨
山的男性一般都是從事勞力工作，如開路、伐木及從事農墾等這些極需勞動

〔註77〕臺中縣和平鄉戶政事務所，〈臺中縣 42 年山地鄉村鄰戶及人口數統計表〉，未
刊頁碼。

力的工作，也因而促使梨山地區對男性人口的依賴，造成男性人口的增加與男女性人口數相差以倍數計。

（二）省籍

梨山在人口結構上，除了原住民外，另外的人口就是來自平地的人口，這些人中有本省籍的閩南人與客家人，一般都習以本省人稱之，榮民因來自大陸各省。然當國民政府尚未來臺時，全中國行政區域，區分為三十五省，十二個院轄市，二個特別行政區，一個地方。若按此區分榮民籍貫，扣掉臺灣省還可分成 49 種不同籍貫。且本省籍人士又不盡然瞭解大陸各省、市，因此對於來自大陸的人士總習以「外省人」稱之，這些榮民對被稱之為外省人，並不以此為忤，甚至習以為常以本省人交談時以外省人自居，只有和同樣是外省人交談時才會詢問對方省籍或代表省籍的稱呼稱之。〔註78〕

榮民在梨山發展的過程中，扮演了相當重要的角色，而這些榮民若以福壽山農場設場三十年後來看，在民國七十六年時福壽山與武陵農場榮民的籍貫如表 4-5。

表 4-5　民國七十六年福壽山、武陵農場場員籍貫分佈情形（單位：人）

籍貫 場名	臺灣	江蘇	浙江	安徽	江西	湖北	湖南	四川	福建	廣東
福壽山農場	1	43	26	24	38	19	38	19	16	30
武陵農場	2	12	10	4	5	9	7	11	7	7
籍貫 場名	廣西	海南島	雲南	貴州	河北	山東	河南	山西	陝西	甘肅
福壽山農場	14	2	12	8	9	37	26	4	6	1
武陵農場	1	0	6	3	6	10	7	0	2	0
籍貫 場名	熱河	遼寧	察哈爾	吉林	黑龍江	綏遠	北平	青島	重慶	上海
福壽山農場	0	3	0	1	1	1	0	1	0	2
武陵農場	1	2	1	0	0	0	1	1	1	0

資料來源：行政院國軍退除役官兵輔導委員會統計處編印，《農場場員調查報告》，頁 71～73。

而由表 4-5 中可看出，這些榮民主要來自華南地區，人數計有 387 人。由此也

〔註78〕如江西人常被稱老表，湖南人被稱湖南騾子等稱呼。

可瞭解到，這些榮民大都出身自非溫帶落葉果生產地區，被安置於此後，都是從頭開始學習起。而這些榮民在取得土地所有權後，除松柏村及志良等地的榮民較為聚集外，大多數榮民都散居在所配之農地內。但這些外省籍的人口在梨山仍屬少數一群，最多的人是本省籍的平地人，以民國七十六年時非原住民人口 1,301 人來計，扣除外省籍 592 人，本省籍人口則達 709 人。〔註79〕

（三）通婚

1. 榮民婚姻

在榮民婚姻部份，因受交通便捷之利，所植之農作有了銷售管道，受安置之榮民生活也日趨穩定，個人經濟收入，也伴隨著果物農作的收成而日豐。此時，對這些榮民言除回大陸老家外，所剩的心願就是娶一房妻室延續香火了。然此時這些單身榮民多數已年過四十，加之在山上農墾生活刻苦單調，生活條件遠不若平地優越，且年紀也較大，因之在婚配對象上，甚難覓得一位能同甘共苦之人生伴侶。故這些單身榮民在婚配對象的選擇上，大多處於較被動的地位。根據所訪問已婚的榮民發現，主賴媒人代為選擇說合與已婚友人介紹，故多為遲婚。退輔會在民國七十六年的調查也發現，福壽山、武陵二農場婚齡在 19 年以下者，達 60%以上。〔註80〕而此時二農場榮民平均年齡達 64 歲以上，由此可知榮民結婚時多為 40 歲以上的年紀。至於對象有平地農家女子、喪偶婦人、原住民女子等，至於配偶的教育程度根據調查其結果如表 4-6。

表 4-6　民國七十六年福壽山、武陵農場場員配偶教育程度調查統計表

農場別	合計			農業學校			非農業學校					未受教育%
	填答人數	百分比%	小計	大專%	高農%	小計%	大專%	高中高職高普師%	國中初中初職%	小學%	私塾自修%	
福壽山	229	100.0	0.4	0.4	0.0	78.2	0.0	2.6	8.3	67.2	0.0	21.4
武陵	66	100.0	0.0	0.0	0.0	81.8	1.5	18.2	9.1	43.9	9.1	18.2
總計	295	100.0	0.2	0.2	0.0	80.0	0.7	10.4	8.7	55.5	4.5	19.8

資料來源：行政院國軍退除役官兵輔導委員會統計處編印，《行政院國軍退除役官兵輔導委員會農場場員調查報告》，頁 79。

〔註79〕據臺中縣和平鄉戶政事務所，〈76 年臺中縣山地鄉村鄰戶及人口數統計表〉，未刊頁碼。

〔註80〕行政院國軍退除役官兵輔導委員會統計處編印，《行政院國軍退除役官兵輔導委員會農場場員調查報告》，頁 19。

由表 4-6 可發現一狀況，就是一般場員配偶教育程度普遍不高，大專程度者，二個農場總計也未達百分之一。其中以小學或未受教育者所佔比例最高，此種現象也透露出榮民擇偶條件並不高，甚至處於一種被動的情況，成家的目的，似乎以延續香火為首要，其次為尋一工作上的幫手與人生旅途的伴侶。

在婚姻生活上，個別農墾的軍官、士官因上山前多數已婚，對象多為平地或同為大陸籍女子，夫妻除一同上山奮鬥，在情感上亦較穩定。單身榮民上山時多數並沒有太多的積蓄故多以農場為家，每日生活重心均在農場的工作上，但至工作一段時期有了相當積蓄時，大多也開始有了成家的打算，但此時一般年歲已長，是以婚配對象較難尋覓。因而在婚配的對象上，就產生下述幾種情形，如夫妻二人年齡相差懸殊，觀念不合的老夫少妻配。根據退輔會的調查農場場員的配偶年齡時發現，配偶年齡 50 歲以下占 66.0％夫妻年齡平均相差 17.2 歲。〔註81〕如圖 4-5 中即是民國五十八年時，武陵農場親莊莊員在武陵農場結婚時所拍攝。圖 4-5 中女方主婚人為左一、二，年齡與新郎相當，可見新人年齡相差甚多為一典型老少配。

圖 4-5　武陵農場榮民婚禮

黃濤先生提供民國五十八年攝於武陵農場場部

〔註81〕行政院國軍退除役官兵輔導委員會統計處編印，《行政院國軍退除役官兵輔導委員會農場場員調查報告》，頁 4。

其次就是經友人或媒人說合與平地女子婚配者，但這些平地女子願嫁到山上者，部份人已有一次婚姻經驗。前次的婚姻已喪偶者居多，雙方在年齡的差距上較小，但有的已有子女。在二農場中配偶為再婚者福壽山農場有 23 名，武陵農場 13 名。由此可看出在梨山地區之榮民，婚配對象有一部份為孀居之女性。這些榮民所娶的孀居女子，部份人也都有子女，在人數上福壽山農場養子女數有 51 人，武陵農場有 5 人。〔註82〕

這些榮民婚後生活，一般言並無太大的變異，大多仍持續在山上經營農耕。但榮民在成家後，基於對家庭的責任，對農耕的工作都是更加努力經營。故而退輔會所屬的二個農場，農墾範圍日見擴增，如福壽山農場由最早的周、漢、唐、宋、明五個農莊增加出仁、義、禮、智、信、復、興、中、華、勝、利、成、功、忠、孝、和、合、勤、勇、恆、福等農莊，而武陵農場也先後將誠、善二農莊遷至苗圃與勝光等地。至民國七十六年時這些成家的榮民第二代平均年齡達 14.7 歲，年齡達 20 以上者有 198 名，〔註83〕有的甚至有了第三代。〔註84〕而榮民結婚後子女年幼時，一般都還在梨山定居，但隨著子女到入學年齡或小學畢業，這些榮民家庭就開始有了變化，這個變化的主因就是子女教育問題。

2. 原住民婚姻

在當時臺灣經濟在急速發展時期，在山區的原住民人口大量外移，流入都市就業謀生，這在此時期臺灣各山地部落均發生男子娶妻不易的共同困擾。但梨山地區的原住民男性，卻因種植果樹獲致可觀的財富，因而娶妻甚易而無此困擾。〔註85〕相反的其他山區部落的原住民女子都願嫁至此地。此種現象，即是因高山農業發展為原住民所帶來的經濟利益，反映在現實中的現象。

在女子部份，由於交通的便捷，文明進入山區，使得當地女子在接觸平地的文明後，對城鎮的繁榮充滿嚮往，因而大都願意嫁到物質條件較好的平地。〔註86〕此外，由於我國在原住民的政策上採取諸多優惠措施，如對原住

〔註82〕行政院國軍退除役官兵輔導委員會統計處編印，《行政院國軍退除役官兵輔導委員會農場場員調查報告》，頁81。

〔註83〕行政院國軍退除役官兵輔導委員會統計處編印，《行政院國軍退除役官兵輔導委員會農場場員調查報告》，頁82。

〔註84〕宋慶雲，《行政院國軍退除役官兵輔導委員會福壽山農場簡介》，未刊頁碼。

〔註85〕陳憲明，《梨山霧社地區落葉果樹與高冷地蔬菜栽培的發展》，頁88。

〔註86〕呂順安主編，《臺中縣鄉土史料》（南投：臺灣省文獻委員會，民國83年），頁72。

民就學、就業、公職考試等方面，均有加分或保障名額諸多優惠措施，也造成了另一現象，即是一些娶了原住民女子為妻的平地人，為利子女日後在就學、就業上的優惠，而讓子女從母籍。也有子女長大成人後改從母姓，如原住民立委高金素梅即為一例。〔註87〕

三、人口流動

梨山地區人口結構產生變化之主因，從張致遠的文章或現實利益來觀察，主要肇因在落葉果的利益，吸引了無數外來人口到山上尋求利益所致。〔註88〕這些人初期多屬流動性人口，但隨著時日愈久，這些流動人口中，有不少人士，在取得土地經營權後，遂而長住於梨山，因而在梨山此一地區添增不少新來人口。

在中橫公路興築之前，平地人甚少有人進入梨山此一區域，會進入山區的平地人一般也僅是少數林班工作人員、登山者和警察。一直到中橫公路施工，大批的退伍軍人和築路工程人員才大舉進入山區。但在蘋果、梨、水蜜桃等溫帶落葉果種植成功後，榮民與原住民的收益大幅提升。〔註89〕現實的成果讓許多平地農民為之側目，加之政府刻意動員媒體及文化界參訪中橫。〔註90〕其中梨山與福壽山農場更是必至之處，經由媒體宣導把此地榮民的收益，原住民經濟生活的進步展現在國人面前。再加上梨山風光秀麗，美名遠播，遊客絡繹於途。平地居民不分閩客至梨山經營旅社餐廳業者逐漸增多。尤其自民國五十九年梨山溫帶落葉果大批問市後，梨山遂成為溫帶水果生產特區。而當地居民與榮民，祇要種植果樹的，幾乎都變的相當富有。外地人進入梨山辛勤數寒暑後亦能獲鉅利，導致許多平地人接踵而至，梨山因此成尋金者的天堂。〔註91〕

平地人上山，除是受溫帶葉果的高經濟價值吸引外，如前所述梨山地區原住民對資金的需求，也提供了平地人上山發展的企機，因為臺灣的山地保

〔註87〕高金素梅父親為榮民，母親為和平鄉泰雅族人。

〔註88〕張致遠，〈產梨的山〉，《臺中縣和平鄉泰雅族專輯》，頁46。

〔註89〕根據《武陵農場場誌》記載農場榮民每人每月平均收入，在民國63年時已有人達1萬餘元，墾戶年收入平均亦達30萬元。至64年時墾戶中更有年收入達60萬以上者有毛雲臣、張銘、葉志超、張宜棠、葉思源、楊在貴等六人。

〔註90〕香港中國筆會曾於民國59年受退輔會接待至梨山及福壽山農場參觀。並有嚴克仁、張爵民、梁鉅榮、胡斌武、曾虛白等人在平面媒體上撰文介紹。

〔註91〕張致遠，〈產梨的山〉《臺中縣和平鄉泰雅族專輯》，頁40〜47。

留地管理規定讓原住民擁有土地使用權，但不能買賣，也無法向銀行質押貸款。可是原住民要種植落葉果樹從果苗肥料到機具皆需要資金，但原住民卻缺乏資金來從事蘋果、梨的栽培發展。在這種情形下對原住民言，最簡單獲取資金的方式，就是以所擁有的山地保留地來換取資金。而企圖擁有土地來經營落葉果的平地人，就成了最佳的資金提供者。

此外，在民國七十六以前臺灣尚未解嚴，臺灣山地均限管制區，平地人上山須經申請方可進入山區。而這種大批平地人湧入山區的申請原由，主以溫帶水果栽培過程中極需人力資源所致。因為從剪枝、搭棚架、除草、施肥、噴灑藥劑、人工授粉、疏果、套袋、採收、搬運、選果、包裝等均需要勞力，這就成了平地人湧入山區，獲得入山許可的原因。〔註92〕也造就了平地人上山，與原住民交易的可趁之機。這些平地人口至民國六十七年時，根據臺灣省政府舊檔《梨山地區綜合開發計畫》中的〈梨山地區綜合開發計劃草案〉所載，流動人口不計，平地人口已達2,132人，可見平地人口湧入的狀況。〔註93〕

平地人至梨山最初都集中在梨山、佳陽、松茂和環山四處。尤其是松茂、環山這二個地區，若從地理位置來看，橫貫公路宜蘭支線西側是宜農地最多的地區。〔註94〕此外，這四個地方也是泰雅族原住民主要的聚居地區。由此也可觀察出平地人初至梨山時，在土地取得的對象上，主要爭取合作的對象，是從原住民入手。因為此時榮民雖有耕地，然土地仍屬公有地，且榮民在農墾上有退輔會運用美援支應。〔註95〕土地所有權均屬國家所有，是不可能與這些平地居民進行耕地的交易。而原住民此時正在發展溫帶果樹，急需資金挹注，加之原住民個性又樸直，對法律條文契約不熟，因而成平地人爭取合作的對象。

在筆者研究梨山人口變遷之中，發現到在民國六十八年政府開放蘋果進口後，自民國六十九年起在梨山的平地人開始出現人口數減少的現象，直到民國七十六年平地人口方又增加，而此現象筆者在梨山訪問時，曾詢問當地的民眾，政府開放蘋果開放後對當地產業的影響時，皆稱當時蘋果價格曾下

〔註92〕 陳憲明，《梨山霧社地區落葉果樹與高冷地蔬菜栽培的發展》，頁77。
〔註93〕 0067/A4.1/4，〈梨山地區綜合開發計劃草案〉，《梨山地區綜合開發計畫》，梨山建設管理局，臺灣省政府經建組藏。
〔註94〕 陳憲明，《梨山霧社地區落葉果樹與高冷地蔬菜栽培的發展》，頁71。
〔註95〕 行政院國軍退除役官兵輔導委員會，《本會援外工作及美援運用概要彙編》（臺北：行政院國軍退除役官兵輔導委員會，民國71年），頁226～228。

跌至一箱 150 元沒人要，造成許多的包商倒閉下山。〔註96〕一直至民國七十六年許多果農改弦易轍，砍掉蘋果樹改種梨、水蜜桃或蔬菜後人口方又開始增加。由此可瞭解到梨山人口的流動，最大的主因在於經濟利益的變化所致。

在平地人向原住民租地承包果園後，原住民的聚落人口也開始有了變化，一些包商承包果園後，就直接在附近的原住民聚落中租屋賃居。除此之外，當然也有其他族群的男子與當地原住民女子結婚後，就定居於原住民部落中的。〔註97〕故一般來說，梨山地區這個泰雅族的生活圈，從落葉果樹的熱潮後，湧進了不少非原住民的族群進住。而這些不同的族群間相處，一般言尚能維持平和相處。

第四節　醫療與教育

梨山地位置處於中央山脈中，生活於此的泰雅族人之醫療衛生極為落後，直至日治時期日警進駐山區，除負責行政外另教育、衛生亦由日警兼管。原住民方開始接受教育，衛生習性亦因而有所改進，但醫療設施仍未能進駐梨山地區直至民國四十五年政府興築中橫，為應工人醫療需求，方在今梨山賓館現址開設醫療站，醫療資源才開始進入山區。

一、醫療資源

（一）榮民醫療

中橫公路通車後，安置榮民於梨山也成為退輔會既定政策，對於榮民的醫療的照護自不可免，故在梨山仍持續設置醫療站，並由臺中榮民總醫院派醫生至梨山駐診照護榮民，而此醫療站也被當地居民稱為梨山榮總。〔註98〕至民國五十二年時，根據退輔會第 317 次的業務會報會議紀錄上，發現退輔會主任委員蔣經國，因鑑於武陵、勝光等地距梨山過遠，當地榮民就醫不便。在會中指示，在勝光地區應設立一聯合診療所。〔註99〕此診療所設置之目的，

〔註96〕96 年 5 月 2 日梨山福壽山農場訪問喻嘉璧先生口述。王文欽，〈溫帶水果的王國〉，《興農月刊》，期 179（臺中：興農雜誌社，民國 72 年 9 月），頁 47～52。
〔註97〕余光弘，〈環山泰雅人的社會文化變遷與青少年調適〉，頁 35。
〔註98〕96 年 5 月 3 日平等國小人事主任提供。
〔註99〕行政院國軍退除役官兵輔導委員會，《業務會報紀錄》第 6 輯，第 313～331 次（臺北：行政院國軍退除官兵輔導委員會，民國 52 年 1 月 3 日至 12 月 4 日），未刊頁碼。

即在爲當時在武陵農場週邊地區，包括志良、苗圃、勝光、思源之榮民服務。但今日已不可見。而當時在苗圃駐紮有一國軍步兵營，依國軍編制言亦應編有醫官一人與衛生排，服務對象雖以國軍弟兄爲主，然在附近人員有醫療需求時筆者相信亦能提供部份的援助，然此二者亦僅能進行簡單醫療照護而已。

至武陵農場由於民國七十六年後推動觀光產業，旅遊人數日眾，但因此地並無醫療單位，尤其勝光聯合診療所撤除後，當地農民看診均需至環山或梨山就診，遇重大傷患連緊急醫療照護人員都無，故政府決意於民國九十六年於武陵農場內設一衛生室以提供榮民及旅客醫療照護。

至於和平鄉衛生所則位於和平鄉南勢村，距離梨山甚遠。故在梨山另設梨山衛生室，然隨著梨山的快速發展，遊客日增在民國六十二年臺灣省政府成立梨山建設管理局後，梨山衛生室也於七月一日昇格爲梨山衛生所，並分別於佳陽暨平等村各設一衛生室，然佳陽衛生室於民國八十二年因評估績效不彰而遭撤銷。衛生所編制僅有醫師一名，分別按排表分至各衛生室、所駐診，且除服務當地民眾外，也爲遊客服務，並是山難救援醫療中繼站。此外退輔會也曾於梨山設置醫療站爲梨山地區榮民與居民服務，後因不敷成本而撤離。現今梨山之醫療除衛生所外，則有民間經營的西藥房數間如建德藥房、大福西藥房、惠安西藥房、日昇西藥房、臺華西藥房等，另有一家高村損傷接骨等。從上述觀察，梨山雖有這些醫資源，但也如前述，僅能從事較簡單的醫療行爲，較重大的傷病仍需轉送至平地。在九二一大地震前尚可轉送至中部地區，但震災後只能後送至埔里及宜蘭等地。

（二）原住民傳統醫療

梨山泰雅族人在日治以前之生活，如第三章所述是漁獵與農耕兼營的生活。而原住民飲食以陸稻爲主食，粟、黍、藷副食，平時以瓜類、豆類、野菜、薑、香菇加鹽煮食。進食時是一家人圍爐蹲踞，飯熟後放置爐邊待，半冷時以手抓食。以冷飯、鹽所醃製之生肉爲風味絕佳之食品，此外亦喜生食獸類內臟。〔註100〕衣則重裝飾而輕衣服，且常裸露身體大部份，禦寒被褥幾付闕如。住則以木、竹、石板爲材料所築之小屋，構造簡陋，低矮陰暗，屋內往往塵烟滿佈，殊不衛生。日常生活衛生習慣，更不講求。疾病時問卜鬼神，憑賴巫術，因之死亡率甚高。〔註101〕梨山地區原住民生病的醫療，

〔註100〕張致遠，〈傳統與現代〉，《臺中縣和平鄉泰雅族專輯》，頁34。
〔註101〕臺灣省新聞處編印，《臺灣山地行政的改進》（南投：臺灣省新聞處，民國52年），頁8。

在《臺中縣鄉土史料》中記載泰雅族長老陳阿朱幼時患病接受名為蘇密·廖女巫師治病的經過。其中也指出平等村的撒雲·諾敏即詹秀美女士之母亦是女巫師。〔註102〕

　　由上述可知梨山地區原住民，傳統之衛生習性是極為落後，而醫療設施是完全沒有，詹秀美女士之母雖是族人中女巫師，但也說當時是沒有醫療也沒有醫生。〔註103〕直至中橫公路開始興築後，為照護築路工人，政府特別於梨山工務段，現梨山賓館的位置開設一醫療站，醫療的設施方開始進入梨山，但此醫療站對於重大傷病，仍是無能力進行醫療，必須送至平地就醫。中橫通車後，榮民至梨山開墾日眾，平地人也開始利用各種手段，進入梨山地區營生，簡易式的西藥房也開始出現。在民國六十三年時，環山部就有一平地人娶了一環山部落原住民女子然後在部落中開設的西藥房。〔註104〕然發展迄今梨山地區現有藥房達五家之多，但主要位於人口較多的梨山村，而平等村至今仍僅一家。

二、環境污染

　　在梨山高山農業發展過程中，由於農民隨意丟棄物品的工作習性，在山區造成一可怕現象，及是廢棄物的污染及環境衛生的破壞。此現象最嚴重的是，果農與菜農，在落葉果樹冬眠期間，與蔬菜種植時，大量的施洒雞糞做基肥，而雞糞中均帶有大量蠅卵，因此產生無數的蒼蠅與異味。加上自然落果的水果腐爛後，更是成為蒼蠅聚集之溫床，因此梨山地區在七至十一月間，遍地都是蒼蠅，加上該地區垃圾清運及處理欠完善，更是助長蒼蠅滋生，故梨山除是溫帶落葉果的王國更是蒼蠅王國。〔註105〕

　　此外，水果結實時果農多會套袋以確保品質，但採收果園中則四處散落這些果實套袋廢棄物，也對山林帶來污染，另因水土保持未落實，肥料因而被雨水沖刷後流入溪流，造成德基水庫蓄水優氧化，引人垢病。梨山地區面積為 3,700 公頃的果園，為全臺使用農藥百分之二強，蘋果、梨每年噴藥平均達 20 次之多，水蜜桃也需 15 次。如此多次噴藥，產生了許多農藥盛器，而

〔註102〕呂順安主編，《臺中縣鄉土史料》，頁 69。
〔註103〕詹秀美，〈細說環山舊事〉，《臺中縣和平鄉泰雅族專輯》，頁 48。
〔註104〕余光弘，〈環山泰雅人的社會文化變遷與青少年調適〉，頁 35。
〔註105〕0067/A4.1/4，〈梨山地區綜合開發計劃草案〉，《梨山地區綜合開發計畫》，梨山建設管理局，臺灣省政府經建組藏。

果農並未做妥善處理，也造成梨山地區環境的污染。

這種對環境污染的情形在民國七十六年時，曾有原住民青年因飲水，爆發農藥中毒事件，而被質疑是否因農民施打的農藥流入溪流中，致使人飲用後死亡的爭議。〔註106〕後經證實雖非如此，由此可知當地的環境衛生被農民肆意破壞的程度，但此事也讓當地民眾也意識到，自身在農耕時對環境所造成的污染與破壞。

三、教育

教育進入梨山始於日治時期，在大正三年（1914）於今環山部落，成立「臺中州東勢郡鹿洋社蕃教育所」由日警負責四年制蕃童教育，即原住民所稱之蕃道教育，其上課時間在梨山實行方式，僅在早上上 1～2 小時。〔註107〕其餘時間就是要求學生從事勞力工作，主以農事爲主，畢業後僅有少數人可升入山地農業講習所再接受一年訓練。能接受中等教育而畢業者，據民國三十三年統計，僅 19 名而已。〔註108〕此外還有以較年長者爲對象的教育課程，稱爲「夜學會」，均以日語爲重點的教育，然均十分簡陋。〔註109〕民國三十四年八月更名爲平等國民學校，並將位於梨山之桃源教育所，併入平等國民學校更名爲桃源分班，十月在佳陽成立佳陽分班。後陸續成立松茂、勝光分班，以滿足各聚落學童教育需求。其中桃源分班，隨著地名異動與地區人口的發展，先後由更名爲梨山分班，後又升格爲分校，最後於民國五十五年獨立，成爲梨山國民學校，自此梨山地區始擁有兩所國民小學。〔註110〕隨著學童學習成長，小學畢業後則又因無國中可提供升學，小學畢業生只得離開梨山至平地就學。週邊的小學分班因而一班接一班的關閉。

（一）榮民子女教育問題

在梨山從事農業的榮民，在子女到就學年齡時，就開始爲子女學校教育的問題而煩惱。因爲在梨山地區從佳陽部落、梨山、松茂、環山、志良、武陵、勝光至思源這些榮民與原住民聚集的地區，政府並未普設學校。整個地

〔註106〕宋慶雲，《行政院國軍退除役官兵輔導委員會福壽山農場簡介》，未刊頁碼。
〔註107〕呂順安主編，《臺中縣鄉土史料》，頁 67。
〔註108〕臺灣省新聞處編印，《臺灣山地行政的改進》，頁 7。
〔註109〕呂順安主編，《臺中縣鄉土史料》，頁 67。
〔註110〕臺中縣和平鄉平等國民小學網站，http://www.pdes.tcc.edu.tw/introduction/history.html

區僅設有梨山國民小學與平等國民小學二所，國中則在環山部落中的平等國小校園內附設一國中部。而榮民一般在對子女教育問題上，大多仍一秉惟有讀書才有出息的傳統觀念，故均非常的重視子女的學校教育。因此在子女小學時期，對居住在福壽山農場或松茂之榮民尚不是問題，因為此兩地均設有分校，但對住在志良、武陵、勝光等地的榮民言，則是一大困擾。因為此地初期連教室都沒有，小孩上學則必須長途跋涉，這些地區距梨山或環山距離均甚遠，加上當時的榮民都無交通工具，小孩上、下學只能靠徒步上學。武陵農場有鑑於此體恤榮民問題，遂於民國五十五年在勝光附近，搭建一間木造教室，並商請環山部落平等國小指派老師一名前來授課，方解決一時之需。〔註111〕而教室後來又在臺中縣政府又輔助下興建一棟二間教室的 RC 建築物，正式成立平等國小勝光分班。〔註112〕但居在志良、武陵等地的榮民子女，每日仍需長途跋涉五、六公里以上的路程至勝光上學。目前在志良經營果園的周思源先生，幼時就是由志良步行至勝光，平等國小勝光分班上課。這種子女教育的問題，雖解一時之急，然終非解決之道，是以當榮民在稍有積蓄的情況下，莫不到城市置產，並舉家遷往平地城鎮，然後一人在山上農耕。探究其主要原因，大部都是為了子女教育問題與子女未來發展而做的決定。

　　當小孩下山就學後，對梨山地區在這些榮民家庭又造成的另一景況，就是一個家庭一分為二。但亦有父母在山上，子女至平地就學的情形，此種狀況一般是平地有親戚可依。如筆者昔日同事張翠蘋小姐，幼時讀書時就是在嘉義舅父家依親就學。另筆者在勝光所訪視之嚴慶雲先生，其子女則委請岳母代為照顧。而周思源先生至平地就學時，其父周啓民老先生則在臺中縣豐原市置產，由母親陪同在豐原就學。此現象多因子女教育問題而衍生出。這種一家人分隔兩地的情況，在民國六十年代在梨山地區榮民的生活圈中普遍可見。且多數情形是父親單身一人守在山上照顧田園，妻兒則在平地。一家人團聚時刻，都是在農閒或下山採購或販售農作物時，父親方探視妻兒或寒、暑假時妻兒上山團聚。但隨著榮民子女日漸成長，而至平地城鎮就學，原本設置的分校與校舍，在學生下山紛紛至平地就學後因而遭裁撤，校舍也成堆放農耕雜物的地方。如平等國小勝光分班就是如此如附圖4-6。

〔註111〕95 年 5 月 16 日，嚴慶雲先生口述。
〔註112〕後為解決學童就學題，又在松茂、佳陽、福壽山設分校或分班，轉錄，張致遠，〈產梨的山〉《臺中縣和平鄉泰雅族專輯》（臺中：臺中縣立文化中心，民國 76 年），頁 40～47。

圖 4-6　臺中縣和平鄉平等國小勝光分班舊校舍

攝於民國 93 年 12 月

　　榮民雖因子女教育而迫使家庭一分為二，故一般在榮民家庭中來觀察，一般榮民在家中多數是扮演慈父的角色，母親則是以嚴母的面貌出現在子女的面前。此種現象，應是因為父親無法伴隨子女一同成長，所產生的虧欠心理有關。而此地榮民子女就學狀況，大多在小學以後都轉往平地城鎮就學。此種現象至平地人上山後仍持續的發生。現在的平地人一般在山下都有親人，且對孩子教育態度亦較寬鬆，因此在小孩年紀小時都帶在身邊，就讀附近的小學，待大一點的就送下山依親就學。〔註113〕由此可看出梨山地區的人口異動，有一部份，是因子女的教育問題而產生的現象。

（二）原住民子女教育

　　當落葉果在梨山地區發展後，許多原住民因果園而致富，也如同榮民一般，在子女完成小學教育後，都將子女送至平地城鎮繼續升學，甚至為此在平地購屋置產。平時父母一人在城鎮陪同，一人在山上看顧果園，至冬季農閒期間全家再在平地團聚，次年春、夏再返山上耕種。〔註114〕或在果園包租給平地人後舉家遷往平地居住。

　　梨山原住民在子女的教育上，也依政府國民教育之規定，在子女到就學年齡時，就分別進入平等國小或梨山國小就讀。但到小學畢業後，升學就讀

〔註113〕93 年 12 月夜宿環山「大正商行」時，老板娘林夫人提供。
〔註114〕陳憲明，《梨山霧社地區落葉果樹與高冷地蔬菜栽培的發展》，頁 88。

國中時，整個梨山地區僅有一所附設於環山平等國小內的國中部，因此國中生的就學除至環山就讀外，就必須至平地城鎮就學。故有一部份學生就到東勢、豐原等平地城鎮就學。但至國中以上的學程時，則一定得到平地就學。是以在學校開課期間，梨山地區甚難見到，當地青少年在山上活動。

　　這些在平地就學的青少年，在課業上，一般程度較不如平地的青少年。在余光弘的研究中還曾指出，加上父母本身對學校教材的不懂，使得學校教育與家庭教育發生衝突，造成學子在學習情緒上產生嚴重打擊。〔註115〕加上課業無法跟上同儕，因此逃學成常事，結果不是被學校開除就是自動退學，此種現象也造成了部份年青人口的回到山上。〔註116〕

第五節　宗教

　　梨山泰雅族傳統信仰和其他地區的泰雅族一樣，是以祖靈為中心的祖靈崇拜。日治時期，日人曾計畫以宗教感化原住民的方式，希望能順利控制蕃域。〔註117〕而日本真宗本願寺也曾在東勢郡白毛社，派藤井廓幢來佈教，〔註118〕但效果似乎不彰。在呂順安所編之臺中縣鄉土史料中，也可發現日人也引入日本神道教的記載，故當地老一輩原住民也聽聞過日本神道教的天照大神。〔註119〕但並未撼動其傳統之信仰，臺灣光復後基督教新、舊教派開始傳入後，梨山當地泰雅族都紛紛改信這些新來的宗教，並成為信徒，傳統的信仰僅存在老一輩的身上，但隨著老人的逐一凋零，傳統的信仰與活動卻因此消聲匿跡。在整個梨山地區，連最大的部落環山，也找不到其傳統祖靈信仰活動的痕跡。本節雖論述宗教然因榮民宗教識較淡薄，故在論述上以原住民信仰與中國傳統宗教在梨山發展為重點。

一、基督教

　　現在梨山的住民的宗教仰，主要有天主教及基督教長老會、基督復臨安息日會、真耶穌教會等四個教派。這四個教派中，以長老會最早進入梨山地

〔註115〕余光弘，〈環山泰雅人的社會文化變遷與青少年調適〉，頁124。
〔註116〕余光弘，〈環山泰雅人的社會文化變遷與青少年調適〉，頁124。
〔註117〕范純武，〈日本佛教在臺灣「蕃界」的佈教事業〉，《臺灣佛教的探索》（臺北：博揚文化事業有限公司，2005年），頁34。
〔註118〕范純武，〈日本佛教在臺灣「蕃界」的佈教事業〉，《臺灣佛教的探索》，頁49。
〔註119〕呂順安主編，《臺中縣鄉土史料》，頁67。

區，在民國四十年時就有七位信徒，第一位爲楊金盛牧師，民國六十三年環山一地就有信信徒 200 餘人，故也是信徒最多的一支。〔註120〕其他的教派天主教、基督教復臨安息會則於民國五十年才至環山傳教。天主教來時因有衣服麵粉吸引教友，故後來教友僅次於長老會約近 200 人。安息日會與眞耶穌會的教友則相對較少。

在原住民的信仰上，若從余光弘的論文中也可發現一現象，就是原住民的信仰與親族有密切的關係。如楊金盛牧師爲長老會牧師，環山部落的楊姓居民也皆是長老會教徒。在天主教部份，天主教教會神父曾將教會職務交給一林姓人負責，結果林姓親友多數成了天主教教徒，而此情形在另二個教派中屢見不鮮。但此地原住民在信仰上雖是各有所屬，但是否就此就常參與教堂活動，則是筆者所質疑的，筆者在民國九十四年五月曾利用一個星期天早上 8 點多時，到環山部落四個教堂去觀察，四個教堂中僅看到天主堂內約 10 數人，且多數爲中年以上成年人，由一外籍神父帶領在做禮拜。其他教堂則未見活動，此一狀況與誠如余光弘所言除聖誕節及婚喪等事外都不上教堂，頗爲吻合。

由於外來的宗教信仰傳入，且多數原住民也都接受這些信仰，傳統祖靈信仰因而日漸萎縮，此從泰雅族人傳統祭典活動完全消失就可見其端倪。尤其是傳統中最大的祭典豐年祭，在基督教傳入後就完全消失在梨山山區。取而代之就是耶誕節、復活節等西洋宗教節日，故現每年到耶誕節時原住民除上教堂外，住家的大門上也都會掛上耶誕節應景飾品來裝飾。而這些教會在梨山也都建有教堂，在環山部落中就有四座，其中尤以基督教長老會的教堂建築最爲宏偉。其他在松茂、梨山也建有教堂，其中在梨山松柏村附近通往福壽山農場的路旁，還有一座專爲蔣宋美齡所建名爲「耶穌堂」的教堂。而這些教堂的信徒主要都是原住民，且多爲成年人，年輕原住民雖言信仰基督、上帝，然實際對宗教都抱持嗤之以鼻的態度。而榮民宗教信仰意識都較淡薄，故甚少有榮民會前往教堂參與活動。

二、中國傳統宗教

（一）原住民喪葬習俗變化

自從榮民至梨山開墾，並未帶來什麼宗教信仰，但榮民每逢中秋節、端

〔註120〕余光弘，〈環山泰雅人的社會文化變遷與青少年調適〉，頁 114。

午節、春節等中國傳統節慶仍會循例歡渡。且榮民歡渡這些傳統節日時，都會邀請當地原住民一同慶祝，或分送一些物品，長時間下來原住民也受到影響，跟著過起中國傳統的節慶。此外，在泰雅族人的喪葬習俗上，除在日治時期，受日人宣傳與強制要求將以往把死者葬於屋內的習俗，改為葬於墓地外。現在環山公墓，還可發現原住民墳墓的型式也受到平地人的影響。如一些原住民的墓園除以十字架設於墓碑之上外，有的還會與平地人墳墓一樣在墳墓入口兩側設有裝飾，所不同的是平地人以石獅，而原住民則以兩尊小天使，其中也可發現有些在墳墓還設有焚燒紙錢的金爐，並在墓前放置供品如鮮花、果品、煙、酒、食品等物，此種現象應是受到平地人的影響。

（二）傳統信仰

另平地人在民國五十八年以後大量移入梨山地區後，也把原有的宗教信仰帶入梨山。其中以媽祖信仰最盛，幾乎是有平地人的地方就建有廟宇祭祀。從梨山天龍宮、碧雲宮、松茂天松宮、環山環清宮、到勝光陵后宮這五座廟宇皆以媽祖為主祀神。此地信徒祭祀媽祖，是認為媽祖職司風調雨順故可庇佑農民而奉祀，與沿海漁民將之視為海神是不同的。〔註121〕此外，亦有因地名創造出的神祇，如在梨山復興路 7 之 2 號靈山慈恩宮母堂、華崗慈惠堂都以梨山老母為主祀神祇。〔註122〕同時亦有宗教團體宣稱，梨山老母降駕於福壽山農場的天池蔣公行館旁。因此天池更被宗教人士視為靈氣甚佳之地，而常有宗教界人士至此焚香祭拜、禪坐、起乩。另在松壽路有以鐵皮屋搭建的南壽宮主祀關羽。而這些廟宇多為包商或平地人上山從事高山農業後，共同集資所建。〔註123〕而其建廟之目的就農民言也不外為祈求風調雨順，農作豐收，青果商則求生意興隆。

另在宜蘭支線清泉橋二岸，各建有一廟宇，一名天山宮、一名清泉宮祀龜神，此廟宇的興建則異於其處，根據一原居苗栗卓蘭的劉老先生告知，因有信徒夜夢龜山（如圖2-5）山神托夢要求建廟，並指示建廟地點與神像雕刻的形象，而於清泉橋南岸山坡果園內搭一小鐵皮屋做廟名為天山宮。廟前也如平地人祭祀的萬善祠、有應公般以紅布巾書寫有求必應四字掛於廟前，後信徒因所祀之龜神，甚為靈驗故信徒含蓋範圍甚廣，有的遠從梨山搭車前往

〔註121〕93 年 1 月 3 日松茂松天宮信徒劉先生口述。
〔註122〕梨山老母為中國通俗演義小說《薛丁山征西》中，神話人物（樊梨花之師）。
〔註123〕96 年 5 月 2 日喻嘉璧先生口述。

祭祀。現又於北岸另建一規模較大之清泉宮。

　　此外在梨山其他各地區的廟宇尚可見到有五營兵將中之北大營將軍廟、中大營將軍廟及福德祠以及苗圃附山上以鐵皮搭建的觀山寺等。這些廟宇除如前所述多為包商或農民集資所興建外，也有榮民參與興建。但興建祭祀這些神祇的目的，除是受中華民族傳統信仰影響外，也是這些人身處在高山上，對山川大地無助的情形下，而產生尋求神祇救助與精神的慰藉行為。然其中較異者，即是以梨山老母為主祀神之靈山慈恩宮母堂，該廟宇為中國太上全真道教會所建，而且此處也為該組織之總會會址，故信眾遍佈全臺各地，本地信徒反而不多，經常有來自全省各地包車至此進香或刈香。而其他廟宇除為各地平地上山農民之精神託信仰中心外，因平時信徒忙於農事，且居住分散平時較少至此廟宇參拜，然家中若有活動聚會因宮廟有較大場地，又為大家共同信仰中心因此也會至此借用，順便聚會，故這些廟宇又兼具當地農民集會地方。

　　另從廟宇籌建人員名單中觀察，天龍宮之委員都為梨山地區果農或商家與居民，松天宮則為松茂地區之果農，環清宮則以環山、苗圃一帶果農、商家為主，勝陵宮則以武陵、志良、勝光、思源地區農民為主。故這些廟宇捐獻人都有區域性，且因設廟目的在求庇佑地區風調雨順，而祭祀之媽祖又由不同地方分香而來，如天龍宮來自嘉義笨港，松天宮來自宜蘭，故祭祀圈範圍亦較有侷限性。

　　另筆者也質疑上山標購果品、蔬菜之青果商，在建廟募款時，亦應也在勸募之列，而這些人則無地區性之限制。有些廟宇在捐獻名單中亦雜有榮民，這些榮民有部份人是由其妻因個人信仰關係代為捐款，是以這些榮民一般均不會參與廟中的活動。此外，這些廟宇建廟用地，皆為山地保留地，故於此建廟是否合法，亦令人質疑。筆者在查臺中縣廟宇 676 所廟宇名單時，梨山地區僅見者為前述之靈山慈母宮母堂，及華崗慈惠堂，其他廟宇則都未列入名單中。

　　而這些廟宇至今信徒仍都是平地人，每年亦會定期辦理廟會，進香遶境活動但地區雖大，多為山林且信眾人口不多，若以行政區劃分僅數鄰而已，故規模較小。在廟會活動後宴客時，廟方也都會邀請當地原住民仕紳、村長、村幹事等或交好的原住民好友來吃拜拜，這些原住民也都會參加。〔註124〕由

〔註124〕96 年 5 月 3 日環山派出所主管告知。

此也可觀察出平地人所信仰之宗教，雖尚未對原住民造成影響，但已開始滲入原住民的生活圈。

三、對泰雅族文化的影響

泰雅族人的傳統文化，若從其日常生活上來觀察，就可知其深受傳統以祖靈為中心的宗教信仰影響。然自從外來的西方宗教傳後入，在無意識中逐漸抹去了泰雅族的傳統文化，尤其是基督教唯一真神的觀念取代祖靈後，讓以往凡是引祖靈為教戒的原住民，變為以神為主體的信仰，生活習性也因之改變。而此現象在梨山各部落均無例外。

梨山地區泰雅族原住民主要集中於梨山村與平等村二地，而居於平等村的泰雅族人多集中於環山部落，亦為梨山地區最大之泰雅族部落。日治時期，臺灣總督府強力推動的皇民化運動，也曾引入宗教但仍難以撼動其傳統文化。故在政府推動溫帶落葉果樹種植前，其農業與社會，仍維繫著其固有的泰雅族傳統。民國四十九年中橫公路通車，接著推動落葉果樹種植，為梨山地區的原住民帶來了豐厚的經濟利益。天主教、基督教復臨安息會、真耶穌會也隨之進入環山。四個教派在部落中的傳教，讓此地原住民充分接觸外來的宗教，文明也隨著便捷交通源源不斷輸入，便利的文明生活，讓此地區原住民逐漸揚棄了傳統生活及文化，致使梨山地區傳統的泰雅族文化因而蒙塵。故現今在梨山，傳統泰雅族的文化成了梨山文物館的展示項目。影響所及在泰雅族語言部份，民國八十二年一月十九日臺中縣政府邀集和平鄉泰雅族長老座談時就言及：「目前山地的語言，大概年齡在四十歲以下的人，已經無法講很流利、純粹的母語了」。〔註125〕在傳統技藝方面，泰雅最引以為傲的織布工藝技術都已失傳，簧片口琴的彈奏、背籃的編制椿米的木臼、木杵的刨製，甚製小米酒的釀製方法，都少有人瞭解。〔註126〕而會造成這種現象，就如詹秀美女士所說中橫公路通車後經濟生活提昇後對梨山地區的傳統產生的負面影響。

第六節　小結

農業在梨山發展就成果言是成功的，他提供了榮民後半生安身立命的地方，也改變了從日治時期以來，一直改變不了的原住民傳統農耕方式，火墾

〔註125〕呂順安主編，《臺中縣鄉土史料》，頁70。
〔註126〕呂順安主編，《臺中縣鄉土史料》，頁69。

遊耕。但高山地區農業的利益源於山地保留地，然政府在輔導榮民與原住民發展落葉果時，在原住民部份，卻未能顧及原住民種植時資金籌措能力。雖提供土地，但卻限定保留地的交易，以至於土地無法質押銀行，申請貸款。而讓平地人有機可乘，借機進入山區，以資金換取原住民保留地及果園的經營權。是以農業在梨山發展起來後，影響所及除有榮民、原住民外，就是上山淘金的平地人了。

首先在榮民部份，先是退輔會以興築中橫公路工程來安置榮民，繼之於民國四十六年，續在梨山以農業墾植方式安置榮民。然中橫公路通車後除了在國防上、經濟上達到臺灣本島東西連貫的目的外，對梨山農業發展言也供了，交通便捷的有利條件。退輔會除民國四十六年六月一日於梨山設置福壽山農場安置榮民外，另在中橫通車後，也鼓勵榮民留在山區從事農墾，並責由各工程總隊在道路沿線 10 公里的範圍內尋找，可供農墾之地提供榮民墾植。至民國五十二年退輔會又設武陵農場一座，來安置榮民。故至民國七十六年福壽山農場設場三十年時，梨山地區榮民數達 500 餘人，土地拓墾面積二座農場合計 1,207.539 公頃。榮民所配農地面積單身榮民可配得 0.5 公頃，有眷者 0.75 公頃。但所配之農地在榮民年長無力工作時，多數榮民都將農地租給平地人經營，僅有少數人是將農地交給第二代子女繼續經營。

在原住民部份，先是訕笑榮民從事落葉果樹種植不可能成事，到接受並廣為種植。甚而因此獲利，進而改變了傳統的燒墾遊耕，成為果園的經營的獲利者。原住民在從事果樹種植時，在技術上雖有退輔會及政府的指導，但在資金上則無法取得奧援，故採用了販售經營權的方式來取得資金。此種取得資金的方式，提供了平地人上山經營農業的路徑。也造成日後原住民習慣把果園包租、包青給平地人經營而自己僅每年坐享租金經營模式。此種模式，讓原住民每年不須辛苦工作就可輕易獲得財富，因此，有不少原住民開始遷居至生活條件較佳的平地城鎮，每年僅在收取租金時才上山，也造成了梨山地區原住民戶口數雖增加，但人口卻減少的矛盾現象。

在人口的變動上，梨山原來為泰雅族原住民的生活區域，自從退輔會在此地區安置榮民後，大批退伍軍人隨之上山在此地墾植，但歷數年的辛勞，榮民有了積蓄也開始結婚成家，但擇偶的條件上因多數是年事已長，且在梨山的生活條件不似平地好的情況下，因此結婚對象在教育程度上都不高，夫妻年齡相差也大，其中夫妻年齡若相當者，則女子多數已有一段婚姻，或為

孀居女子。但榮民結婚後因為有了家庭，人生有了新目標，在工作上更努力為家庭打拼。因此至民國七十六年時，從退輔會的調查中可發現，在梨山從事農墾的榮民中，近 80%以上的榮民都是已婚者。年齡較長的未婚單身榮民，且曾參與農場拓墾者，多數在領取土地改良金後，離開了梨山。

梨山從日治時期開始起，不斷受外來的文化的衝擊。但泰雅人仍可維繫著自己的傳統，但自政府在梨山安置榮民發展高山農業後，漢民族的文化與近代文明隨著便捷的交通不斷湧上梨山。自此梨山傳統泰雅族文化持續不斷遭受戕害，傳統以祖靈為中心的宗教信仰，也被基督教及天主教所取代，尤其是基督教長老會，傳入梨山最早，信徒也最多。以前每年最大的傳統祭典豐年祭，也因外來宗教的引進而消失山際。連在原住民族群中，最為人所稱道的泰雅族紡織技術，在梨山也不再復見。此外，許多年輕原住民在現代文明吸引下，紛紛下山進入平地城鎮生活，且這些年輕人對自己族語的使用也日漸減少，致使現今能流利正確說出族語的也不多見，整個泰雅族的傳統文化有逐漸的在梨山消失的危機。

另一方面平地農民繼榮民之後也逐漸移入梨山，這些人是為山地農業利益而來，最盛時，梨山人口曾達六千餘人。而平地漢人的上山，也帶來了其原來的信仰，因此梨山除原住民所信仰的教堂外，在民國六十年後又出現了廟宇。這些廟宇其主掌風調雨順的媽祖廟最多（當地信徒認為媽祖職司風調雨順），幾乎是有平地人的地方有有建廟，但信徒仍為平地來的農民，原住民則未有信仰者。

在環境及景觀上，自從平地人大舉上山包園包青經營果園後，梨山的景觀從宜邊境的思源到臺中縣和平鄉梨山村的佳陽一帶 3,000 餘公頃的山地保留地，被拓墾成不是果園就是菜地，就連宜林地亦被闢為果園。然在這些包來的果園，包商並未做好水土保持的工作，也因此造成環保人士的撻伐。其次是梨山地質本偏酸性地力甚瘠，故農民在種植作物前都施用大量雞糞，而其中又帶蒼蠅蟲卵因而產生無數蒼蠅，故梨山每至七月至十一月間山上蒼蠅四處飛舞。

梨山的落葉果發展至民國六十八年時，因政府開放蘋果進口，開始陷入經營的危機中。而退輔會所屬的兩個農場有見於此，分別採取因應措施，除自日本引進新品種蘋果外，並開發新產品如茶葉，並轉型為觀光形態的休閒農場。在轉型的經費上，也獲得交通部觀光局的奧援。而武陵農場又因位七

家灣溪爲櫻花鉤吻鮭的棲息地區，除觀光局的經費支援外更獲農委會的援助。而雪霸國家公園成立後，武陵農場全場更劃入其中，因此也引伸出農業與生態的爭議。但退輔會在配合政府政策導向下把思源埡口、勝光、農場內部農地收回，並於民國九十五年十二月後禁耕，同時在次年六月五月將武陵農場轉型爲生態旅遊農場。

　　整體而言，高山農業在梨山的發展，從戰後政府的高山政策的角度上看，不論是發展大甲溪山林資源，或是改變原住民燒墾遊耕習性爲定耕，來提高原住民經濟生活，還是安置榮民，從整個發展的過程與結果言都是成功的。高山地區農業更把梨山，由一個中央山脈的原住民聚落，變成臺灣溫帶落葉果發源區，與觀光聖地。可惜的是梨山的發展，讓泰雅族的原住民除經濟的利益外，卻未能永續保留住其傳統的文化，此外在榮民與雪霸國家公園的爭議中，農場所扮演的角色是否適當恐亦將留待後人公評。

結　論

　　臺灣歷荷蘭、明鄭、清、日本的統治，長期以來山林地區就被劃為漢人的禁區。戰後，山林地區仍是被列為管制區域，限制原住民以外的人員進出山區。直到民國七十六年解嚴後山地管制方稍解禁，但仍有許多山區進入，仍需辦理入山申請才能進出，故臺灣的山區長久以來都處於封閉的狀態。在清政府統治以前，漢人難以進入山區，是因為山區為山地原住民的生存領域，且原住民也不容外來民族的侵入，領臺者的政治力亦難及山區，而採封鎖政策，直到同治十三年，在「開山撫番」的政策下，清政府方打破封鎖政策向山區挺進。到日治時期，則因臺灣總督府為防止漢蕃勢力的合流，採取隔離政策，禁止漢人進入山區。然日本戰敗撤離臺灣，政府接收臺灣卻續循日治時期政策，除將山林納為國有，也按日治時期政策，設山地保留地管制平地人員進入山區，故臺灣高山地區仍為政府禁臠。

　　民國三十八年政府自國共內戰中新敗，播遷來臺，臺灣頓成光復大陸的復興基地。然政府來臺時除了追隨政府來臺的百萬民眾外，也帶來了五十八萬大軍，這些軍人中有數萬名老弱傷殘的機障軍人存在其中，這些機障人員在軍隊既無戰力，又影響軍中士氣，更耗費國家財政，對於高唱反攻大陸的政府言，無異為一沈重負擔。美援來臺後，美國軍事顧問團亦認為我國軍隊冗員過多，建議我國軍隊宜精減兵力，以節省人事經費支出。故推動退輔工作汰除不適任人員，更替軍中新血輪，自必是建軍整軍所必行之事。然我國雖於民國二十三年訂有退輔制度，但未及施行就因抗戰而停頓，甚至反增兵力。直到抗戰勝利後政府開始實施軍隊及人員編遣，結果執行不當反遭民怨與編遣人員反彈而，造成共軍軍力大增。此教訓讓政府在推動國軍退輔制度

上，顯得格外小心僅愼，甚至不惜動用全國力量來執行。

在四十年代我國開始推動退輔制度時，對象都爲來自海峽彼岸的軍人，退伍後就無家可歸，故對這些人的照護則更爲吃力與不易。有些執意要退伍自謀生之軍人，政府還採道德勸說，避免其一旦退伍後無法適應社會反成社會問題，因此來臺後退輔制度的執行，都儘量以集體安置方式實施。而我國退輔制度實施應始於民國四十一年，先由國防部總政治部成立第九組負責士官兵安置，以從事農墾爲主。軍官退除役安置以假退役方式實施爲輔，軍官假退役後，仍由政府持續供給原俸 80%的薪資三年，三年後方退除役，而此措施對當時財政言非但未疏解壓力反增，對國家財政言毫無助益。對一些無工作能力高齡士官兵，則至民國四十二年方由臺灣省政府分別於新竹、花蓮、屏東、臺南設置可安置 1,000 名榮民的榮譽國民之家四所，用以安置高齡退伍軍人。然亦有一部份退伍軍人接受就業安置，安置單位均以經濟部所屬之國營企業及學校機關爲主。但畢竟職缺有限，故至民國四十二年時就無職缺可供安置，當經濟部提出報告無職缺安置後，蔣中正總統指示成立專責單位來辦理退除役工作，國防部先於同年二月十日提出〈國軍退除役官兵就業導實施辦法〉及〈輔導委員會組織規程〉，民國四十三年十一月一日在行政院下設立退輔會，由臺灣省主席嚴家淦兼任主任委員。由於我國無實際執行退輔制度經驗，遂透過美國安全分署，遴聘美國喬治富來顧問公司九人爲顧問，協助我國制訂退輔制度。退輔會的成立就其委員編組成員言，可謂是傾全國之力來進行退除役官兵退輔工作，因爲委員成員含蓋行政院各部會次長，臺灣省政府各局處相關首長。其中在成立編組時，較具爭議性的是，在民國四十五年蔣經國就任副主任委員前夕，居然以手諭方式，指派趙聚鈺爲退輔會秘書長並與其同日就職，明顯逾越法律。

此外，臺灣於民國三十四年揮別太平洋戰爭的戰火，民國三十八年播遷來臺，臺灣正欲自戰火的灰燼中重新建設。故在國防整軍建軍與重新建設臺灣雙重需求下，政府採取了孫中山先生「化兵爲工」的構想。在退輔會成立後，將一些無戰力但仍具有工作能力的退除役軍人重新組織，編成技術工程總隊建設工程總隊，用以參與臺灣的建設。此舉措一方面給了這些退伍軍人工作機會，另一方面也讓國家多了一支工程建設大軍。而這支建設大軍陸續在全臺各地完成各項重大工程建設，其中在民國四十五年七月七日，分別於花蓮太魯閣，臺中縣和平鄉谷關動工，開始了爲期三年又十個月的中橫公路興築工程。

中橫公路興築其目的主要有二，一是國防軍事上的目的，一是經濟上的目的。軍事上的目的主要在利於我國戰時國軍軍隊兵力調動，故在道路設計上要求能通過十輪卡車，橋樑載重照國防部所定的標準。在經濟上，則爲均衡臺灣東西部經濟發展，與改善中央山脈山區原住民生活。然除此二項外，大甲溪、立霧溪沿線山林、礦產、水利、農牧資源的開發更應該是吸引政府興築中橫公路的另一個主要目的。因政府初遷來臺，臺灣財政經濟的窘困，已近無以爲繼的地步，臺灣出口外銷所憑藉的是平地一些農產品，如蔗糖、香蕉等來賺取外滙。臺灣高山豐富的山林資源，自然成爲政府開發目標。而此工程雖於民國四十二年經蔣中正總統批示動工，但經費無著因而延宕未能開工，直至民國四十三年退輔會成立，美國經援我國安置退伍軍人，興築之議再起，退輔會遂以退伍軍人安置，結合軍用道路計劃，於民國四十五年七月七日，在行政院長俞鴻鈞與美國駐華大使藍欽主持開工典禮後，正式展開中橫公路興築。

中橫公路興築在經費支應上主由美援支應，然亦有部份來自臺灣省政府的預算配合款支應。在人力來源上主以榮民工程總隊爲主，另有陸軍步兵部隊、軍事監犯、職訓總隊隊員、社會失業青年、救國團暑期學生戰鬥訓練青年工程隊及公民營廠商等人力。工程期間殉職或積勞病故人數達 211 人，其中榮民 122 人爲最多。

中橫公路興築時，區分梨山、合流、四季三個工程處，其中梨山工程處位於高山地區。在公路未通之時，所有補給物品皆賴由人力由平地扛運上山，而青蔬自平地扛運至山上時多數已枯黃。蔣經國有見於此遂決心於梨山設置農場種植蔬菜，一者可安置榮民，二者可供應新鮮蔬菜供工程人員食用。故於療養院中遴選一批體能合適且有意願的榮民三十餘人，在第一任福壽山農場場長段華宗率領下，自谷關攀山而上，三日後抵今福壽山農場址，展開了農場拓墾工程。然這原爲提供築路工人新鮮蔬菜而設置農場的計劃，卻在農場設置後轉變爲以農墾安置榮民。且隨著蔬果種植的成功，規模不斷擴大，福壽山農場的榮民安置數也由原定 100 名榮民不斷的增加至民國七十六年時已近 387 人。不但如此民國五十二年時，又在武陵成立武陵農場來安置榮民，梨山地區因而成爲退輔會安置榮民的重要地區。

當退輔會初期安置榮民於梨山從事農墾時，從地點與地質言梨山地區並不盡然適宜做爲安置榮民從事農墾的地方，加之多數榮民並無農耕經驗與技

術，以此高海拔地區為安置地區誠為一冒險的行動。但若就當時農復會所言，臺灣農地容積率因人口陡增而恐不足，而倡「上山下海」之議來看，選擇中橫公路週邊地區為榮民安置地，則不難看出政府有意假榮民之力，以榮民為開路先鋒，在臺灣高山宜農地區闢出一條農業之途來。此外，若就榮民安置地區言，似乎也有軍事上的作用，中橫公路的興築就其原始目的言，就有軍事上目的，然中橫公路安全維護自然有其必要性，故國軍在中橫公路各起始點除佈署軍隊外，梨山亦有工兵單位駐紮，鄰近環山的苗圃亦有一步兵營的部隊，除此之外，中橫公路幅員廣潤兵力無法分散佈署，但中橫公路鄰近花蓮天祥上方退輔會設有一西寶農場，宜蘭支線思源啞口至志良不但安置榮民亦有武陵農場，另在霧峰地區亦安置曾在泰緬邊區打過游擊的反共救國軍等義民於清境農場，中橫公路中繼站的梨山則有福壽山農場。這些安置地點從軍事的角度上來看，均可瞰制中橫公路的出入，都具有軍事要點的條件。故當初退輔會選擇於此地區安置榮民除地勢較平坦適宜農墾外，亦應有軍事上的考量。因這些榮民均具實戰經驗，一旦到戰時，彼等皆可納入軍隊編組，協助軍方維護道路安全，此點由民國六十一年時國防部將退輔會之〈永安計劃〉，正式納入國軍〈臺澎金馬固安作戰計劃〉中為子計劃，可資證明。

在臺灣高山地區農業發展的議題上，早在日治以前，就有原住民在山區中，從事傳統又原始的火墾遊耕農業活動，雖然農耕所生產之作物，僅在滿足生活所需。但此種農業活動卻早在臺灣各山地原住民部落中運作著。梨山的泰雅族原住民，二百年前自南投遷徙而來，其農業的活動並未因此而停止或有所不同，直至日治時期，梨山地區傳統農業活動仍無稍歇。但自大正二年（1913）佐久間左馬太派兵攻打梨山地區泰雅族人後，臺灣總督府勢力開始進入梨山地區，日人農業技術也正式引入梨山這一區域。而臺灣總督府對原住民的農業輸入方式，一般言是假日警之力來指導原住民農耕技術，然山地原住民傳統農耕系為火耕方式，臺灣總督府對此種火耕方式，原則上係採禁止的態度，但在規定上，又允許原住民有限度的火耕，故山區原住民的火耕始終未能禁絕。而梨山地區原住民除以火耕從事傳統農作小米、甘藷等作物外，自大正八年（1919）在勝光駐在所附近，日警也引進蘋果。昭和四年（1929）後又分別引入梨樹、水蜜桃、紅肉李、板栗、柿等落葉樹至梨山。開啓了臺灣種植溫帶落葉果樹的先聲。此外，又於昭和九年（1934）在佳陽部落試種水稻，歷三年的時間，終於在昭和十二年（1937）種植成功，創下

臺灣最高海拔種植水稻的事蹟。除此之外日人又在梨山各原住民部落種植各種蔬菜，如山藥、南瓜、芋頭、蕃茄、馬鈴薯、蘿蔔、隼人瓜、豇豆、茄子、扁豆、大蒜、甘藍、葱、韭菜、萵苣、羅勃、白菜、香菇、花生、蘿菜等蔬菜，然這些農作種植的成果，均非給予原住民享有而是日人所獨佔。因此在日撤離梨山後，這些日人所引進的農作，不是遭原住民火焚就是是棄耕。以致戰後臺中農學院實施中部山地園藝資源調查時，所存著的作物多數生長情況不佳，有些則難見其蹤跡。

　　縱觀日人在梨山所推動之農業，雖在日人撤離後幾近瓦解，但不可諱言的是也給予梨山地區原住民在農業上，帶來若干新觀念與影響，如梨山地區地質貧瘠但原住民農耕自古以來就無施肥觀念，然在日人的指導下也瞭解到肥料對農耕的助益。惜原住民雖習得日人所指導堆肥技術，但卻因堆肥場地距所擁有之保留地過遠，而農地又無合適場地實施堆肥，而造成日人離去後就無人再利用堆肥改善農地。另一方面由於日人大量引進梨山所沒有的農作物，也讓此地原住民見識到，除傳統農作粟、黍、甘藷、芋頭等外尚有其他農作可作為主食。此外，農業的教育也培育了像劉華貴這樣的農業人才，可在原住民部落中指導原住民農耕農業。

　　日治時期臺灣總督府在梨山地區所試植的農作，就種類言雖如臺灣大學康有德教授所論，是實驗的性質。但從農作的種類上觀察，都為日人經常食用或嗜食的物種，且所植範圍數量亦不多來看，應是日人假原住民之手來為日人種植。而這些物種到日後，經臺中農學山地園藝資源調查報告後，卻影響到戰後退輔會在梨山地區安置榮民農墾時農耕的發展方向，此點恐是當初日人所未曾料及的。

　　當退輔會在梨山設置農場時，因榮民多數並無農業技術，且梨山這等高海拔地區，地質氣候條件適宜種植何種農作，就農復會民國四十六年〈工作報告〉中曾言，並無掌握相關資料。然福壽山農場的農業推動，都是在農復會大力支持與提供資源下發展起來的，而其發展方向，主依蔣經國兩項指示，一、要作對國家外匯有幫助的。二、農場生產之產品不得與平地農家爭利而定。加上臺中省立農學院的山地園藝資源調查的報告書中建議政府，在高山區發展溫帶落葉果樹，以節省自國外進口水果的外匯，而在梨山地區報告書中，更建議設置蘋果生產專業區的地方。故退輔會遂在此種環境的氛圍下，遂決定發展平地無法種植的落葉果樹為主。但當退輔會向農復會提出申請

2,000 美元進口果苗時卻遭遇到若干阻力，反對者以臺灣為亞熱帶氣候為由，認為臺灣不適宜發展溫帶落葉果樹，認為此舉在浪費外匯。加上原住民也訕笑榮民種植果樹不可能成功，也曾讓榮民一度為之氣餒，後在蔣經國鼓勵及一力承擔成敗得失情形下，方順利種植。然果樹成長又非一蹴可成，故農場採以菜養樹的方式來經營，但又不知適宜種植何種蔬菜，此時適逢政府在福壽山農場進行蔬菜採種試驗，故在農業實驗所所長李伯年技正指導下，一面配合實施蔬菜採種試驗，一面進行蔬菜試種，歷時三年，終於選出甘藍、山東白菜、結球萵苣、菠菜、西洋芹菜等蔬菜。

　　落葉果樹也在農復會及中興大學教授黃弼臣、朱長志、林樂健指導下歷時三年開始有了成果，首先是水蜜桃，隔年水梨，第五年蘋果也開始開花結實。當落葉果的成果呈獻給蔣中正總統時，蔣中正旋即指示農場，將技術及果苗推廣給原住民，以改善原住民生活。農場遂開始提供果樹苗與技術，指導原住民種植落葉果樹，除退輔會的指導外，臺中縣和平鄉公所亦鼓勵原住民種植，故在梨山地區可發現此地原住民，在山地保留地所種植的農作多數以果樹為主。而梨山的原住民也因種植落葉果樹，成為全臺最富裕的原住民部落。

　　當榮民在梨山從事落葉果樹種植成功後，由於是全臺唯一的溫帶落葉果生產區，因而價格極佳，榮民因而獲益個人收入大增，民國六十五年時，武陵農場榮民個人月收入就達 15,000 元以上，而此時軍中尉級軍官薪俸尚未達萬元，榮民的高收入吸引了許多平地人上梨山淘金。梨山自此除觀光客外，也湧入大批平地人自此尋找機會，尤其在民國六十年時梨山平地人口陡增至 3,000 餘人，自此之後梨山地區平地人口一直維持在 2,000 人上下。這些人中又以青果商人為多，故此地人口的變動主要原因其中之一就是果品銷售獲利狀況，如利益穩定人口數則穩定的成長，反之則這些向原住民承包果園的平地人在合約滿後就下山。此外原住民人口亦會有些微的變化，其原因在於原住民果樹種植六年後，通常都會轉租為平地來的果農，每年不必工作就可坐擁豐碩的收入，這些原住民許多人收取租金後，大多至平地置產，每年僅在收取租金時才上山，因而造成人口不增反減的現象。

　　福壽山農場自果樹種植成功後即依指示將果苗及技術傳授給原住民，為能有效指導原住民果樹經營管理技術，福壽山農場遂以僱請原住民至農場工作的方式，讓原住民一面工作賺取薪資，一方面指導原住民果園經營管理與

果樹種植技術。然當原住民習得果園經營管理技術自行從事果樹種植時，部份原住民則因資金不足而將山地保留地租售給平地人，以換取資金的情形發生。而造成此現象的原因主要是原住民雖擁有政府所提供之山地保留地，但只有使用權並無所有權，加之土地不能買賣亦不能抵押給銀行貸款，而許多上山急欲尋求一農地的平地人又欲以現金向原住民買地。雖然這在法令上並不允許，因此這些交易只算平地人向原住民購得果園的耕種權而非所有權。但在租售的過程中，也發生過平地人利用原住民不熟悉法令，而用詐詐手段取得土地的情事，造成原住民對平地人的不滿。這些對平地人懷有敵意的原住民，總習以「漢人」來稱呼平地人。而平地人上山租地從事果樹種植後，爲求儘速還本，就不斷肆意的擴增果園，連坡度高過 30 度非宜農地也將林木伐去闢爲果園，且爲節約成本在水土保持上均未妥善處理，而爲環保人士所詬病的要件。其次是德基水庫完工後爲確保水庫使用壽命政府遂於集水區上游築攔砂壩，結果次年造成七家灣溪中櫻花鉤吻鮭大量銳減。此外水庫不到數年即產生優氧化的情形，這些結果最後的結論其原罪都推給了梨山農業發展。

　　自從榮民受安置在梨山從事農墾種植溫帶落葉果樹與高冷蔬菜後，再加上中橫公路通車，平地的現代文明科技，及漢民族傳統文化也源源不斷的輸入山區，此種現象也正符合了中橫公路興築目的中改善原住民生活的目標。另一方面，由於原住民因種植落葉果迅速致富，相對的也對整個梨山地區的原住民傳統文化，及地區的生態環境景觀也帶來了一定程度的衝擊。在宗教上，梨山泰雅族原住民其傳統宗教信仰，原亦是傳統之祖靈信仰。民國四十年原住民牧師楊金盛至梨山傳教後，原住民的宗教信仰開始產生變化，傳統信仰除了老年人外，多數原住民在新興宗教傳入後，都已放棄其傳統之祖靈信仰。其中有基督教長老會、眞耶穌會、天主教、基督復臨安息會四個教派，尤於最早傳入的基督教長老教會信徒最多。至於平地漢人的信仰也在民國六十一年後由平地漢人帶進梨山，其中以祭祀媽祖最多，其次則爲梨山老母。其中較特別的信仰爲平地來的果農在睡夢中，夢到環山附近山形式龜的山神托夢，而建廟宇所祭祀的龜神。這些信仰也因平地人在原住民部落賃屋而居被帶入原住民部落，目前爲此雖尚無原住民信徒，但廟會宴客時部份原住民會受邀參加。至於榮民在宗教信仰上的活動雖不似原住民或平地果農熱絡，但在幾個以個別農墾爲主的地區，仍可看到榮民共同出資興建的廟宇。

　　總體而言，退輔會在應因國防的需求與財政壓力下成立，而該單位延續國防部總政治部與臺灣省政府對退伍軍人的安置與安養照護，並賡續擴大退伍軍人的就業輔導。我國退伍軍人在退輔照護上異於他國者，在於我國之退伍軍人多為來自臺灣海峽彼岸，退伍離開軍中後就無家可歸，且多數無謀生能力。在抗戰勝利後政府曾對我國五百三十四萬大軍實施編遣但因執行不當，造成天下大亂而給予中共可乘之機。故政府來臺後欲實施退輔制度自必戒慎恐懼，以美制為參考，並由美提供美援協助我國安置退伍軍人。而退輔會在成立後，旋即將具工作能力退伍軍人採集體就業輔導，編組建設工程總隊，其中興築中橫公路工程亦是屬安置榮民的範圍內，後來在梨山設農場亦屬中橫公路工程一部，故福壽山農場前三任場長均由臺灣省公路局介派其原因即在此。爾後梨山因農業的發展為當地榮民與原住民帶來優沃的收益，此種優異的成果讓政府一度計畫在梨山發展都市計劃。故臺灣省政府在民國六十二年增設梨山建設管理局轄平等、梨山二村，直接由臺灣省政府監督指導。並擬訂「梨山都市發展計劃」計劃將高山農業與地理景觀結合來發展梨山，然該單位在民國六十七年裁撤，計劃因而未執行。

　　梨山都市計劃雖未能執行，但不可諱言的，梨山這一位處在中央山脈群山中的原住民聚落，在退輔會以安置榮民為前題的目標下，從中橫公路的興築到安置榮民在這個地區從事農墾，不但創下全臺最高海拔的農業地區，也在臺灣農業史上締造出若干紀錄，如是臺灣最早成功種植出蘋果、水蜜桃、二十世紀等高級水梨的地區，尤其是迄今全臺仍無其他地區能種出優於此地的蘋果和水梨。而這個成果除學者專家的指導外，榮民本來所具有軍人服從命令，誓死達成任務，刻苦耐勞的習性也是成功的要件。然整體論梨山農業發展的過程其實可看出，是經政府有計劃一步步在梨山推動出來的，從資源的調查開始，接續著是開路，而公路選定路線都以適宜山林資源開發、農牧發展地區為主。進而由農復會提供資源，其中包含經費、技術等來扶植榮民在梨山從事農耕。技術方面除有臺灣大學、中興大學兩校的農學院及農業實驗所的學者專家指導外，也遴聘日本學者專家上山實地指導。經費部份在美援時期則透過農復會取得美援支助。而梨山地區也因政府計劃性的推動下，成功的發展出臺灣高山地區農業。弔詭的是，現今農委會對梨山農業的發展，以全然否定的態度的面對梨山農業的發展，此種結果，恐怕是當初對記者倡議開發大甲溪上游資源之農復會主任委員蔣夢麟所始料未及的。

　　在梨山的農業發展歷程中，以榮民的安置爲起點，而這些接受安置的榮民，除了爲在此尋一後半生安身立命的地方外，對上級長官的指示或指導，一般言仍一秉軍中奉行命令的習性去執行。故在開路時可不顧艱難，冒著生命危險去完成任務。農墾時亦同樣不避艱辛的去拓墾，對於未知的結果，並不質疑，只按著指示一步步的去完成，因而造就出梨山這樣一個溫帶落葉果與高冷蔬菜的王國。諷刺的是，在臺灣經濟起飛後，這群不畏犧牲奉獻的榮民，卻因爲貫徹命令執行政府的政策後，如今卻在天災人禍肆虐下，成了生態環境的原罪。

徵引文獻

壹、檔案

一、中研院近史所檔案館藏

（一）行政院經濟安定委員會檔

1. 30-01-01-008-379，檔名，「本會遵於四十三年十一月一日正式組織成立」，民國 43 年 11 月 3 日。

2. 30-01-008-350，檔名，「本會於本（11）月 21 日遷移臺北市懷寧街 70 號辦公」，民國 43 年 11 月 25 日。

3. 30-01-01-010-571，檔名，「大甲溪綜會開發計劃建議書」，民國 44 年 10 月 3 日。

4. 30-01-01-012-278，檔名，「行政院國軍退除役官兵業輔導委員會兼主任委員嚴家淦迭請職，應予慰留」，民國 45 年 4 月 25 日。

5. 30-01-01-012-266，檔名，「本會副主任委員 4 月 28 日到會視事并遵令代理主任委員職務」，民國 45 年 5 月 9 日。

6. 30-01-011-115，檔名，「爲奉上安全分署所提『利用美援擴充生產設備以安置退除役官兵就業之建議書』」，民國 45 年 11 月 9 日。

7. 30-01-01-012-333，檔名，「橫貫公路資源調查檢討會議紀錄」，民國 45 年 6 月 1 日。

8. 30-01-01-013-123，檔名，「嚴家淦迭請辭職應予照准，遺缺聘該會副主任委員代理主任委員職務蔣經國接充」，民國 46 年 6 月 1 日。

9. 30-01-01-012-579，檔名，「令知經濟部及臺灣省政府轉飭所屬橫貫公路沿線資源開發權之申請一律停止」，民國 45 年 8 月 20 日。

10. 30-01-01-810-221，檔名，「美援運用委員會 45 年度施政計劃及預定進度表」，民國 46 年 1 月 19 日。

（二）行政院外匯貿易審議委員會

1. 50-142-009「關於東榮貿易行 4 家申請援例以省產香蕉輸韓以所得外匯半數易回蘋果一案」。

（三）行政院經濟部檔

1. 35-25-523，〈行政院國軍退除役官兵就業輔導委員會，「第五次擴大業務會報業務報告」〉。

2. 35-32-522，〈國防部呈擬國軍退除役官兵業輔導實施辦法及輔導委員會組規程〉《除役士兵安置卷二）》。

3. 35-25-522-001〈總統指示「此事甚爲重要，可由行政院及臺灣省政府安置，使之轉任生產工作爲要。」〉《經濟部檔案除役士兵安置卷（二）》。

4. 35-25-524-001〈令發國防部呈擬國軍退除役官兵就業輔導實施辦法及輔導委員會組織規程〉，《經濟部檔案除役士兵安置卷（二）》。

二、行政院交通部觀光局檔案室藏（福壽山農場開發檔）

1. 77-327-3126-1-1-1，〈本會福壽山農場爲發展觀光旅遊事業，擬辦理全盤性規劃〉，民國 77 年。

2. 77-327-3126-2-27〈79 年指導完成計劃〉。

3. 77-327-3126-2-32，「審計部抽查福壽山農場財務收支住房率偏低，涉有浪費」。民國 87 年。

三、臺灣省政府經建組檔案室藏（臺灣省政府梨山建設管理局檔）

1. 0067/A4.1/4，「梨山地區綜合開發計劃草案」，民國 67 年。

2. 0070/T012.1/5，「梨山建設管理局改制」，民國 70 年。

四、國史館臺灣文獻館藏

1. 臺灣省行政長官公署警務處，〈臺灣省行政長官公署公文檔警務處〉卷號：5208 檔案號：195.6/26，1946 年。

2. 臺灣總督府警務局，〈理蕃政策大綱二關スル件〉，《總督府公文類纂》，文號 14，冊號 7393，門號 3，門別：警察，類號：4，類別：蕃人蕃地，府番號：總警 407，1931 年。

貳、統計書、調查報告書、圖集、計畫書

一、中文

1. 中國農村復興聯合委員會，1957 年《工作報告》第 8 期，臺北：中國農村復興聯合委員會。

2. 中國農村復興聯合委員會，1958 年《工作報告》第 9 期，臺北：中國農

村復興聯合委員會。

3. 中國農村復興聯合委員會，1959 年《工作報告》第 10 期，臺北：中國農村復興聯合委員會。

4. 中國農村復興聯合委員會，1962 年《工作輯要》第 13 期，臺北：中國農村復興聯合委員會。

5. 中國農村復興聯合委員會編印，1965 年《臺灣省落果樹發展問題研討會及考察報告》，臺北：中國農村復興聯合委員會。

6. 行政院國軍退除役官兵輔導委員會武陵農場，1963～1987 年《武陵農場場誌》，臺中：武陵農場。

7. 行政院國軍退除役官兵輔導委員會，1964 年《十年來之輔導工作》，臺北：行政院國軍退除役官兵就業輔導委員會。

8. 行政院國軍退除役官兵輔導委員會，1974 年《輔導工作紀要》（一）輯，臺北：行政院國軍退除役官兵輔導委員會。

9. 行政院國軍退除役官兵輔導委員會，1974 年《輔導工作紀要》（二）輯，臺北：行政院國軍退除役官兵輔導委員會。

10. 行政院國軍退除役官兵輔導委員會，1974 年《輔導工作紀要》（三）輯，臺北：行政院國軍退除役官兵輔導委員會。

11. 行政院國軍退除役官兵輔導委員會，1974 年《輔導工作紀要》（四）輯，臺北：行政院國軍退除役官兵輔導委員會。

12. 行政院國軍退除役官兵輔導委員會，1974 年《輔導工作紀要》（五）輯，臺北：行政院國軍退除役官兵輔導委員會。

13. 行政院國軍退除役官兵輔導委員會，1963 年《業務會報紀錄》第 6 輯第 313～331 次，臺北：政院國軍退除役官兵輔導委會。

14. 行政院國軍退除役官兵輔導委員會，1969 年《農林漁業機構 58 年度年終業務評鑑報告書》，臺北：行政院國軍退除役官兵輔導委員會。

15. 行政院國軍退除役官兵輔導委員會，1970 年《農林漁業機構 59 年度年終業務評鑑報告書》，臺北：行政院國軍退除役官兵輔導委會。

16. 行政院國軍退除役官兵輔導委員會，1971 年《農林漁業機構 60 年度年終業務評鑑報告書》，臺北：行政院國軍退除役官兵輔導委會。

17. 行政院國軍退除役官兵輔導委員會，1972 年《農林漁業機構 61 年度年終業務評鑑報告書》，臺北：行政院國軍退除役官兵輔導委會。

18. 行政院國軍退除役官兵輔導委員會，1980 年《農林漁業機構 69 年度年終業務評鑑報告書》，臺北：行政院國軍退除役官兵輔導委會。

19. 行政院國軍退除役官兵輔導委員會，1984 年《農林漁業機構 73 年度年終業務評鑑報告書》，臺北：行政院國軍退除役官兵輔導委會。

20. 行政院國軍退除役官兵輔導委員會，1986 年《農林漁業機構 75 年度年終業務評鑑報告書》，臺北：行政院國軍退除役官兵輔導委會。

21. 行政院國軍退除役官兵輔導委員會，2000 年《本會生產事業機構暨平地農場基本資料》，臺北：行政院國軍退除役官兵輔導委會。

22. 行政院國軍退除役官兵輔導委員會，2005 年《行政院國退除官兵輔導委員會組織延革》，臺北：行政院國軍退除役官兵輔導委會。

23. 行政院國軍退除役官兵輔導委員會秘書室編，1972 年《民國 61 年大事紀》，臺北：政院國軍退除役官兵輔導委會。

24. 行政院國軍退除役官兵輔導委員會統計處編印，1988 年《行政院國軍退除役官兵輔委員會農場場員調查報告》，臺北：行政院國軍退除役官兵輔委員會。

25. 行政院國軍退除役官兵輔導委員會福壽山農場，1987 年《行政院國軍退除役官兵輔委員會福壽山農場成立三十週年紀念專刊》，臺中：行政院國軍退除役官兵輔導委員會福壽山農場。

26. 周琇環編，1997 年《臺灣光復後美援史料──軍協計畫》第一冊，臺北：國史館。

27. 周琇環編，1997 年《臺灣光復後美援史料──軍協計畫》第二冊，臺北：國史館。

28. 程兆熊、黃弼臣、朱長志，1956 年《臺灣省中部山區園藝資源調查報告》，臺北：中國農村復興聯合委員會。

29. 程兆熊、黃弼臣、朱長志，1957 年《臺灣省宜蘭山區園藝資源調查報告》，臺北：中國農村復興聯合委員會。

30. 1958 年《臺灣省花蓮秀林鄉山區園藝資源調查報告》，臺北：中國農村復興聯合委員會。

31. 林樂健：計劃執行人，程兆熊、范念慈、蔣永昌、裘曙舟：執筆人，1975 年《山地落葉果樹生產調查研究報告書》，臺北：中國農村復興聯合委員會。

32. 高金素梅策劃，徐宗懋、張群智撰稿，2001 年，《無言的幽谷》，臺北：正中書局。

33. 高琇瑩、賴美麗、簡碧蓮編撰，2000 年《山徑百年》，花蓮：太魯閣國家公園。

34. 臺中縣和平鄉戶政事務所，1953～1957 年〈臺中縣和平鄉現在戶口登記統計月報表〉臺中：臺中縣和平鄉戶政事務所。

35. 臺中縣和平鄉戶政事務所，1962～1991 年〈臺中縣和平鄉現在戶口登記統計月報表〉臺中：臺中縣和平鄉戶政事務所。

36. 臺中縣和平鄉戶政事務所，1953～1957 年〈臺中縣山地鄉村鄰戶及人口數統計表〉臺中：臺中縣和平鄉戶政事務所。

37. 臺中縣和平鄉戶政事務所，1962～1991 年〈臺中縣山地鄉村鄰戶及人口數統計表〉臺中：臺中縣和平鄉戶政事務所。

38. 臺灣省行政長官公署民政處，1946 年《臺灣民政第一輯》，臺北：臺灣省行政長官公署民政處。

39. 臺灣省政府主計處編印，1971 年，《中華民國臺灣省統計提要》（自民國35 年～56 年），臺灣省政府。

40. 臺灣省新聞處，1958 年《周主席對臺灣臨時省議會施政報告》，南投：臺灣省新聞處。

41. 臺灣省警務處編印，1953 年《臺灣省山地警政要覽》，臺北：臺灣省警務處。

42. 劉益昌，1997 年〈大甲溪上游史前遺址及早期原住民活動調查〉，臺北：內政部營建署雪，霸國家公園管理處。

二、日文

1. 臺中州役所編，1985 年《臺灣省臺中州管內概況及事務概要（十一）》，臺北：成文出版社有限公司。

2. 臺中州役所編，1985 年《臺灣省臺中州管內概況及事務概要（十二）》，臺北：成文出版社有限公司。

3. 臺中州役所編，1985 年《臺灣省臺中州管內概況及事務概要（十三）》，臺北：成文出版社有限公司。

參、專書

一、中文

1. 文馨瑩，1989 年《經濟奇蹟的背後》，臺北：自立報系。

2. 中共中央文獻編輯委員會，1984 年《周恩來選集》（下卷），北京：人民出版社。

3. 王成勉，1992 年《馬歇爾使華調處日誌（1945 年 11 月～1947 年 1 月）》，臺北：國史館。

4. 王成勉，1991 年〈馬歇爾與中國第三黨派——馬歇爾使華調處新探〉，《中華民國建國八十年學術討論集》第二冊，臺北：新聞局，頁 408～448。

5. 王益滔，1991 年《王益滔教授論文集》，臺北：國立臺灣大學農學院農業經濟學系。

6. 王執平等編，1978 年《從專員到總統》，臺北：遠澄出版社。

7. 矢內原忠雄，周憲文譯，2002 年《日本帝國主義下之台灣》，臺北：海峽學術出版社。

8. 行政院國軍退除役官兵輔導委員會編印，2003 年《榮民服務白皮書》，臺北：行政院國軍退除役官兵輔導委員會。

9. 宋增璋，1982 年《近代臺灣之建設》，臺中：臺灣省文獻委員會。

10. 宋禮彰，2006 年《臺中縣和平鄉梨山國民小學創校四十週年校慶專刊》，臺中：臺中縣和平鄉梨山國民小學。

11. 宋璽編著，1976 年《中國國民黨政綱政策的演進》，臺北：正中書局。

12. 余光弘，瓦歷斯·諾幹，2002 年《臺灣原住民史──泰雅族史篇》，南投：國史館臺灣文獻館。

13. 呂順安主編，1994 年《臺中縣鄉土史料》，南投：臺灣省文獻委員會。

14. 吳守成，1979 年《國軍退除役官兵輔導制度史》，臺北：黎明文化事業公司。

15. 胡美璜，1951 年，《中部橫貫公路定線研究與勘查雜感》臺北：未刊出版單位。

16. 胡美璜、楊廷英、石中光編著，1984 年《中華公路史（下部）》，臺北：商務印書館。

17. 周宏濤口述，汪士淳撰寫，2003 年，《蔣公與我──見證中華民國關鍵變局》，臺北：天下遠見出版股份有限公司。

18. 范純武、王見川、李世偉著，2005 年《臺灣佛教的探索》，臺北：博揚文化事業有限公司。

19. 茅家琦，2003 年《蔣經國的一生和他的思想演變》，臺北：臺灣商務印書館。

20. 移川子之藏、馬淵東一、鹿野忠雄、國分直一等原著，楊南郡譯，2005 年《台灣百年曙光》，臺北：南天書局。

21. 連震東，1967 年《蔣總統與臺灣省的光復重建（上）》，臺北：蔣總統對中國及世界之貢獻叢編編纂委員會。

22. 曾振，1993 年《蔣介石總統在中國大陸成敗紀實（下冊）》，臺北：自資出版。

23. 焦毅夫，1970 年《寶島紀遊》，香港：香港中國筆會。

24. 程兆熊，1975 年《高山行與憶鵝湖》，臺北：大林出版社。

25. 姜克夫，1991 年《民國軍事史略稿》第二卷，北京：中華書局

26. 黑帶巴彥，2002 年《泰雅人的生活形態探源──一個泰雅人的現身說法》，新竹：新竹縣文化局。

27. 陶涵 JayTaylor 著，林添貴譯，2000 年《台灣現代化的推手蔣經國傳》，臺北：時報出版社。

28. 國防部史政局，1971 年《和談紀實（上、下冊)》，臺北：國防部史政局。

29. 國防部總政治部，1960 年，《政工史稿（下冊）》，臺北：國防部總政治部。

30. 陳俊編著，1987 年《臺灣道路發展史》，臺北：交通部運輸研究所。

31. 陳布雷等編，1978 年《蔣介石先生年表》，臺北：傳紀文學出版社。

32. 陳存恭等紀錄，1984 年《白崇禧先生訪問紀錄》，臺北：中央研究院近代史研究所。

33. 陳炎正等撰，1989 年《臺中縣大甲溪流域開發史》，臺中：臺中縣立文化中心。

34. 陳秀淳，1998 年《日據時期臺灣山地水田作的展開》，臺北：稻鄉出版社。

35. 陳進金，2002 年《地方實力派與中原大戰》，臺北：國史館。

36. 陳紹馨，1979 年《臺灣的人口變遷與社會變遷》，臺北：聯經出版事業公司。

37. 陳溪園，2003 年《參山映象》，臺中：交通部觀光局參山國家風景區管理處

38. 陳憲明，1984 年《梨山露社地區落葉果樹與高冷地蔬菜栽培的發展》，臺北：國立師範大學地理學系。

39. 黃秀政、張勝彥、吳文星，2002 年《臺灣史》，臺北：五南文化廣場。

40. 溫吉編譯，1999 年《臺灣番政志》，南投：臺灣省文獻委員會。

41. 葉邦宗，2004 年《報皇王惕吾》，臺北：四方書城。

42. 康有德，1992 年《水果與果樹》，臺北：黎明文化事業公司。

43. 鳥居龍藏，楊南群譯註，1996 年《探險台灣》，臺北：遠流出版公司。

44. 趙既昌，1985 年《美援的利用》，臺北：聯經出版社。

45. 趙聚鈺，1963 年《退除役官兵輔導制度概說》，臺北：榮民印刷廠。

46. 葛麟，1991〈馬歇爾來到中國：一位中國人的觀點〉《中華民國建國八十年學術討論集》第二冊，臺北：新聞局，頁 94～115。

47. 廖守臣，1984 年《泰雅族的文化──部落遷徙與拓展》，臺北世界新聞專科學校觀光宣傳科。

48. 廖守臣等撰，1987 年《臺中縣和平鄉泰雅族專輯》，臺中：臺中縣立文化中心。

49. 劉枝萬，1954 年《南投文獻叢輯》，第 5 輯，南投文獻委員會。

50. 劉枋，1989 年《路──東西橫貫公路開拓簡史》，臺北：內政部營建署太魯閣國家公園管理處。

51. 蔣中正講，1949 年《總裁言論選集》，臺北：臺灣省教育廳。

52. 蔣經國先生全集編輯委員會，1991 年《蔣經國先生全集》，行政院新聞局。

53. 臺灣省文獻委員會編，1990 年《臺灣史》，臺北：眾文圖書股份有限公司。

54. 臺灣省公路局，出版時間不詳《東西橫貫公路工程專輯》，臺北：臺灣省公路局。

55. 臺灣總督府警察本署編，陳金田譯，1997 年《日據時期原住民行政志稿第一卷》，南投：臺灣省文獻委員會。

56. 臺灣總督府警察本署編，古瑞雲、吳萬煌譯，1997 年《日據時期原住民行政志稿第三卷》，南投：臺灣省文獻委員會。

57. 戴寶村，1993 年《帝國的入侵》，臺北：自立晚報。

58. 藤井志津枝，1997 年《理蕃》，臺北：文英堂出版社。

59. 藤井志津枝，2001 年《臺灣原住民史政策篇（三）》，南投：臺灣省文獻委員會。

60. 魏秀梅，1990 年《趙聚鈺先生年譜》，臺北：中央研究院近代史研究所。

61. 蘇進強，1995 年《臺海安全與國防改革》，臺北：業強出版社。

62. 龔宜君，1998 年《「外來政權」與本土社會》，臺北：聯經出版公司。

二、日文

1. 岩城龜彥，1935 年《臺灣の蕃地開發と蕃人》，臺灣總督府警務局。

2. 臺灣總督府警務局編，1944 年《高砂族の教育》，臺北：三和印刷所。

3. 臺灣總督府警務局理蕃課編，1993 年《理蕃の友》第 1、2、3 卷，東京：綠蔭書房。

四、期刊、學位論文

一、期刊

1. 王文欽，1982.4〈梨山梨子千千萬‧梨山風情萬萬千〉，《興農月刊》第 157 期，臺中：興農雜誌社，頁 26～27。

2. 王文欽，1983.9〈超世絕塵武陵美〉，《興農月刊》第 179 期，臺中：興農雜誌社，頁 44～46。

3. 王益滔，1960.6〈臺灣之農業經濟〉，《臺灣銀行季刊》第 12 卷第 2 期，臺北：臺灣銀行經濟研究室，頁 1～63。

4. 王碧竣，1983.9〈現代桃源——武陵農場〉，《興農月刊》第 179 期，臺中：興農雜誌社，頁 60～68。

5. 毛潤豐，1982.4〈梨山果農之昨日，今日及明日〉，《興農月刊》第 157 期，臺中：興農雜誌社，頁 22～25。

6. 田中長三郎，1935〈臺灣山地開發根本理論〉，《熱帶園藝》第 5 卷第 4 期，臺北：臺北帝國大學理農部園藝學教室，頁 1～22。

7. 田中長三郎、田中諭一郎、佐土原啓介、山下常太郎，1935，〈亞熱帶に於る溫帶性落葉果樹の試作成績〉，《臺北帝國大學附屬農場果樹園試作成績》第 1 報，臺北：臺北帝國大學理農學部園藝學教室，頁 1～17。

8. 朱長志，1961.12〈臺灣山地之果樹樹〉，《臺灣銀行季刊》，第 12 卷第 4 期，臺北：臺灣銀行經濟研究室，頁 236～243。

9. 1965.1〈臺灣山地發展落葉果樹的前途〉，《豐年》，第 15 卷第 1 期，頁 15。

10. 江錫賢，1998.12〈光復後臺灣省歷任首長政績回顧〉，《臺灣文獻》第 49 卷第 4 期，頁 150～161。

11. 李伯年，1961.12〈臺灣山地之蔬菜〉，《臺灣銀行季刊》，第 12 卷第 4 期，臺北：臺灣銀行經濟研究室，頁 245～273。

12. 宋慶雲，1983.4〈篳路藍縷·以啓山林──梨山拓荒史〉，《興農月刊》第 169 期，臺中：興農雜誌社，頁 6～13。

13. 沈葆楨，1958.6〈福建臺灣奏摺〉，《臺灣銀行季刊》第 10 卷第 2 期，臺北：臺灣銀行經濟研究室，頁 148～180。

14. 李信芳，1965.2〈梨梅之栽培〉，《臺灣農村》第 1 卷第 4 期，臺北：臺灣農村雜誌社，頁 13。

15. 金成前，1964.6〈國軍退除役官兵與臺灣之建設〉，《臺灣文獻》第 15 卷第 2 期，南投：臺灣文獻委員會，116～128。

16. 林英彥，1969.12〈臺灣先住民之農業經濟〉，《臺灣銀行季刊》第 20 卷第 4 期，臺北：臺灣銀行經濟研究室，頁 221～265。

17. 林英彥，1971.6〈臺灣先住民之經濟結構〉，《臺灣銀行季刊》第 22 卷第 2 期，臺北：臺灣銀行經濟研究室，頁 204～238。

18. 林勝偉，2000〈從「戰士」到「榮民」：國家的制度建構與人口類屬的形塑（1949～1970）〉，《臺灣社會研究季刊》第 52 期，頁 187～254。

19. 胡台麗，1990.6〈芋仔與蕃薯──台灣「榮民」的族群關係與認同〉，《中央研究院民族學研究所集刊》第 69 期，臺北：中央研究院民族學研究所，頁 107～132。

20. 洪敏麟，1973.3〈賽德克人傳統的山坡火田經營〉，《臺灣文獻》第 24 卷第 1 期，南投：臺灣文獻委員會，頁 1～31。

21. 洪敏麟，1971.9〈綜觀臺灣山地社會結構與文化演變之軌跡〉，《臺灣文獻》第 22 卷第 3 期，南投：臺灣文獻委員會，頁 26～54。

22. 柳克述，1956.1〈臺灣橫貫公路的興建與展望〉《交通建設》第 5 卷第 1 期，臺北：中國交通建設學會，頁 1～9。

23. 郭秀岩，1976.6〈山地行政與山地政策〉，《中央研究院民族學研究所集

刊》第 40 期，臺北：中央研究院民族學研究所，頁 97～106。

24. 郭寶章，1956.12〈臺灣之山地農業〉，《臺灣銀行季刊》第 7 卷第 4 期，臺北：臺灣銀行經濟研究室，頁 139～175。

25. 黃天行，1982.4〈福壽山農場簡介〉，《興農月刊》第 157 期，臺中：興農雜誌社，頁 25。

26. 黃亮白、謝秀娟，2004.9〈上梨山訪高山農業現況〉，《農業世界》，第 253 期，頁 10～31。

27. 黃師樵，1966.3〈本省山地人民生活改進成果〉，《臺灣文獻》第 17 卷第 1 期，南投：臺灣省文獻委員會，頁 138～147。

28. 黃應貴，1973〈經濟適應與發展－一個臺灣中部高山族聚落的研究－〉，《中央研究院民族學研究所集刊》第 36 期，臺北：中央研究院民族學研究所，頁 35～55。

29. 陳中，1999〈落葉果樹在台灣發的概況與展望〉，《科學農業》，第 47 卷第 7、8 期頁 219～226。

30. 陳茂泰，1973〈從旱田到果園－道澤與卡母界農業經濟變遷的調適－〉《中央研究院民族學研究所集刊》第 36 期，中央研究院民族學研究所，頁 11～33。

31. 曾逢星，1983.4〈水蜜桃的主要品種〉，《興農月刊》第 169 期，臺中：興農雜誌社，頁 58～62。

32. 曾逢星，1983.12〈如何做好蘋果的貯藏〉，《興農月刊》第 185 期，臺中：興農雜誌社，頁 78～80。

33. 張育森、許亞儒、張祖亮、林楨祐，2004〈臺灣高山農業之永續經營與生態旅遊——以臺大山地實驗農場梅峰本場爲例〉南投：未刊稿。

34. 張憲秋，1961.12〈臺灣山地之農業〉《臺灣銀行季刊》第 12 卷第 4 期，臺北：臺灣銀行經濟研究室，頁 171～184。

35. 張奮前，1966.3〈臺灣省土地之利用與開發〉，《臺灣文獻》第 17 卷第 1 期，南投：臺灣文獻委員會，頁 65～80。

36. 張奮前，1966.9〈美援與臺灣經濟建設〉，《臺灣文獻》第 17 卷第 3 期，南投：臺灣省文獻委員會，頁 50～74。

37. 張奮前，1968.3〈臺灣之交通〉，《臺灣文獻》第 19 卷第 1 期，南投：臺灣文獻委員會，頁 115～132。

38. 廖士毅，1974.6〈臺灣高冷地區青果產銷之經濟研究〉，《臺灣銀行季刊》，第 25 卷第 2 期，臺北：臺灣銀行經濟研究室，頁 233～258。

39. 傅雲，1955.10〈一年來的退除役官兵就業輔導工作〉，《成功之路》創刊號，臺北：成功之路出版社，頁 6～11。

40. 錢益，1957.9〈臺灣之公路建設〉，《臺灣銀行季刊》第 9 卷第 3 期，臺

北：臺灣銀行經濟研究室，頁 99～127。

41. 諶克終，1965.10〈台灣高山落葉果樹之現況與前途（續）〉，《台灣農村》，第 1 卷第 8 期，臺北：臺灣農村雜誌社，頁 12。

42. 諶克終，1965.12〈再談台灣高山落葉果樹之現況與前途（上）〉，《台灣農村》，第 1 卷第 10 期，臺北：臺灣農村雜誌社，頁 11～12。

43. 諶克終，1966.1〈梨山果樹三大病害之防治方法〉，《臺灣農村》第 1 卷第 11 期，臺北：臺灣農村雜誌社，頁 19。

44. 劉顯修，1983.4〈梨山巡迴訪問記〉，《興農月刊》第 169 期，臺中：興農雜誌社，頁 14～22。

45. 劉富文，1965.1〈怎樣發展臺灣的落葉果樹事業？〉，《豐年》，第 15 卷第 1 期，頁 10～11。

46. 韓西庵，1953.6〈臺灣山地人民之經濟生活〉，《臺灣銀行季刊》第 4 卷第 2 期，臺北：臺灣銀行經濟研究室，頁 116～151。

二、學位論文

1. 王振和，1973 年〈我國退除役官兵輔制度之研究〉，臺北：國立政治大學公共行政研究所碩士論文

2. 余光弘，1976 年〈環山泰雅人的社會文化變遷與青少年調適〉，臺北：國立臺灣大學考古人類學研究所碩士論文。

3. 余政雄，1982 年〈榮民就業輔導之研究〉，臺北：政治作戰學校政治研究所碩士論文。

4. 林瓊華，1997 年〈臺灣原住民土地產權之演變 1624～1945〉，臺北：東吳大學經濟研究所博士論文。

5. 周唯中，1984 年〈我國退除役官兵就業輔導政策之研究〉，臺北：國立政治大學公共行政研究所碩士論文。

6. 洪龍華，2004 年〈我國退輔制度社會功能探討〉，臺北：國防管理學院國防決策科學研究所碩士論文。

7. 段體貴，1973 年〈行政院國軍退除役官兵輔導委員會在社會安全體系中扮演角色之研究〉，臺北：國立政治大學公共行政研究所碩士論文。

8. 曾祥麟，1997 年〈我國退除役官兵輔導就業制度史之研究──以榮民工程事業管理處為例（19561997 年）〉，臺北：國立台灣師範大學歷史研究所碩士論文。

9. 黃國衛，1987 年〈國軍退除役官兵輔導委員會組功能之研究〉，臺北：政治作戰學校政治研究所碩士論文。

10. 陳溪園，2000 年〈梨山風景區原住民對觀光衝擊及發展策略認知之研究〉，臺北：世新大學觀光研究所碩士論文。

11. 蔡英良，2000 年〈行政院國軍退除役官兵輔導委員會組織再造之研究〉，臺北：國立臺北大學公共行政暨政策學系研究所碩士論文。

12. 羅宜陵，1991 年〈眷村：空間意義的賦與和再界定〉，臺北：國立臺灣大學建築與城鄉研究所碩士論文。

伍、報紙、網路資料

1. 《中央日報》，〈蔣夢麟講述臺灣新資源的開發〉，中華民國 46 年 6 月 6 日，臺北第一張版一。

2. 《自立晚報》，〈溝通太平洋臺灣海峽橫斷公路今開工從國防觀點具有高度戰略價值〉，中華民國 45 年 7 月 7 日第二張版三。

3. 《聯合報》，〈開發東部資源，政府極為注重加速修築橫斷公路〉，中華民國 41 年 10 月 8 日。〈假退除役實施辦法〉，〈假退除役軍官將級名單〉，中華民國 41 年 10 月 23 日。

4. 國家圖書館，〈臺灣記憶〉，《國家圖書館全球資訊網》，網址：http://memory.ncl.edu.tw/tm_cgi/

5. 臺中縣和平鄉平等國民小學，〈回到從前〉，《平等國小》，網址：http://www.pdes.tcc.edu.tw/introduction/history.heml

6. 行政院國軍退除役官兵輔導委員會，〈榮民歷史文化網〉，《退輔會全球資訊網》，網址：http://lov.vac.gov.tw/Pioneer/List.aspx?Para=2

7. 中央研究院近代史研究所檔案館，網址：http://archives.sinica.edu.tw

陸、口述歷史

1. 黃柏松訪談、記錄，〈劉洪倫先生訪談記錄〉，2004 年 11 月於臺中市榮民總醫院，未刊稿（自謀生活榮民）。

2. 黃柏松訪談、記錄，〈嚴慶雲先生訪談記錄〉，2006 年 5 月 16 日於臺中縣和平鄉中興路善莊（自謀生活榮民）。

3. 黃柏松訪談、記錄，〈黃志學先生訪談記錄〉，2007 年 5 月 1 日於臺中縣東勢鎮黃先生家中（農場場員）。

4. 黃柏松訪談、記錄，〈李清彬副場長訪談記錄〉，2006 年 5 月 16 日於武陵農場會客室，未刊稿（武陵農場副場長）。

5. 黃柏松訪談、記錄，〈周思源先生訪談記錄〉，2007 年 5 月 2 日於志良周先生家中未刊稿（個別農墾第二代、及平等村榮民輔導員）。

6. 黃柏松訪談、記錄，〈喻嘉璧先生訪談記錄〉，2007 年 5 月 2 日於梨山福壽路喻先生家中，未刊稿（福壽山農場場員第二代暨梨山村榮民輔導員）。

7. 黃柏松訪談、紀錄，〈黃明順先生訪談記錄〉，2007 年 5 月 3 日於志良黃先生家中未刊搞（墾戶繼子）。

8. 黃柏松訪談、紀錄，〈平等國小樓元玨主任〉，2007 年 5 月 3 日於平等國小校長室未刊稿（平等國小教務主任）。

9. 黃柏松訪談、紀錄，〈劉美蓉技正訪談紀錄〉，2007 年 4 月 20 日於退輔會第四處未刊稿。

附錄一：民國二十三年訂之「陸海空軍官佐服役暫行條例」

一、現役：自任官時起役，列入官籍，在平時戰時均服軍職，是爲現役。

二、備役：軍官佐由現役退役後，至服役限齡止，爲備役，平時除受召集外，不服軍職，戰時應召任職。備役期滿，則予除役。

三、停役：現役軍官佐有下列各款之一者應予以停役：

  （一）已受陸海空軍官職以外之他種官職者，爲外職停役。

  （二）受免官之處分者，爲免官停役。

  （三）因罪處刑在執行中或受有褫奪公權之宣告及觸犯刑法在通緝中者，爲刑事停役。

四、退役：即退爲備役之意，分例退及甄退二種

  （一）例退：有下列各款之一者，例退爲備役：

    ㊀ 停役滿三年而未回役者，爲停役例退。

    ㊁ 免職、停職、撤職滿三年而未任職者，總稱爲停職例退。

    ㊂ 考績連續三年不及格者，爲考績例退。

    ㊃ 屆滿本官階，停年四倍不能晉任者，爲限年例退。

  （二）甄退：有下列各款之一者，甄退爲備役：

    ㊀ 體質衰弱或病傷不堪服役者，總稱爲病傷甄退。

    ㊁ 因補充及官額等事實之必要，而規定退役員額時，考績居後者，爲依額甄退。

五、除役：現役、備役（停役中者）有下列各款之一者，均予以除役：

（一）滿服役限齡者，爲限齡除役。

（二）病傷殘廢不堪服各種役務，而無恢復之望者，爲殘廢除役。

（三）判處無期徒刑者，爲刑事除役。

（四）消失國籍者，爲失籍除役。

（五）備役軍官佐連續不應召滿三年者，應予除役，爲違召除役。

（六）備役軍官佐停役滿三年者，應予除役，爲永久除役。

附錄二：嚴慶雲先生訪談紀錄

受訪人姓名：嚴慶雲

籍貫：安徽省鳳陽縣

出生地：同籍貫

訪問時間：九十五年五月十六日

民國十四年（1925)四月四日生

上山時間：民國五十二年七月

問：你原先在那服役是什麼軍種又何時退伍？

嚴：我原來是在海軍幹通訊軍官，在民國五十一年的時候退役。退役的時候
　　我是採自謀生活方式退伍，一次領取所有退伍金差不多有三萬多塊拿了
　　錢就離開部隊了。

問：那你是什麼樣的機緣上山開墾的？

嚴：這就說來話長了，退伍後領取退伍金三萬元，我就住在高雄左營，但一年後退伍金即花費殆盡，後來曾北上找工作，有一個朋友在幫人找工人，所以我就去看看瞭解一下工作性質。但我一看不行，那工作太累我沒法作，所以就算了，又回左營。回去後又蹓到一個朋友，他曾經在梨山種菜，下山到左營來，沒多久以後又被找回去，臨離去前，適逢夏天天氣酷熱，告訴我梨山山上氣候很涼爽，問我有缺人，願不願意也到山上一同種菜，當時我就回答請他上山後再寫信告訴我，後來這位朋友寫信來說還缺人，要我也來，就這樣就上山了。初期在梨山種植高麗菜，後來聽說勝光地區地大，就和一些朋友大家聚資向個別農墾租地開墾。我自己後來在這裡開墾出的地有一甲多，但僅申報二分多的地，後政府配地時，按申報的土地來分配，未申報者已開墾的就由政府收回。也因為這樣，後來我僅配得土地二分多。九十一年時又因地的位置在宜蘭水源地區，政府規定從九十五年起不准種植，而採換地方式換取我們的地。換地區有苗圃、福壽山農場、宜蘭三星鄉這些地方，當時同意換地至三星的當時有六七分地可換一甲，所以我考慮後就選擇換至三星，看能不能換多一點地，沒想到政府又說我不是安置人員，而是自墾的，所以原有多少就換多少，後來場裡也幫忙，向上書反應說二分多的地要我們如何謀生，才又同意多給了一分地變成三分多的地。

問：現在土地如何處理？

嚴：因為現在種田太辛苦了，小孩都又不願種，而我自己年紀又大，也做不了，所以只好每年報休耕呀！

問：為何不租給別人種或賣掉？

嚴：講到這我就後悔，在平地這麼大的地租出去不值幾個錢，一年大概只有一萬多塊和報休耕差不了多少錢。當初如果把地換到苗圃或福壽山農場的話，租出去每年大概就能有幾十萬塊的價值，至於把地賣掉，目前還沒有這個想法，以後看情況再說吧。

問：當初開墾未何要租地呢？

嚴：當初來拓墾時此地土地管制極嚴，不能隨便開墾，加上我又是自謀生活退伍不是退輔會安置的榮民所以無權開墾。以前有人私自開墾還因此吃官司，所以我們那時候自謀生活的人，就先向有分配開墾的個別農墾的

人拿點錢給他們，借由他們的名義來開墾所以也不算是租地。

問：那這樣合於規定嗎？

嚴：其實是違法的，所以後來退輔會知道了，就說我們是濫墾。要把我們的地收回去，但這樣一弄我們怎麼過日子。

問：那怎麼辦？

嚴：後來輔導會督察的時後，我們這些人就一起向退輔會督察專員陳情，後來這位專員看我們也都是退伍軍人，日子也過的很艱苦，就把我們的問題帶回去報到上面去。後來退輔會就下了公文把我們這些人就地安置，並統統把我們納編到農場裏，成了農場一份子。還有在當時要在山上設籍是很困難的，以前上山都要管制，山下都有管制哨，我們根本沒辦法把戶籍設在這裏，最後也來是找退輔會幫忙，把我們的戶籍遷到山上來。

問：開墾後你種了那些作物？

嚴：有高麗菜也有果樹。但大多數還是以高麗菜為主，果樹比較少點綴式種一些。

問：這些農業技術從何處獲得？

嚴：高麗菜是還沒來開墾前，我就曾經在梨山幫忙種過，所以開墾的時後就會了，而且種菜也不需要什麼技術。只要把地整好了菜苗種下去洒洒水就好了。果樹的話那時候也不知道要什麼技術，就是在種的時候，每棵果樹先量取大概二棵樹的距離挖個洞就種下去了，根本就沒管什麼技術問題。

問：但果樹日後不是還要剪枝，施肥、疏果等一些工作？

嚴：這些技術的話就靠別人指導了，一個是找附近一些有經驗的榮民來幫忙，再者農場裏也會派些技術人員來指導，像農場裏就有一些技師就會來指導。還有農場也曾經找過日本的專家來指導。

問：我曾在《興農》月刊裏看到他們有請專家來不知是不是他們？

嚴：對！對！沒錯就是他們。但蕭仲光場長任內，也曾經請過日本人技術人員來指導過。

問：農復會或大學像是中興大學或是臺灣大學有沒有派人來指導？

嚴：在印象中，農復會好像比較少，中興大學就比較多，經常有教授會來，臺灣大學就沒有什麼印象了。

問：有那些教授你還記的嗎？

嚴：有黃弼臣，朱長志這幾位教授，像劉洪倫就跟他們學的，而且劉洪倫還
曾他們出過國。到現在，聽說劉洪倫到現在還經常跑到中興大學去上課。

問：你種的產品是怎麼銷售的？

嚴：我們這裏都是自己種自己賣，農場裏因為種苗、肥料、工具都是場裏提
供的，所以他們是由農場統一賣，錢也和場裏分。我們因為所有的東西
都是自己出錢所以自己種自己賣賺了也都全是自己的。

問：那你是什麼時候成家的？

嚴：上山開墾後，經別人介紹就結婚了，結婚後我太太最早也是跟著在山上
幫忙，後來孩子有了，在孩子還小的時候，就把孩子送到娘家，請我岳
母幫忙帶，和太太兩人繼續在山上工作。等到孩子大一點太太就下山帶
孩子，留我自己一個人在山上工作。

問：那時候在這裏的小孩讀書怎麼辦？

嚴：在當時，這是一個問題，現在我們在的位置，以前就是一棟教室。外面
那間房間的牆上還有「禮、義、廉、恥」四個字。以前大家在這裏開墾，
小孩都跟在身邊，後來孩子慢慢都大了要唸書了，但又沒辦法送下山去，
就在這裏蓋了這間房子做教室，再由農場到環山部落的平等國小，請學
校派一位老師住在這裏這裡教書，就這樣設立了平等國小的勝光分班。
但後來孩子大了，沒辦法還是必須下山繼續升學。我也是因為這樣，在
當時經濟不寬裕的狀況下，咬牙在台中買房子，讓我太太在台中帶孩子
唸書，自己一人在山上繼續種菜。

問：那外面那水泥房不也是教室嗎？

嚴：那是後來臺中縣政府拿錢蓋的，孩子大了一個個下山唸書，後來也沒學
生，這分班也就廢棄了，現在成了堆放肥料的地方。

附錄三：黃志學先生訪談紀錄

受訪人姓名：黃志學

籍貫：湖南省衡陽市

出生地：同籍貫

訪問時間：民國九十六年五月一日

民國二十一年十一月十五日生（身份證記錄十一年十一月十五日生爲參軍虛報十歲）

地點：黃先生家中（臺中縣東勢鎮東關路）

原服役單位：陸軍 451 運輸群

階級：陸軍運輸兵上士

問：請問你是何時到武陵農場的？

黃：在民國五十四年的時候到農場報到的，不過，在我還沒有退伍的時候我就聽聞武陵農場這個地方了，所以我一退伍，就志願到農場來。

問：那時候武陵農場這種地方就叫武陵嗎？

黃：我到農場的時候那時就叫武陵了，但以前大家說並不叫武陵，而是叫七家灣，但因爲名字不好聽，所以後來才改武陵的。

問：請問是誰改的呢？又爲什麼改稱武陵呢？

黃：是蔣經國改的。那時農場還沒成立，但農場裡面發生森林大火，到農場裡也沒有路火人員就沿著溪流走進去結果發現農場這個地方，但這場火一燒就一個多月。後來擔任退輔會主任委員蔣經國知道了這件事跟這個地方，就不辭勞苦的跑來看，結果覺得這個地方，地形很適合開農場，用來安置榮民，所以就決定在這個地方設農場並找退伍軍人來開墾。至

於是改名武陵，是因爲當時蔣經國感覺進入農場，並沒有路可以到達，必須翻山越嶺，就像陶淵明的桃花源記一樣，雖然沒有山洞，但卻被群山包圍，所以就以武陵爲名。

問：那當時如何開闢農場呢？

黃：那時候要開農場的時候，是先有森林開發處的森林開發隊先開出路來，但所開的路並不大，進去農場時還要過河，還要架橋。從外面算進去的橋有百福橋、千祥橋、萬壽橋、億年橋，以前都是用木頭搭的橋，後來才改建成水泥橋。至於兆豐橋那是以後才再蓋的。

問：在耕地的配耕上，是什麼時候配的又如何配的地面積多大？

黃：農場在開墾的時候，農場只是概略告訴我們要開墾那些地方，然後就讓我們去開墾，也沒有告訴我們開墾以後可以配多少地，結果大家就一直開墾到後來農地開墾出來後，才告訴我們每人可以配多少地，多出來的地農場就全部收回去做爲農場直營農地。

問：我在退輔會第四處訪問的時候他們告訴我，武陵農場每人配地單身榮民每人 0.3 公頃，有眷的再按眷口數增加最多 0.5 公頃，而福壽山農場單身榮民每人 0.5，有眷最高可達 0.75 公頃爲什麼會這樣？不知你的看法如何？

黃：我認爲可能是因爲武陵農場的地比福壽農場的地小的關係吧。但武陵的地雖然小但卻比福壽山農場的地好，因爲它位在群山之間，整個被山包圍住所以在氣候上比較隱定，在加上武陵這個地方有溪流，用水比較方便。而福壽山農場地雖大但因地勢較高，括風時風也較大，比較容易受氣候影響，而且用水也比較不方便，所以武陵農場的農地也比福壽山農場來的好好。

問：現在你的地自己並沒耕種，而退輔會也正在武陵農場推動農場轉型爲生態農場，不知你的看法怎麼樣？

黃：現在我是把地租給別人種。農場要怎樣我是不管它，但雪霸公園打我們農地主意就很可惡了，尤其說什麼我們的地影響環保，但也不想想是誰先來的，等等我們配了地，他們才來成立公園，然後就要我們離開，說什麼我們違法，欺負我們不懂法律，我現在正在和他們打官司。

問：現在七家灣溪裏的櫻花鉤吻鮭是保育類魚種，在農場種菜會不會影響到這些魚？

黃：現在雪霸國家公園他們都說櫻花鉤吻鮭變少了是我們弄的，其實根本就是胡說八道，在以前溪裏一大堆，也比現在的大，我們那時吃過，令尊當年也吃過，魚變少的原因是攔砂壩的關係，跟我們有什麼關係。那些魚每年都要回到上游產卵，等孵出小魚就隨著溪水流到下游等長大了，要產卵了就又游回上游。結果德基水庫蓋好了以後，政府爲了維護水庫壽命，就在六十一、二年時在溪裏蓋攔砂壩，結果魚回不去。第二年魚就一下子不見了，結果說是我們種菜打藥害的。

問：那現在你在農場的農地你如何處理？

黃：現在我和其他一些人正準備組一個自救會，準備和他們打官司，現在它們用行政法來壓迫我們，我們大家就以民生法來和它們對抗。一定要和它們爭鬥到底。